A nova América Latina

Fernando Calderón
Manuel Castells

A nova América Latina

Tradução:
Eliana Aguiar

Copyright © 2019 by Fernando Calderón e Manuel Castells

Grafia atualizada segundo o Acordo Ortográfico da Língua Portuguesa de 1990, que entrou em vigor no Brasil em 2009.

Título original
La nueva América Latina

Capa
Bloco Gráfico

Preparação
Angela Ramalho Vianna

Revisão
Ana Maria Barbosa
Thaís Totino Richter
Clara Diament

Dados Internacionais de Catalogação na Publicação (CIP)
(Câmara Brasileira do Livro, SP, Brasil)

Calderón, Fernando
　　A nova América Latina / Fernando Calderón, Manuel Castells; tradução Eliana Aguiar. — 1ª ed. — Rio de Janeiro: Zahar, 2021.

　　Título original: La nueva América Latina.
　　ISBN 978-85-378-1917-3

　　1. América Latina – Civilização 2. América Latina – Condições sociais 3. América 4. América Latina – Religião I. Castells, Manuel. II. Título.

21-57887   CDD-980

Índice para catálogo sistemático:
1. América Latina : Civilização   980

Cibele Maria Dias — Bibliotecária — CRB-8/9427

[2021]
Todos os direitos desta edição reservados à
EDITORA SCHWARCZ S.A.
Praça Floriano, 19, sala 3001 — Cinelândia
20031-050 — Rio de Janeiro — RJ
Telefone: (21) 3993-7510
www.companhiadasletras.com.br
www.blogdacompanhia.com.br
www.zahar.com.br
facebook.com/editorazahar
instagram.com/editorazahar
twitter.com/editorazahar

Para nossas filhas Coral Calderón e Nuria Castells

Sumário

Prefácio à edição brasileira   9

Introdução: A nova América Latina   17

1. A globalização da América Latina: da crise do
   neoliberalismo à crise do neodesenvolvimentismo   23

2. Um novo sistema produtivo: extrativismo
   informacional e mundialização dos mercados   58

3. A economia criminal "glocal"   79

4. Desenvolvimento humano, urbanização
   e desenvolvimento inumano   104

5. Uma sociedade-rede: individualização,
   tecnossociabilidade e cultura da diáspora   120

6. O questionamento do patriarcado   145

7. A crise da Igreja católica e a nova religiosidade   158

8. O poder da identidade: multiculturalidade
   e movimentos sociais   171

9. Comunicação digital e novo espaço público   202

10. Conflitos e movimentos sociais   231

11. A corrupção do Estado   259

12. Na *kamanchaka*   304

Notas   317
Referências bibliográficas   330
Agradecimentos   348

Prefácio à edição brasileira

NOSSA PERSPECTIVA DE INVESTIGAÇÃO neste livro pretende conectar as transformações globais com as regionais e as nacionais. A questão é como a dinâmica global de poder afeta nossas sociedades e qual o impacto das mudanças nas sociedades latino-americanas em nível global. Por exemplo, quais são as consequências das novas relações econômicas e culturais com a China? Que impacto cultural têm os emigrantes internacionais latino-americanos tanto em seus países de origem, quanto na região, nos Estados Unidos ou na União Europeia, destinos para onde eles se dirigem, majoritariamente? Nossa perspectiva analítica é fundamentalmente empírica e sistemática, ou seja, analisamos as relações entre estruturas e atores sociais e seus sistemas de interesses e conflitos em contextos históricos determinados. Buscamos associar a ideia de uma história de *"longue durée"* com as inflexões históricas que a América Latina experimentou nas três últimas décadas. Nossa ideia foi colocar em relação estruturas, níveis, tempos, conjunturas e acontecimentos distintos, buscando, ademais, integrar sociedade, política, economia, cultura e meio ambiente. Demos maior destaque aos problemas e desafios regionais que às particularidades nacionais que foram, por certo, a base empírica e histórica deste empreendimento.

Hoje em dia, mais que nunca, as transformações estão associadas a uma crise global multidimensional que com certeza teve momentos diversos de inflexão associados 1) à recuperação da democracia, 2) ao neoliberalismo e 3) ao neodesenvolvimentismo. Definitivamente, a ideia de "continuidade histórica" nos permitiu compreender melhor as mudanças atuais. Nossos próprios trabalhos anteriores — como *Es sostenible la globalización en América Latina?*, de Manuel Castells, ou *Sociedade sin atajos*, de Fernando Calderón e Mario R. dos Santos — e vários outros estudos importantes sobre globalização permitiram uma melhor compreensão empírica e sistemática da atual mudança. Nesse contexto, o principal desafio que enfrentamos foi descrever e analisar a emergência de uma nova sociedade latino-americana, ou seja, dar conta das transformações tecnoeconômicas e comunicacionais, como a emergência e a expansão de uma nova sociedade baseada em redes de informação e comunicação. No entanto, essa nova sociedade convive com a sociedade industrial e com os traços patrimonialistas e corporativos históricos, e nela continuam sendo centrais os chamados setores informais, ou marginais, da economia que estão construindo também, sobretudo os jovens, redes de informação e culturas de tecnossociabilidade que se expandem de muitas maneiras e em muitos sentidos.

O argumento que organiza o livro parte da análise das crises e das limitações tanto das orientações "neoliberais" quanto das "neodesenvolvimentistas" e suas consequências no Estado e no sistema político, que cada vez têm menos capacidade de administrar a complexidade das mudanças experimentadas, sobretudo agora, em tempos de pandemia. E conclui com uma análise complexa do colapso do "ator histórico" mais importante na América Latina: o Estado. Por fim, nossa pesquisa

Prefácio à edição brasileira 11

analisa os "claro-escuros" das mudanças experimentadas, com referência a uma crise no plano das subjetividades que denominamos *kamanchaka*, mas também à emergência de novos movimentos socioculturais que marcam, potencialmente, as possibilidades de uma nova historicidade centrada na ética da dignidade, da identidade, da ecologia e do feminismo.

Nossa aspiração fundamental foi, contudo, caracterizar a nova sociedade latino-americana em sua relação com as orientações políticas mencionadas. Aí reside o éthos de nosso estudo. Por um lado, analisamos o que denominamos extrativismo informacional, como a principal forma de interação econômica assimétrica da região com o capitalismo global. Trata-se de uma nova economia e de empresas que trabalham em vários territórios ecológicos com novas formas de produção informacional, comercialização e financiamento. Nesse novo dinamismo, incluímos a economia criminal como uma de suas formas mais dinâmicas e perversas, e certamente um dos principais meios de acumulação capitalista em escala global, sobretudo no plano financeiro, graças ao consumo e aos sistemas de lavagem e branqueamento de dinheiro.

Outro aspecto estrutural analisado é a consolidação de sociedades urbanas: 80% da população latino-americana vive em cidades. Já somos uma das regiões mais urbanas do mundo. No entanto essa urbanização, pluricêntrica e muito diferenciada socialmente, produziu importantes avanços nos indicadores de desenvolvimento humano, mas ao mesmo tempo aumentou também os indicadores de "desenvolvimento desumano", como a insegurança, o medo, a violência e a deterioração da vida cotidiana.

Por outro lado, estudamos a nova sociedade-rede associada a novas formas de individualização e consumo, e também os principais vetores da construção informacional e a generalização de uma cultura da tecnossociabilidade, principalmente entre os jovens e os emigrantes. O livro sistematiza a informação sobre a integração ativa dos latino-americanos nos sistemas de informação e comunicação, associada a importantes dinâmicas de diferenciação funcional e social. Nesse campo, as estruturas familiares mudaram e surgiram novos tipos de "famílias horizontais", mais complexas que as nucleares ou extensivas e que mostram a deterioração do sistema patriarcal. Abordamos igualmente os limites e a crise da institucionalidade e da subjetividade católica e do carisma papal emergente, campo que constitui outra importante mudança nas subjetividades latino-americanas, onde o éthos católico desempenhou um papel central. Estudamos também aquilo que chamamos de nova política digital, em que diversas formas de comunicação e poder interagem e criam um novo espaço público informacional.

No centro de todas essas mutações apareceram novos movimentos socioculturais. Analisamos movimentos indígenas como os maias, andinos e mapuches, e também as formas de resistência e organização de afrodescendentes no Brasil. A análise dos novos movimentos concentra-se nos jovens de México, Chile e Brasil e nos movimentos ecológicos e feministas. Não obstante, também detectamos em vários países a novidade de mobilizações de caráter mais conservador, geralmente vinculadas a setores médios, mas também aos populares.

O livro culmina com a análise da crise da subjetividade que denominamos *kamanchaka*. A *kamanchaka* é uma névoa escura que aparece nas montanhas dos Andes e se estende por todo lado, produzindo medo e depressão. Perguntada sobre como fazer frente a essa névoa, Domitila Chungara — uma mulher

Prefácio à edição brasileira 13

mineira, lutadora infatigável e defensora dos direitos humanos — respondia: "Só com paciência e resistência".* A *kamanchaka* é subjetiva, é o mal-estar social associado ao medo e à angústia. O incrível nisso tudo é que, em meio a uma complexa multicrise global, irrompeu a pandemia do coronavírus, complexificando e adensando ainda mais as brumas escuras da *kamanchaka*. Trata-se de um fenômeno fantasmagórico, único, incerto, anômalo, que atua numa lógica do acaso em nível mundial, mas afeta a vida cotidiana de todas as pessoas, suas sociedades e os Estados-nação. Como fato global, precisa ser tratado globalmente; mas até agora só se deu à pandemia um tratamento em nível nacional, com Estados e instituições sociais geralmente muito fracos e erráticos. E assim o medo reinstalou-se no centro da vida cotidiana em escala global. Vivemos novamente como se enfrentássemos o fantasma das ditaduras: com medo do outro, da morte, da exclusão social, do sem sentido. As pessoas e as sociedades necessitam e exigem políticas públicas bem-sucedidas que nenhum Estado pode fornecer.

As respostas são variadas. Como os fracos e colapsados Estados latino-americanos e suas sociedades estão respondendo a esse fantasma pandêmico? Que cenários estão em jogo hoje no plano socioeconômico, do desenvolvimento, da interculturalidade, dos cidadãos e seus direitos humanos, e das possibilidades de uma vida digna? Será um colapso como o do século XVI? Será possível a emergência de um novo modo de desenvolvimento informacional centrado na vida das pessoas? Ou veremos reinstalar-se a lógica puramente econo-

---

* A socióloga brasileira Moema Viezzer escuta, promove e descreve a vida subjetiva e a luta de Domitila no livro *Se me deixam falar* (Global, 1990).

micista e ultraindividualista do mercado e do Estado, que sabemos que não funcionam por si sós? Surgirá um Estado descentralizado do público? Nascerá uma cultura de solidariedade global? O que vai acontecer com o meio ambiente e com a natureza? Ou tudo será um absurdo catastrófico no qual o poder continuará preocupado apenas em impedir que se suje a cadeira de *A metamorfose* de Kafka? Discépolo tinha razão, afinal, e seu tango "Cambalache" será mais universal que nunca? Ou Germani, que dizia que a modernização tem intrinsecamente uma carga totalitária?

O que se pode pensar a partir da América Latina? As narrativas dos intelectuais dos países desenvolvidos são suficientes para nós ou necessitamos de uma perspectiva global a partir das nossas realidades, nas quais a complexidade e a densidade mesclada das sociedades estão repletas de complexas justaposições socioculturais globais? Na América Latina temos não apenas as sociedades originárias, mas também as de origem africana, europeia, asiática, com complexas estruturas de diferenciação social e funcional, em que desgraçadamente prima a desigualdade. De alguma maneira, o mundo todo está na região. Buenos Aires pode mirar-se na Europa, e a Grande Buenos Aires, no resto da América Latina; o Rio de Janeiro, a Bahia ou Cartagena, na África. Isso sem falar na natureza, tendo a Amazônia, juntamente com a cordilheira dos Andes e uma enorme rede de rios e dois oceanos gigantescos, organizado a vida durante milhares de anos. Claro, a Amazônia é a reserva ecológica da humanidade, mas o que sabemos realmente de sua vida, de suas folhas, de seus rios, de seus mitos transumantes, da coca, da mandioca e dos milhões de seres vivos que a habitam, enquanto os mares contaminam-se e a cordilheira dos Andes, assim como o Sul patagônico, degela?

Prefácio à edição brasileira 15

Em meio a tudo isso, cresce também uma espécie de negacionismo que começa negando o vírus ou a sua periculosidade e transfere-se para a área política. Negações que alimentam a crise de legitimidade do que é estabelecido pela informação séria e pela ciência, e assim as "notícias falsas" começam a constituir, para muita gente e para importantes políticos pretensamente novos, evangelhos da verdade, alimentando ainda mais a *kamanchaka*. O uso de redes de informação e comunicação cresce e multiplica-se, mas os indicadores de retração socioeconômica, a violência doméstica, o incremento do consumo e do tráfico de drogas já são um fato que precisa ser enfrentado. Contudo, e vale a pena sublinhá-lo, não será raro se vários Estados e políticos utilizarem essa *kamanchaka* da pandemia para limitar as liberdades e os direitos humanos, afirmando assim o próprio poder.

Mas, do outro lado da escuridão, emergiram as luzes de mudança: os novos movimentos sociais, analisados no presente livro, que buscam afirmar os valores democráticos e a segurança humana. Seus conflitos e protestos pretendem mudar as crônicas desigualdades socioétnicas, de gênero, dos impactos ecológicos, a corrupção institucional e a lógica do poder global. São movimentos que demandam ética, são movimentos de povos indígenas e afrodescendentes, são movimentos de mulheres, de gênero e ecológicos que buscam novas formas de vida que organizem a política e o desenvolvimento. No final de 2019 e particularmente durante o ano de 2020, apesar dos enormes problemas narrados e de suas consequências, foram geradas novas ações coletivas, defendendo a democracia e condenando a imoralidade política no Chile, Peru, Bolívia, Guatemala, Colômbia e Brasil.

Talvez tenha chegado a hora de os latino-americanos construírem um paradigma ecológico, feminista, antirracista e humanista para todos. Em todo caso, a questão central nessa conjuntura é o manejo do tempo: o "tempo da pandemia". E nesse caso três variáveis parecem decisivas: a capacidade do Estado de transformar palavras em realidades, sobretudo no plano da saúde; a capacidade tecnológica, comunicacional e científica e sua valorização pragmática em cada sociedade e no Estado; e o comportamento individual e coletivo das sociedades. Em outras palavras, se um Estado tem a capacidade prática de navegar contra o vento e enfrentar os temas da pandemia a partir de uma pedagogia científico-tecnológica e comunicacional, e se as sociedades também integram essa pedagogia em sua vida cotidiana, as chances de obter resultados será maior do que se acontecesse o contrário. Talvez só seja possível encontrar uma esperança, uma força maior, articulando o individual com o coletivo no "local-público" — pois os resultados serão mais efetivos na medida em que toda ação coletiva for resultado de um consenso individual, e na medida em que a ação individual possa ser valorizada no plano coletivo, nos espaços públicos compartilhados. Em suma, será possível combinar de maneira criativa Estado, sociedades e tecnoeconomia? Ou seja, será possível "navegar melhor contra o vento" nos tempos do vírus?

Não sabemos a verdade. O que sabemos é que o futuro se constrói hoje em situações e condições muito adversas.

FERNANDO CALDERÓN
MANUEL CASTELLS
Dezembro de 2020

Introdução

A nova América Latina*

A AMÉRICA LATINA E SEUS POVOS viveram uma profunda transformação na aurora do terceiro milênio da era comum. Inseriram-se plenamente no processo de globalização que domina tanto a economia quanto a cultura mundial, o que não quer dizer que tudo e todos estão integrados nesse movimento, pois se trata, no conjunto do planeta, de um processo ao mesmo tempo includente e excludente, em que ocorrem simultaneamente incorporação seletiva e marginalização estrutural, conforme argumentaram vários autores.[1] No contexto da revolução tecnológica informacional, a articulação tecnológica da América Latina acarretou uma modernização fundamental dos processos de produção e gestão empresarial necessários para competir nos mercados globais de mercadorias, serviços e capital. Um novo modelo de produção, o extrativismo informacional, emergiu como centro de muitas economias latino-americanas, particularmente as de maior dimensão. A moder-

---

* A análise apresentada neste livro baseia-se em fontes estatísticas e documentais obtidas em vários países durante uma década. Para evitar um texto pesado, reunimos o essencial dessa documentação num site da web que o Fondo de Cultura Económica habilitou para acompanhamento do presente texto: <https://fondodeculturaeconomica.com/apendices/014607R/>.

nização tecnológica estendeu-se rapidamente à comunicação e à cultura, globalizando os meios de comunicação e difundindo as redes de internet como vetor de transformação cultural e da vida cotidiana entre as novas gerações. Ao mesmo tempo, e em sintonia com o que ocorreu no resto do mundo, a globalização e a digitalização não produziram uma cultura global e homogênea que relegasse as culturas historicamente produzidas pela diversidade da experiência humana ao depósito do retrógrado, a ser gradualmente descartado. A ideologia da modernização como vetor da dominação cultural fracassou de novo. Na realidade, aconteceu o contrário. Do fundo da alma dos povos, ressurgiu com força uma constelação de identidades, feitas de uma cotidianidade que nunca foi subjugada, de conexão com uma natureza própria, de uma tradição oral preservada, de um modo de ser específico. Humano, claro que sim, mais humano inclusive que os padrões de comportamento explícitos no mercado como forma de vida, e não apenas de economia; porém, com práticas enraizadas no compartilhamento secular, semeado de sofrimentos e esperanças. Assim se afirmaram as culturas dos povos originários, exceto naqueles territórios em que o genocídio os exterminou, como também se consolidaram outras identidades regionais, locais, religiosas, mas não tanto a da religião dominante, católica, cuja crise analisamos neste livro, investigando suas causas e consequências.

Da mesma forma, novas identidades ligadas ao processo de transformação multidimensional colocam em xeque o patriarcado milenar, raiz da dominação institucional. Mulheres sem mais adjetivos, feministas, lésbicas, gays, transexuais, bissexuais afirmaram seu direito de amar e ser amados por quem bem quiserem, sem ligar para os ditames da repressão

Introdução

sexual. Além dessas identidades pessoais, desenvolveram-se novas formas de relacionar natureza e cultura e o reconhecimento dos animais como seres amigos. E um questionamento sistemático do lado obscuro da cultura institucionalmente imposta.

Mais que isso: num mundo globalizado, a identidade nacional ressurgiu com força como trincheira de resistência da história e dos direitos de quem vive num determinado território, de quem não pode se permitir ser "cidadão do mundo" porque não tem recursos para tanto. Ainda que se sintam ao mesmo tempo solidários com o planeta e com seus congêneres, não perdem com isso a proteção das instituições nacionais de que ainda dispõem.

Entre globalização e identidades, o Estado-nação sofre os embates da história. Em geral, integra-se à globalização para maximizar seu acesso a riqueza e poder, formando redes transnacionais. Ao fazê-lo, incrementa a distância entre o Estado e a nação, entre o imperativo global e a representação local. Brotaram daí, repetidas vezes, um desejo e, no fim das contas, uma política que tentam recuperar o controle da nação a partir das raízes dos povos, diante da fuga de suas elites, que, depois da entrada no clube dos donos do mundo feito de redes de poder e capital, habitam espaços de fluxos cada vez mais abstratos, a partir dos quais procuram manter o controle de seus inquietos súditos.

Nessa conjuntura, os mecanismos de relação entre o Estado e os cidadãos, ou seja, o sistema político, sofreram os embates da nova história. Por um lado, as instituições da democracia liberal, constantemente subvertidas no século xx por golpes militares geralmente apoiados pelos Estados Unidos, acabaram por se tornar a regra geral em toda a América

Latina na última década do século, com a possível exceção de Cuba (não uma democracia liberal, mas gozando de certo apoio popular) e contando com a diversidade de opiniões sobre outros regimes, como Venezuela, Nicarágua, Guatemala e Honduras, formalmente democracias liberais, mas com apoio cidadão decrescente. Em todo caso, na virada do milênio, a América Latina parecia ter chegado a uma certa estabilidade democrática buscada ao longo de séculos de sangue, suor e lágrimas. Contudo, a crise de legitimidade política e a corrupção do Estado na grande maioria dos países destruíram em apenas alguns anos o vínculo de confiança mínima entre governantes e governados, fragmentando a sociedade e colocando em questão tanto as lideranças neopopulistas quanto as enganosas fachadas das democracias eleitorais. O como e o porquê desses processos são o objeto da investigação apresentada neste livro.

Por fim, mais além da economia, da tecnologia e das instituições está a vida das pessoas. Para a imensa maioria da população, a nova América Latina, apesar de uma melhora considerável dos indicadores básicos de desenvolvimento humano em educação, saúde e emprego (majoritariamente informal), está marcada pela deterioração de seu hábitat em metrópoles destrutivas, por uma urbanização especulativa que engloba 80% da população, por um ambiente patogênico, pela destruição da maravilhosa natureza do continente, pela violência e pelo medo como forma de vida, com bandos criminosos brotando em toda parte, matando, destruindo e amedrontando milhões de pessoas, com a frequente passividade ou conivência daqueles que deveriam protegê-las.

Introdução

Essa é a nova América Latina, luz e sombras, mas uma luz cada vez mais pálida e sombras que envolvem as vivências, diante das quais emergem novas consciências individuais que buscam alternativas coletivas para tornar possível uma outra América Latina.

Vem daí nosso empenho de observar e reconhecer o novo território histórico, pois é somente identificando onde estamos que poderemos saber como estar onde queremos.

1. A globalização da América Latina: da crise do neoliberalismo à crise do neodesenvolvimentismo

A AMÉRICA LATINA PASSA por um processo de profunda transformação desde o final do século XX, embora seja necessário distinguir os níveis de desenvolvimento humano e as situações pontuais de crescimento, e considerar as grandes diferenças internas vinculadas às especificidades de cada país, tanto em suas estruturas sociais, culturas e instituições quanto em suas relações com o sistema global. Essa transformação é resultado de dois modelos socioeconômicos contrapostos, de sua ascensão e de suas crises. Entendemos por neoliberalismo o modelo de crescimento e distribuição baseado essencialmente na dinâmica do mercado apoiado pelo Estado. Por outro lado, no neodesenvolvimentismo o Estado é o motor do crescimento econômico e da repartição do produto, intervindo ativamente nos processos do mercado e na criação de infraestrutura, embora sem estatizar a economia.

Mudanças socioeconômicas

Quanto ao crescimento econômico, nas duas primeiras décadas do século XXI, a totalidade da região modernizou a estrutura produtiva, incrementou a competitividade na economia global e mudou seus padrões tradicionais de dependência dos Estados Unidos. O crescimento anual do PIB total, a preços constantes, entre 2003-08, foi de 4,5%, em média. O crescimento reduziu-se, porém, a 3,0% no período 2009-11, pelo impacto da crise econômica de 2008 nos Estados Unidos e na Europa, e a 2,3% entre 2012-13. No período 2014-15, a taxa de crescimento real da região foi de apenas 0,5%, e em 2016 foi negativa (−1,1%). Pela primeira vez, apesar de sua profunda integração na economia global, a América Latina teve mais sucesso que os Estados Unidos ou a Europa na resistência aos efeitos da crise financeira de 2008, desconectando-se efetivamente da evolução da crise nessas regiões.

A Venezuela, obcecada pela produção petrolífera e considerada por muitos exemplo da má gestão econômica, cresceu a uma taxa de 7,5% no período 2003-08. Em seguida, durante os anos 2009-11, teve uma taxa negativa (−0,2%) e recuperou-se nos anos 2012-13 (+3,5%). Em 2014, último ano em que se tem informação, o PIB caiu para 3,9% em termos reais. A Argentina, por seu lado, cresceu a um ritmo médio de 8% em 2003-08, e de 3,4% em 2009-11, mas no período 2012-13 o crescimento foi de apenas 0,7%, e entre os anos de 2014-15, de 0,1%. Contudo, a economia do país caiu 1,8% em 2016.[1]

No Brasil, assim como na Argentina e na Venezuela, o período 2003-08 foi o de maior crescimento real (4,2% em média), seguido dos anos 2009-11 (+3,8%), antes de diminuir o ritmo para 2,5% em 2012-13 e cair em seguida para −1,5% e −3,5% em 2014-15 e 2016, respectivamente. O México cresceu em média 2,6% entre 2003-08, antes de reduzir sua taxa de crescimento real a 1,2% em 2009-11 e de recuperar-se para 2,5% entre 2012-13.

A globalização da América Latina

Em 2014-15, o ritmo do PIB acelerou para 3,0% e decresceu levemente para 2,9% em 2016.[2] Bolívia e Peru cresceram em torno de 6% entre 2012-13. Em síntese, entre 2003 e 2013, a América Latina viveu uma década de crescimento econômico sustentado e de competitividade crescente.

Tabela 1.1. Taxa de variação interanual real do PIB, 2003-16
(em % e ordem decrescente, segundo a média 2003-08)

País	Média 2003-08	Média 2009-11	Média 2014-15	2016
Argentina	8,0%	3,4%	0,1%	−1,8%
Venezuela	7,5%	−0,2%	−3,9%	s/d
Peru	6,8%	5,3%	2,8%	4,0%
Uruguai	6,4%	5,7%	1,8%	1,7%
Costa Rica	5,4%	2,8%	3,6%	4,2%
Colômbia	5,1%	4,3%	3,8%	2,0%
Equador	4,9%	4,0%	2,0%	1,3%
Chile	4,7%	3,5%	2,0%	1,3%
Paraguai	4,5%	5,0%	4,0%	4,3%
América Latina	4,5%	3,0%	0,5%	−1,1%
Bolívia	4,5%	4,2%	5,2%	4,3%
Brasil	4,2%	3,8%	−1,5%	−3,5%
México	2,6%	1,2%	3,0%	2,9%

Fonte: Elaboração própria sobre a base de dados da Cepalstat, 2018.

A contenção dos efeitos da crise financeira global e o persistente crescimento econômico no período 2003-13 se devem principalmente a dois fatores: em primeiro lugar, ao papel regulador do Estado — mais forte que nos Estados Unidos e na Europa —, particularmente no que diz respeito aos mercados financeiros depois da crise dos anos 1990 ("Efeito Tequila"*), da

---

* Nome que se deu à crise econômica no México, em 1994. (N. T.)

crise do real no Brasil, em 1999, e do colapso do sistema bancário na Argentina, em 2001. Parece que os governos de Fernando Henrique Cardoso e de Néstor Kirchner empregaram medidas regulatórias do sistema financeiro mais efetivas que as adotadas por Estados Unidos ou Europa: adaptaram-se de maneira mais eficiente à volatilidade dos mercados financeiros globais. Em segundo lugar, houve uma transformação dos padrões de comércio no mundo, e o comércio Sul-Sul (tanto na Ásia quanto no interior da América Latina) passou a ser mais significativo que a clássica dependência em relação aos Estados Unidos e à Europa.

Ao mesmo tempo, embora a democracia, problema-chave na história da América Latina, tenha se estabilizado em todo o continente nos últimos anos, sua legitimidade diminuiu. Em 1976, só havia três democracias da região. A democracia generalizou-se em toda parte (sendo Cuba um caso discutível), pelo menos se aplicarmos os padrões da eleição presidencial de 2000 na Flórida, Estados Unidos, e apesar das dezesseis destituições presidenciais, incluídos dois golpes de Estado que foram rapidamente revertidos. Segundo a Corporación Latinobarómetro, o índice de apoio à democracia como forma de governo preferível a qualquer outra chegou a seu nível máximo em 2010 (61%). No entanto, uma série de experiências e acontecimentos vem deteriorando a confiança na democracia, principalmente no sistema político que a sustenta, e em 2017 o apoio à democracia tinha caído para 53%. Da mesma forma, teria crescido a aprovação a regimes autoritários em condições de corrupção e crime organizado. Isso afeta sobretudo os parlamentos e os partidos políticos, cuja legitimidade é muito baixa.[3] Hoje, as crises do Estado e do sistema político estão no centro dos problemas enfrentados pela região.

A outra doença tradicional da América Latina, a pobreza, diminuiu na totalidade da região, de 45,9% da população, em 2002, para 30,7%, em 2017. A extrema pobreza também diminuiu, de 12,4 para 10,2% no mesmo período.[4] Se juntarmos a isso a melhora dos principais indicadores de saúde e a escolarização quase universal no nível do ensino fundamental (apesar da baixa qualidade do sistema escolar, em muitos casos), veremos uma América Latina muito diferente de sua imagem tradicional.

Em relação à desigualdade, o índice de Gini para dezessete países da América Latina foi de 0,469 e 0,467, em 2015 e 2016, respectivamente.[5] Segundo a mesma fonte, entre 2002 e 2008 esse índice diminuiu 1,5% anuais em média na região, mas entre 2014 e 2016 a queda foi só de 0,4% anuais.[6] A diminuição dos níveis de desigualdade pode se relacionar à melhora nos salários dos setores menos favorecidos e ao aumento de transferências monetárias dos governos para esses mesmos setores, tendência que começou a se reverter nos últimos anos. A Figura 1.1 mostra a evolução e a reduzida diminuição da desigualdade de renda em países selecionados da América Latina entre 2002 e 2016.

Nossa sugestão é que esses fenômenos, sobretudo a diminuição da pobreza, se devem, em boa medida, a uma presença maior do Estado como ator central nos processos de desenvolvimento, com orientação estratégica, gastos públicos em infraestrutura, educação e saúde e políticas distributivas, como o programa Bolsa Família no Brasil.[7]

Na realidade, o modelo neoliberal de inserção sem restrições na globalização gerada pelo mercado entrou em colapso, desde o início do século XXI, na maioria dos países, tanto econômica,

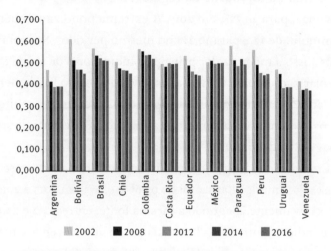

Figura 1.1. Índice de desigualdade de Gini
Países selecionados da América Latina, 2002-16

Fonte: Elaboração própria a partir da base de dados da Cepal, *Panorama social da América Latina 2017*.

quanto socialmente (tendo o *corralito*,* na Argentina em 2001, como expressão mais simbólica desse colapso). E surgiu então um novo modelo, autoproclamado "neodesenvolvimentista", centrado no Estado, mas mirando a competição no mercado global, aparentemente muito próximo do modelo de desenvolvimento do Leste Asiático no período da "decolagem", 1960-80.

O resultado desses processos foi o surgimento de uma nova estrutura ocupacional e de um novo padrão de estratificação social. Assim, entre 2000 e 2017, a ocupação na agricultura diminuiu 5,9% no conjunto da América Latina, enquanto a

---

* *Corralito*: em espanhol, "cercadinho"; política adotada pelo então presidente argentino Fernando de la Rúa em 2001 para evitar a retirada de dinheiro de contas e poupanças que seria trocado por dólares ou transferido para o exterior. (N. T.)

A globalização da América Latina   29

mineração incrementou sua participação em apenas 0,2%. Isso significa que aquilo que denominamos "extrativismo informacional" (ver o capítulo 2), embora seja um motor de exportação, cria poucos empregos diretos. Da mesma forma, o emprego na indústria perdeu peso (−1,8%), compensado apenas por um leve aumento na construção civil (1,0%). Os setores que mais cresceram em termos de emprego são significativos da evolução polarizada da nova América Latina: os serviços financeiros aumentaram 2,1%, enquanto "outros serviços", espécie de quarto de despejo da informalidade, foi o setor que mais cresceu em termos de emprego (2,5%). Observa-se igualmente uma dupla evolução, para a formalização da economia e para sua precarização: a proporção de assalariados aumentou em 1,7%, situando-se entre 60,6% da população empregada, embora apresente uma concentração desse crescimento em alguns países, como Brasil, Peru e México. A atividade por conta própria, indicador de informalidade, também aumentou sua contribuição para o emprego, contrastando com a diminuição de empregadores, trabalhadores domésticos e familiares remunerados, reminiscências da estrutura tradicional de ocupação.

Quanto à estratificação social, representada pela distribuição de renda e pelo consumo nacional, é possível detectar uma mudança que consideramos fundamental entre 2002 e 2015, período que corresponde à expansão do neodesenvolvimentismo. Se observarmos a distribuição de renda por quintis, a primeira constatação, que também se reflete no índice de desigualdade de Gini, é a concentração da maioria da população no quinto quintil, o mais pobre: 62,4% da população no Brasil, 60,5% na Colômbia, 54,6% no México, 57,9% no Peru, 54,1% na Venezuela, 56,8% na Costa Rica, 50,9% no Uruguai, 53,8%

no Chile. Contudo, o que é verdadeiramente significativo em termos de dinâmica social é que os quintis que na maioria dos países aumentam sua participação na renda são os médios, ou seja, o segundo, o quarto e sobretudo o terceiro, o quintil médio. Assim, os dados da evolução da porcentagem desses quintis na distribuição da renda entre 2002 e 2015, listados aqui na ordem segundo, terceiro e quarto, revelam o aumento no Brasil de 1,8, 2,1 e 1,4%; no Peru, de 2,6, 2,7 e 2,2%; na Colômbia, de 1,0, 1,3 e 1,6%; no Uruguai, de 1,4, 1,6 e 1,2%; na Costa Rica, de 1,7, 1,8 e 1,0%, e no México, de 0,9, 0,8 e 0,8%. Até mesmo a Venezuela, apesar da crise econômica, expande seus estratos médios, embora moderadamente: 1,0, 1,1 e 0,6%. A exceção é a Nicarágua, onde se observa uma distribuição regressiva, com diminuição das camadas médias em −1,1, −1,0 e −1,7%. Um caso interessante é o do Chile, onde varia apenas a composição das camadas médias de renda: −0,1, 0,0 e 0,3%. Em síntese, embora persista uma concentração majoritária da população no quintil mais pobre, há, em termos de tendência, um fortalecimento da participação dos quintis médios na distribuição da renda.

Por fim, um indicador potente da formalização do emprego e da estabilidade da estrutura ocupacional é o importante incremento da proporção de empregados que contribuem para o sistema previdenciário. Entre 2000 e 2014, essa proporção aumentou no Chile em 4,9% (consolidando o emprego, embora isso não se traduzisse em aumento de renda), na Colômbia em 4,1%; 6,9% no Peru; 4,5% na Costa Rica; 0,8% no México, 11,0% no Uruguai. Em contrapartida, houve na Venezuela um retrocesso de 3,8%. Isso significa que a crescente estatização da economia levou à formação de um amplo setor de trabalhadores protegidos em seus empregos e inseridos no sistema previdenciário.

A globalização da América Latina

O conjunto de tendências observadas aponta para o crescimento significativo dos estratos médios tanto na distribuição de renda quanto na proteção social e nas atividades relacionadas ao setor modernizado de serviços financeiros e empresariais. Essas tendências têm efeitos consideráveis na dinâmica social subjacente ao auge e à crise do neodesenvolvimentismo. Observa-se um panorama mais complexo e diferenciado no Índice de Desenvolvimento Humano (IDH). A Tabela 1.2 mostra a evolução e as diferenças dos países segundo o nível de desenvolvimento humano. A região possuiu, em média, um IDH elevado. Chile e Argentina são os únicos com grau muito alto de desenvolvimento humano, e somente o Paraguai e a Bolívia apresentam IDH de nível médio. Em todos os países nota-se uma tendência crescente do nível de IDH, exceto a Venezuela, onde ele diminui a partir de 2013.

Com respeito às dimensões medidas pelo IDH (educação, saúde e renda), o Chile possui o maior índice do componente renda do IDH (0,812 em 2015), seguido por Argentina e Uruguai (0,807 e 0,794, respectivamente). No índice do componente educação, a Argentina aparece em primeiro lugar (0,808 em 2015), enquanto Chile e Uruguai ocupam o segundo e o terceiro lugares na região. Por último, o índice do componente saúde também coloca o Chile em primeiro lugar, seguido por Costa Rica e Uruguai. Nesse componente, a Argentina fica em quinto lugar, depois do México, em 2015.

A troca das orientações de desenvolvimento, do neoliberalismo para o neodesenvolvimentismo, em grande medida se explica pela resistência de amplos segmentos da população às políticas excludentes de incorporação forçada à economia global para benefício das novas e das antigas elites. Outro fator

Tabela 1.2. Tendência no Índice de Desenvolvimento Humano, 1990-2015

Ranking IDH	País	Índice de Desenvolvimento Humano (IDH)								Mudança no ranking de DH	Crescimento médio do IDH			
		1990	2000	2010	2011	2012	2013	2014	2015	2010-15	1990-2000	2000-10	2010-15	1990-2015
Desenvolvimento humano muito alto														
38	Chile	0,700	0,761	0,820	0,826	0,831	0,841	0,845	0,847	2	0,84%	0,75%	0,65%	0,76%
45	Argentina	0,705	0,771	0,816	0,822	0,823	0,825	0,826	0,827	−2	0,90%	0,57%	0,28%	0,64%
Desenvolvimento humano alto														
54	Uruguai	0,692	0,742	0,780	0,784	0,788	0,791	0,794	0,795	2	0,70%	0,50%	0,37%	0,55%
66	Costa Rica	0,653	0,708	0,752	0,758	0,762	0,768	0,775	0,776	3	0,82%	0,61%	0,64%	0,70%
71	Venezuela	0,634	0,672	0,756	0,767	0,770	0,771	0,769	0,767	−4	0,58%	1,18%	0,29%	0,76%
77	México	0,648	0,700	0,745	0,748	0,753	0,754	0,758	0,762	−5	0,77%	0,63%	0,44%	0,65%
79	Brasil	0,611	0,685	0,724	0,030	0,734	0,747	0,754	0,754	7	1,15%	0,55%	0,83%	0,85%
87	Peru	0,613	0,677	0,721	0,725	0,731	0,735	0,737	0,740	3	1,01%	0,63%	0,53%	0,76%
89	Equador	0,643	0,670	0,710	0,717	0,725	0,737	0,739	0,739	7	0,41%	0,58%	0,83%	0,56%
95	Colômbia	0,592	0,653	0,700	0,707	0,712	0,720	0,724	0,727	6	0,99%	0,70%	0,76%	0,83%
Desenvolvimento humano médio														
110	Paraguai	0,580	0,624	0,675	0,679	0,679	0,688	0,692	0,693	−4	0,73%	0,79%	0,54%	0,71%
118	Bolívia	0,535	0,607	0,649	0,655	0,661	0,666	0,671	0,674	0	1,26%	0,66%	0,77%	0,92%

Fonte: Elaboração própria a partir da base de dados do *Relatório de desenvolvimento humano 2016*.

A globalização da América Latina

fundamental de incentivo a uma nova política foi, em alguns países, a reivindicação de identidades culturais oprimidas, principalmente na Bolívia, no Equador e no Peru, mas presente também no Chile, México e Colômbia, sob diferentes identidades étnicas. Uma combinação de movimentos sociais contra a exclusão e de movimentos identitários contra o racismo institucionalizado deu origem a uma nova constelação de atores políticos, inclusive os regimes bolivarianos (Venezuela, Equador, Nicarágua), os regimes nacionalistas indigenistas, como a Bolívia, o neoperonismo (kirchnerismo) e governos de orientação progressista, como os do Partido dos Trabalhadores (PT), no Brasil, e da Frente Ampla, no Uruguai. O amplo processo de mudança social sublinha essas transformações políticas que abrangem a afirmação dos direitos humanos, o crescimento da consciência das mulheres e a melhora de suas condições de vida, assim como o maior reconhecimento do multiculturalismo na sociedade e na política. Mais que isso, a ascensão de novos atores políticos opostos ao controle dos Estados Unidos na região levou a uma nova inserção geopolítica da América Latina no mundo, diversificando os vínculos econômicos e políticos, que agora incluem China, Japão, África do Sul e, em menor medida, Rússia, e uma participação mais destacada dos países da União Europeia. Contudo, a presença dos Estados Unidos ainda é significativa, sobretudo no México, na América Central e na Colômbia.

Assim também, a nova hegemonia do Estado baseou-se em instituições políticas fracas, principalmente no que concerne aos partidos políticos, que logo se tornaram vulneráveis à corrupção e ao patrimonialismo, num contexto de liberdades democráticas no qual a sociedade civil pôde se mobilizar e os meios de comunicação e as redes desempenharam um papel de denúncia. Em meados da década de 2010, essa hegemonia entrou em crise por uma conjugação de fatores políticos nacionais-regionais, além de crises e contrações do mercado mundial, dando lugar a uma nova inflexão histórica da política e do desenvolvimento na região. Isso pela inconsistência tanto do modelo centrado no mercado quanto do modelo centrado no Estado. Ambas as opções de políticas de desenvolvimento parecem atravessar um processo de enfraquecimento, sem que se saiba ainda o que vai emergir e a partir de onde serão construídas outras opções políticas de desenvolvimento que permitam visualizar uma nova ordem para a democracia.

Ascensão e queda do neoliberalismo

Após a década perdida de 1980, em termos de desenvolvimento socioeconômico, os anos 1990 caracterizaram-se: por uma acelerada inserção dependente e não sustentável da América Latina na economia global; pela liberalização dos mercados; pela privatização de empresas públicas e dos recursos naturais; pelas alianças estratégicas de empresas e Estados com multinacionais, particularmente nos setores bancário, de comunicação e de tecnologia; pela menor dependência em relação aos Estados Unidos; e pela modernização tecnológica, sobretudo com o uso de tecnologias de comunicação e a expansão dos meios digitais. Além disso, a corrupção ampliada; a submissão aos interesses das multinacionais; a carência de um modelo informacional de desenvolvimento que permitisse que as economias se tornassem verdadeiramente competitivas

A globalização da América Latina

na era da informação global; o aumento maciço da pobreza e da desigualdade; a vulnerabilidade das crises financeiras (o Efeito Tequila, em 1995, a crise do Brasil, em 1999, e o colapso argentino que levou ao *corralito*, em 2001) — tudo isso marcou os limites da integração neoliberal na economia global. Ficou claro que a estratégia de Fernando Fajnzylber[8] de "transformação produtiva com equidade" era a única perspectiva que poderia ter feito da América Latina uma região modernizada e competitiva por direito próprio. Mas as condições políticas para tal estratégia não estavam presentes em nenhum país nos últimos anos do século XX.

De acordo com um estudo realizado pelo Programa das Nações Unidas para o Desenvolvimento (Pnud),[9] nota-se em toda a região um incremento das reformas econômicas implantadas entre os períodos de 1981-90 e 1998-2003, assim como uma melhora do índice de democracia eleitoral. No entanto, isso não se traduziu em quedas significativas das taxas de pobreza, indigência, desigualdade ou desemprego. A taxa média de pobreza da região caiu apenas de 46,0% em 1981-90 para 41,3% em 1998-2003. Já no Cone Sul (a sub-região com o maior índice de reformas econômicas), o desemprego urbano cresceu mais de três pontos percentuais entre esses períodos. Assim também, nos mesmos períodos, a pobreza e a indigência cresceram de 25,6 a 26,0% e de 7,1 a 8,7%, respectivamente.

Uma tendência tristemente destacável é a invariabilidade da participação do PIB da América Latina e do Caribe no PIB mundial. Segundo dados do Banco Mundial, desde a década de 1980 ela permaneceu em torno de 8%. Como contrapartida, o peso relativo da China entre a década de 1980 e a segunda década do século XXI passou de 2% a 11%.[10]

Os protestos sociais e os desafios políticos diante da globalização neoliberal forçaram uma abertura dos sistemas políticos em muitos países.[11] Na Venezuela, isso teve como desfecho o controle das instituições através de eleições de novos atores políticos, o que deu início à Revolução Bolivariana, depois do pleito de 1998, apoiada em seguida por uma série de reeleições de Hugo Chávez e dos chavistas. Nicarágua, Equador e Bolívia elegeram governos que desafiaram o Consenso de Washington, vinculados a uma estratégia de desenvolvimento autônomo nacionalista de esquerda. A Costa Rica prosseguiu com suas políticas social-democratas de pacifismo, modernização e Estado de bem-estar tropical. Brasil, Argentina e Uruguai posicionaram-se claramente contra o capitalismo financeiro global, ao mesmo tempo que se integravam à competição global. Por outro lado, na Colômbia, a guerra civil e o Estado paramilitar de Álvaro Uribe bloquearam a mudança política por um tempo, embora ela tenha ocorrido no âmbito municipal, particularmente em Medellín e Bogotá. No Peru, o modelo neoliberal implantado por Alberto Fujimori prosseguiu, acompanhado por diversas coalizões políticas. E no México, a penetração dos cartéis de narcotraficantes no Estado criou um contexto específico de confrontação violenta dentro e entre os cartéis e os aparatos do Estado que, segundo estimativas, teria acabado com a vida de mais de 235 mil pessoas entre 2006 e 2016,[12] condicionando a situação de um dos países mais importantes da América Latina.

O modelo neoliberal chileno foi um caso especial e merece uma observação fundamental: houve dois modelos de desenvolvimento chileno; e o modelo democrático foi neoliberal na economia, mas não no Estado.

A globalização da América Latina

Em seu livro sobre o desenvolvimento chileno, Manuel Castells[13] diferenciava empiricamente dois modelos de desenvolvimento no Chile: o modelo liberal autoritário excludente, sob a ditadura de Augusto Pinochet (1973-89), e o modelo liberal democrático inclusivo, que começou em 1990, com os governos da Concertação,* e alcançou sua plenitude na administração Ricardo Lagos, em 2000-06. Os dados e a análise apresentados no livro de Castells demonstram que, comparando os dois períodos, o modelo democrático foi muito mais eficiente em termos de crescimento econômico, controle da inflação, indicadores de desenvolvimento humano, estabilidade macroeconômica, produtividade e competitividade internacional. Ao mesmo tempo, os direitos humanos e políticos afirmaram-se e restaurou-se a democracia, embora com algumas limitações herdadas da ditadura. Reduziram-se significativamente a pobreza e a extrema pobreza. Ainda que a desigualdade na distribuição de renda continue elevada — em comparação com Argentina e Uruguai, por exemplo —, observa-se uma tendência decrescente. O coeficiente de Gini foi de 0,453 em 2016, enquanto no começo da década de 1990 era superior a 0,500.

Por outro lado, as políticas de livre mercado, tanto no plano interno quanto no internacional, estavam no centro da estratégia de desenvolvimento, e a liberalização ampliada manteve-se,

---

* A Concertação, ou Concertación de Partidos por la Democracia, foi uma coalizão eleitoral de partidos políticos chilenos de centro-esquerda unindo social-democratas e democratas-cristãos para se opor ao plebiscito presidencial convocado pelo governo de Pinochet, que tinha a intenção de permanecer no cargo. A Concertação manteve-se na presidência do Chile de 1990 a 2010, quando foi eleito o representante da direita Sebastián Piñera. (N. T.)

com uma forte estratégia voltada para a exportação. Assim, as minas de cobre ("o salário do Chile"), nacionalizadas por Allende, permaneceram no setor público, pois Pinochet não reverteu a nacionalização, para ter controle direto sobre a principal fonte de riqueza do país e usá-lo para a acumulação depredadora de sua fortuna pessoal. Em geral, consideramos comprovado que o modelo estritamente neoliberal chegou ao fim no Chile em 1990, mas alguns de seus traços econômicos continuaram a caracterizar o bem-sucedido desenvolvimento chileno, pois as relações na indústria, o controle democrático do Estado e um governo legítimo aplacaram a resistência social, desafio político que o modelo neoliberal enfrentou em outros países. Foi por isso que o Chile mostrou-se capaz de manter um crescimento econômico sustentado e incrementar a produtividade e a competitividade ao longo dos anos. Contudo, o processo de modernização gerou certo mal-estar na população, que, como demonstrou o *Relatório de desenvolvimento humano* do Pnud de 1998, acabou por questionar o rumo dessa modernização, e também teve efeitos políticos e subjetivos na própria política, associados à ineficiência e à corrupção generalizadas do sistema político.

Outro caso particularmente sui generis foi o peruano. O modelo neoliberal mostrou-se consistente, perdurando e impondo-se economicamente ao longo do século XXI. Ele se baseou numa política econômica iniciada por Alberto Fujimori, que conviveu com variadas orientações políticas, como as de Alan García, de origem neodesenvolvimentista, e Ollanta Humala, de origem indigenista. Lá também a pobreza diminuiu de 55% em 2001 para 31% em 2010, mas a desigualdade social crônica persistiu.[14] A evolução dos salários reais em dólares

A *globalização da América Latina* 39

passou de 101, em 2001, para 110, em 2010, muito abaixo da média latino-americana, que passou de 101 a 158 nos mesmos anos.[15] E tudo isso ocorreu num contexto de intenso conflito social, sobretudo nas regiões do Sul do Peru. O interessante é que, segundo as pesquisas de opinião pública, o mal-estar cidadão era generalizado tanto em termos do funcionamento da economia quanto em relação à democracia.[16]

Resistência social e mudança política como fontes do neodesenvolvimentismo

As revoltas contra a exclusão social, a afirmação do multicultu-ralismo e da dignidade encontram-se na raiz dos processos políticos que tiveram lugar na Venezuela, com Hugo Chávez; no Equador, com Rafael Correa; e na Bolívia, com Evo Morales. Mais ainda, a eleição do PT por quatro períodos consecutivos no Brasil, sob a liderança carismática de Luiz Inácio Lula da Silva, alterou o equilíbrio de poder na região. Sobre a base da estabilidade das políticas macroeconômicas e de modernização de Fernando Henrique Cardoso (apesar das profundas diver-gências entre ele e Lula), o PT orientou-se para a estabilização de um novo Estado desenvolvimentista como vanguarda do processo. Foi a ênfase brasileira no investimento em infraes-trutura produtiva, mais o incremento do gasto público social e as políticas redistributivas, que deu origem ao neodesenvol-vimentismo na América Latina.

A Argentina experimentou processo similar sob o kirch-nerismo, combinando mobilização sociopolítica, a partir do movimento peronista, com papel dominante do Estado sobre as multinacionais e com o controle dos mercados financeiros sobre a economia nacional. O Uruguai acompanhou o esforço sob a liderança do presidente José Mujica, ex-tupamaro que abraçou por completo a democracia, afirmando a dignidade e o bem-estar, e que se tornou uma das figuras políticas mais respeitadas no cenário internacional.

Assim, a América Latina criou os fundamentos políticos para uma estratégia de desenvolvimento orientada pelo Estado, baseada no extrativismo dos recursos nacionais de exportação e na criação de uma infraestrutura produtiva capaz de gerar recursos para o gasto público social que melhorasse as condições de vida da população. Estatismo, produtivismo e bem-estar social expandiram-se num processo de interação sinergética, apoiado politicamente por movimentos neopopulistas e partidos de esquerda, numa versão da esquerda política do século XXI. Contudo, o êxito da estratégia afirmou-se em grande medida com base no peso de líderes carismáticos e nas novas condições favoráveis da economia mundial. Dessa forma, instalou-se um sistema de dominação patrimonial corporativo que mais tarde sofreu uma crise generalizada.

Os líderes carismáticos, Estado e sociedade

A ideia de retorno do povo como sujeito histórico que se identifica com a nação e com o Estado foi a referência fundamental para construir estratégias neodesenvolvimentistas pertinentes para a nova situação global e regional. O Estado e o líder carismático fundem-se no imaginário popular como referência basilar para se aplicar políticas tanto de integração social quanto

A globalização da América Latina 41

de desenvolvimento e, a partir daí, enfrentar os conflitos e os interesses dos poderes transnacionais ou das elites conservadoras nacionais; mas também se praticou uma ampla política realista de negociações e acordos com transnacionais e Estados neoliberais, sobretudo dos países desenvolvidos e China.

Como afirmaram Fernando Henrique Cardoso e Enzo Faletto, ponderando sobre o papel dos líderes na política: "Sabemos que o curso concreto da história, ainda que seja balizado por condições dadas, depende em grande parte da ousadia dos que se propõem a agir em função de fins historicamente viáveis".[17] As lideranças carismáticas do neodesenvolvimentismo, mais que as de qualquer outro tipo de líder, assentam-se nas características psicossociais e culturais próprias e particulares das diversas sociedades latino-americanas. Sua ousadia nasce de sua mística política, mas não é alheia às opções e aos problemas que os diferentes países atravessaram.

Por volta do ano 2000, inicia-se um período de inflexão histórica, em termos tanto de democracia quanto de desenvolvimento. Esse é um momento de recomposição do cenário político, decomposição das orientações neoliberais e de generalização, em toda a região, de orientações neodesenvolvimentistas com traços populistas. Essa inflexão resultou em governos que seguiam essa tendência, com traços, desafios e problemas nacionais diversos e intensidades diferentes em mais de quinze países da região do Caribe e da América Latina.

No centro de tais mudanças destacavam-se líderes carismáticos que organizaram os processos de transformação e cujo comportamento ou ausência determinou as crises que essas experiências viveram ou ainda estão vivendo. O caso chileno, conforme mencionado, foi excepcional, pois combinou a aplicação de um modelo neoliberal relativamente heterodoxo com reformas políticas organizadas pela Concertação. No entanto, os partidos da própria Concertação utilizavam cotidianamente práticas clientelistas.

A crise neoliberal associou-se a resultados magros na economia, ao incremento da desigualdade social e sobretudo ao aumento da pobreza. Isso teve como consequência, portanto, uma forte crise de legitimidade das instituições e das próprias tendências políticas neoliberais.

As orientações neodesenvolvimentistas foram mais porosas e variáveis que as neoliberais. Um fenômeno que sobressai é o fato de essas experiências terem sido construídas tendo em vista — e atuando sobre — as experiências nacional-populares do passado relacionadas sobretudo aos líderes políticos e sociais da primeira geração populista, que se iniciou com a Revolução Mexicana (1910-20). As sombras de Emiliano Zapata, Juan Lechín, Juan Perón, Getúlio Vargas, Fidel Castro e inclusive de líderes indígenas como Tupac Katari, entre outros, estiveram presentes na construção da liderança carismática neodesenvolvimentista.

Vale a pena mencionar algumas referências fundamentais a esse respeito. Por um lado, uma visão social crítica e diversa, mas generalizada, contra o crescimento da desigualdade social. Assim, por exemplo, além dos dados já mencionados, em 2010 somente 21% dos latino-americanos consideravam justa a distribuição da riqueza.[18]

Por outro lado, é facilmente reconhecível uma demanda sustentada para que o Estado desempenhe papel central na economia e na sociedade, tanto nas políticas de integração social quanto na criação de empregos, de benefícios sociais e na

A globalização da América Latina

incorporação aos sistemas de consumo próprios da sociedade da informação e da comunicação.

O índice 2010 de estatismo por país que apresentamos a seguir, elaborado pelo Latin American Public Opinion Project (Lapop), é composto pelas médias das preferências dos cidadãos em relação ao protagonismo do Estado em quatro áreas da economia: propriedade das empresas mais importantes, garantia de bem-estar, criação de empregos e redução da desigualdade (ver Figura 1.2).

A conclusão é evidente no que concerne à demanda hegemônica por um papel fundamental do Estado na economia e na sociedade. E o estudo sobre o protesto social realizado em dezessete países da região também conclui que o Estado era o principal interlocutor da grande maioria dos conflitos sociais na região entre 2009 e 2010.[19] Esses dados refletem a importância que o Estado tem para os latino-americanos.

Paradoxalmente, parece que uma das razões dessa demanda associa-se cabalmente à debilidade dos próprios Estados para enfrentar e solucionar as demandas de integração e desenvolvimento da sociedade, mas também à extrema desconfiança em relação às elites econômicas e políticas praticamente em todos os países.

Nesse contexto, alguns mecanismos parainstitucionais ganham relevância como mediadores entre sociedade e Estado, e contribuem para fortalecer a dimensão personalista das lideranças. Diante da debilidade das instituições, a relação entre Estado e organizações sociais oscila entre o formal e o informal, e adota características clientelistas e personalistas que incidem sobre as relações cotidianas, introduzem anomalias nas instituições formais e favorecem a corrupção. Essa legitimidade da informalidade provocada por políticas socioeconômicas fracassadas

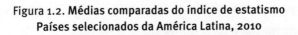

Figura 1.2. Médias comparadas do índice de estatismo
Países selecionados da América Latina, 2010

95% Intervalo de confiança (efeito de desenho incorporado)

Fonte: Lapop, *Barômetro das Américas*, 2010. Disponível em: ‹www.lapopsurveys.org›.

do passado é amplamente favorável a uma relação carismática fecunda, mas limitada, entre líder e sociedade.

E assim a pequena capacidade de gerar condições de vida satisfatórias para as pessoas contribuiu de maneira decisiva

A globalização da América Latina

para a demanda e a ascensão de líderes carismáticos com traços populistas.

Em tal contexto, pode-se concluir que foi esse tipo de processo que possibilitou a presença dessa forma de dominação carismática. A identificação do líder com o povo é um dado central do fenômeno do carisma latino-americano. O líder, tanto por sua origem quanto por sua imagem e sua dramática e atribulada trajetória para construir-se como símbolo do povo, precisa ser identificado como mais um membro do povo, criando assim uma unidade afetiva inseparável da ideia do "Nós, o povo". O líder é o povo porque é parte dele, é o povo em si mesmo: o líder vive e pode sacrificar-se pelo povo. Existe, assim, uma reificação do povo que se materializa na imagem do ou da líder.

O processo de mudança é uma razão de vida. A razão carismática, como dizia Weber, é a epifania em si mesma.

Nesse sentido, a associação entre carisma e sociedade na América Latina constitui um traço fundamental para a compreensão das experiências neopopulistas. No entanto, elas têm lugar quando plataformas institucionais débeis estão presentes de maneira estrutural, quando os processos de integração social e coesão nacional são limitados, quando a insegurança cidadã é generalizada e a frustração das expectativas é muito alta. Contudo, para além de seu compromisso com a democracia social, é importante mencionar que nenhum dos líderes carismáticos negou ou questionou, nem sequer nos momentos mais eufóricos de suas carreiras políticas, a democracia eleitoral. Ela constituiu uma referência fundamental de sua legitimidade carismática.

Por outro lado, a sociedade da informação e da comunicação transformou o tipo de ação dos líderes carismáticos. As novas demandas da comunidade, como também as novas formas de ação das lideranças, surgem cada vez mais através da rede e de múltiplos mecanismos de intercomunicação, e as interações tendem, então, a multiplicar-se. O líder já não atua apenas na praça pública, mas também na praça midiática, em múltiplos e diversos espaços públicos de comunicação.

Vale a pena mencionar que a crise do neodesenvolvimentismo é inseparável não somente das condições socioeconômicas nacionais e globais, mas, de forma muito particular, do destino que tiveram e têm esses líderes carismáticos. Seu desaparecimento, por diversas razões (a morte de Chávez e Kirchner, a não reeleição de Correa, as doenças, entre outras), afetou a capacidade de agência dos processos neodesenvolvimentistas e constitui um fato fundamental para a explicação da crise dessas orientações políticas do desenvolvimento e da democracia.[20]

O modelo neodesenvolvimentista e a nova globalização: a China e o Sul global

A ascensão da China a uma posição proeminente na nova economia mundial gerou um mercado enorme para as exportações que ainda caracterizam a maior parte da América Latina: produtos agrícolas, commodities de matérias-primas e energia. Quanto mais a China importa e investe na região e no resto do Sul, mais ela induz o crescimento econômico no Sul global, que se transforma, em si mesmo, num mercado em expansão. A América Latina aproveitou a bonança nos preços das commodities, associada à explosão da demanda na China, na Índia e em outros grandes mercados, para modernizar seu setor primário

A globalização da América Latina

usando novas tecnologias, tanto em informação e agricultura genética quanto em novos conhecimentos e novas estratégias comerciais. Nasceu um novo modelo que chamamos de "extrativismo informacional". Embora o "informacionalismo" não tenha transformado o sistema produtivo por completo, ele certamente transformou a produção de soja, de carne e os setores de energia e gás e de metais raros (como o lítio no Chile, na Argentina e mais recentemente na Bolívia), incrementando a qualidade e a produtividade, num círculo virtuoso de crescimento econômico. Contudo, o sucesso do neodesenvolvimentismo afirmou-se com base em duas premissas que logo revelariam sua fragilidade: a de que a demanda global por commodities seguiria crescendo; e a de que seus preços continuariam altos. O Estado, afirmando sua legitimidade através das políticas redistributivas, seguiria sem oposição graças a uma sociedade ativa, crescentemente informada, com forte aumento do consumo.

A crise do neodesenvolvimentismo

A incapacidade de quase todos os países de dar continuidade a uma transformação informacional plena de sua economia e de sua sociedade, por exemplo nos campos da pesquisa, da educação superior e das políticas de inovação, fez com que o padrão de crescimento da economia continuasse dependente quase que por completo das exportações do setor extrativo. Assim que o crescimento da China diminuiu e o preço das commodities caiu, as economias latino-americanas mostraram sua vulnerabilidade diante das flutuações da economia global. Até o Brasil, a economia mais diversificada, não teve suficiente capacidade baseada em conhecimento para mudar suas exportações e aumentar o valor agregado a seus bens e serviços. Embora tenha aprendido em boa medida a administrar a volatilidade financeira, a América Latina não conseguiu fazer o mesmo com a volatilidade do comércio. Como resultado, a economia argentina, por exemplo, caiu 2,5% em termos reais em 2014, o mesmo ocorrendo com o Brasil em 2015 (−3,5%), enquanto a taxa de crescimento diminuía notavelmente ao longo da região, com exceção da Bolívia e do Peru. O ano de 2015 destacou-se como o primeiro do século XXI no qual a economia latino-americana não cresceu. Os governos continuaram por algum tempo com um elevado nível de gasto público (fundamental para a estabilidade social), enquanto a renovada ameaça da inflação — ou seja, com os gastos superando o crescimento econômico — os obrigava a impor políticas de austeridade, sobretudo o governo de Dilma Rousseff, no Brasil, em 2014. Isso solapou a popularidade do governo no Brasil, na Venezuela e em alguma medida na Bolívia e na Argentina. Contudo, os governos neopopulistas conseguiram manter seu triunfo eleitoral, embora com margem e legitimidades cada vez menores.

Além disso, o modelo de desenvolvimento do neodesenvolvimentismo baseou-se no crescimento econômico e na redistribuição a qualquer custo, focando no avanço das forças produtivas e na melhoria das condições materiais de vida da população, especialmente dos mais pobres. Esse modelo produtivista negou os custos ambientais e sociais que traziam em si. Enormes áreas metropolitanas transformaram-se num hábitat pouco hospitaleiro para a maior parte da população, com taxas de urbanização superiores a 75% da população na maioria dos países. As condições de moradia, transporte, entreteni-

A *globalização da América Latina* 49

mento urbano, poluição, habitabilidade do meio ambiente logo se deterioraram. Enquanto as medidas tradicionais de desenvolvimento humano (saúde, educação, renda) melhoraram, um modelo de "desenvolvimento inumano" afetou negativamente a qualidade de vida da maioria da população. A economia criminal, uma violência selvagem, a delinquência "pervasiva"[21] e o terror provocado por gangues transformaram-se no problema mais significativo da vida cotidiana em cada um dos países. Os meios de comunicação contribuíram para o pânico, expondo as ameaças atrozes à vida cotidiana de cidadãos comuns. A corrupção na política contribuiu para "construir" um sentimento compartilhado de falta de segurança.

Ao mesmo tempo, a consolidação de regimes estatistas, controlados por um partido poderoso, evoluiu para um Estado patrimonial-corporativo, no qual o acesso às empresas públicas tornou-se fonte de recursos, influência e poder para os movimentos neopopulistas, gerando uma corrupção generalizada do sistema político em quase todos os países. A tradição de transparência das políticas democráticas chilenas foi questionada, apontando redes de corrupção tanto entre os políticos conservadores quanto entre os da Nova Maioria (ex-Concertação), atingindo inclusive a família da presidente Michelle Bachelet, uma figura moral acima de qualquer dúvida.

Mais ainda: em vários países, os poderes extensivos do Estado foram reforçados com estratégias repressivas, e a polícia política (ajudada muitas vezes por agentes estrangeiros) resultou numa presença burocrática que penetrou toda a sociedade. As novas gerações de jovens, que cresceram na democracia e foram educados, informados e adquiriram a capacidade de comunicar-se pela internet, logo sentiram a presença opressora de um Estado patrimonialista. O estatismo não conseguiu sufocar as demandas éticas e de liberdade de vários movimentos de jovens.

De fato, a desconfiança em relação às instituições é elevada em todos os países da região. Em 2016, a proporção de pessoas que desconfiavam tanto das instituições políticas quanto do Estado era de pelo menos 63% em todos os países, salvo no Uruguai, onde a porcentagem cai para 51%.[22]

A convergência de crítica ao desenvolvimento inumano, denúncia da corrupção estatal e política e piora das condições de vida em razão do impacto do estancamento econômico e das políticas de austeridade desencadeou o surgimento de movimentos sociais em vários países, em particular Brasil, Venezuela, Nicarágua, Chile e México. Esses movimentos desafiaram diretamente os regimes políticos e suas políticas, centrando-se na reivindicação por formas alternativas de representação política.

Originalmente, como no Brasil em 2013, por exemplo, tratava-se de movimentos espontâneos e representados pela população mais jovem, com o projeto de uma sociedade melhor. No entanto, logo os setores médios juntaram-se à mobilização, preocupados com a perda de seus benefícios, como na Venezuela ou no Brasil em 2015. As sociedades dividiram-se, e a legitimidade do neodesenvolvimentismo e de sua agência, o estatismo, dissipou-se gradualmente.

Mobilização e protestos das novas classes médias

Um fato que adquiriu importância política e cultural significativa na segunda década do século XXI em boa parte dos países do continente foi o dinamismo de protestos e mobilizações

A globalização da América Latina 51

das classes médias, sobretudo das novas classes médias resultantes dos processos de mudança que tiveram lugar sob os regimes neodesenvolvimentistas, mas também sob governos com orientações neoliberais e conservadoras, como o Peru.

As classes médias tornaram-se mais complexas e cresceram no período 2000-18. Durante esses anos, os preços dos bens primários aumentaram, e o Estado conseguiu implantar políticas distributivas que melhoraram a renda da população. Isso, associado à força e à importância de transformações na tecnossociabilidade cotidiana, e em vários casos com participação cidadã, mudou a subjetividade desses setores. O relatório da Latinobarómetro de 2018 mostra tendências que ilustram tal complexidade; nesse sentido, destaca-se a relação entre a autoclassificação das pessoas como integrantes da classe média e o reconhecimento da legitimidade da democracia: a primeira incide positivamente sobre a segunda. De acordo com especialistas da Latinobarómetro, as classes médias de Uruguai, Equador, Costa Rica e Bolívia — os dois primeiros com indicadores de autoidentificação de 50% e os dois outros, de 49% — seriam um pilar da democracia em seus países. Da mesma forma, os países com menor índice de autoidentificação com as classes médias eram Nicarágua, Brasil, Honduras e Venezuela, onde os que se autorreconhecem como pertencentes a esses setores oscilavam entre 20% e 30% da população; nestes países, a legitimidade da democracia seria mais baixa. Por outro lado, um dado curioso é que Argentina e Chile, países de referência pela importância histórica de suas classes médias, com aproximadamente um terço da população objetivamente pertencente a esses setores, diminuíram sua autoidentificação de "classe". Sendo assim, fica evidente que as classes médias estão vinculadas não somente às rendas, mas também às subjetividades e práticas cidadãs.

Um tema fundamental ligado a esse novo dinamismo das classes médias foi a redução do número de pobres em todo o continente, particularmente, dada a sua magnitude, no Brasil. Isso implicou uma mudança no modo de vida e de consumo, na educação e na saúde. Contudo, também gerou expectativas e uma superideologização política, que identificou as novas classes médias com o progresso social e a democracia.

Mais adiante, com a queda da demanda e dos preços dos produtos primários e com os efeitos da crise global, ocorreu não apenas uma contração econômica, mas também uma redução da renda e das políticas de distribuição social. Isso gerou um forte mal-estar coletivo, em especial nesses novos setores médios. Uma espécie de frustração de expectativas colocou-se no centro político dos diferentes países latino-americanos. Se juntarmos a isso os escândalos de corrupção e a crise de legitimidade do Estado e do sistema político, são compreensíveis as mobilizações e os protestos dos setores médios e seu variado impacto sobre os processos eleitorais.

A dinâmica de mobilizações e protestos não foi homogênea, dependendo antes de cada situação política nacional particular.

Assim, no Brasil, por exemplo, as mobilizações posteriores aos chamados movimentos do "Passe Livre" (2013), que tinham caráter mais progressista, desenvolveram-se e expandiram-se numa série de manifestações críticas ao regime neodesenvolvimentista liderado pelo PT que desempenhou papel importante no triunfo de Jair Bolsonaro, nem tanto pelo apoio ao candidato, mas pela crítica e a indisposição em relação ao governo Dilma Rousseff e ao PT. A questão é saber por que esses grupos mudaram de atitude diante do PT. Entre os fatores que hipoteticamente influíram estão

A *globalização da América Latina*

a manipulação das redes sociais pelos grupos conservadores ou críticos ao PT, sobretudo nas principais metrópoles — como Rio de Janeiro e São Paulo — e nos estados do Sul, e também a imagem desgastada dos partidos políticos, não alheios a uma cultura de corrupção, os meios de comunicação tradicionais, os serviços de informação e a dinâmica psicológica envolvente das mobilizações. Numa conjuntura eleitoral, impôs-se a imagem de que todos perderam, menos aqueles que manipularam o poder e que teriam gerado a corrupção. Como afirma Marco Aurélio Nogueira, o antipetismo permitiu, em grande medida, a vitória de Bolsonaro.

A questão, contudo, aparentemente é mais complexa, pois os bons resultados em termos de mobilidade social obtidos pelo "modelo lulista" — que corriam o risco de retrocesso com a crise econômica — e a perda de legitimidade do sistema político institucional nos diversos setores sociais, em especial nos setores médios, parecem ser fatores adicionais que explicam a frustração e a nova realidade política brasileira.[23]

No caso da Nicarágua, o detonador foi o anúncio da reforma do Instituto Nicaraguense de Seguridad Social, que aumentava as contribuições de empregados e empresas e impunha 5% de contribuição para os aposentados. A explosão alastrou-se depressa, gerando um enorme descontentamento social e uma tremenda espiral de violência que culminou em muitos mortos, feridos e presos. Estudantes, aposentados, setores médios, empresários, ONGS, Igreja católica e outros setores, sobretudo em Manágua e León, foram os protagonistas dos protestos. As mobilizações receberam o apoio dos meios de comunicação e de vários governos da região, gerando um clima de insatisfação e crítica em relação a um poder cada vez mais ilegítimo. O país viveu sob um Estado repressivo e autoritário, num cenário obscuro e aparentemente sem saída, que, entre outras consequências, motiva cada vez mais as migrações.[24]

Na Bolívia, a situação é particular, dado que os níveis de crescimento e de distribuição se mantiveram positivos: em 2019, a economia sul-americana que mais cresceu foi a da Bolívia. A questão, nesse caso, é mais político-institucional e ideológica. O fato de o governo não aceitar os resultados negativos do plebiscito de 21 de fevereiro de 2016 e a criação de novas saídas institucionais para viabilizar a candidatura de Evo Morales geraram rejeição, especialmente entre os setores urbanos médios e altos das áreas metropolitanas de Santa Cruz, Cochabamba e La Paz. Uma importante mobilização nas redes sociais, impulsionada por jovens de classe média, redefiniu o jogo político boliviano, sobretudo em relação às eleições presidenciais.

Vale a pena destacar que as diferenças étnicas tiveram um efeito importante. O núcleo indígena rural continuou a apoiar o governo, enquanto os setores médios mestiços e brancos das grandes metrópoles apoiaram a oposição, centrada na figura do historiador e comunicador Carlos Mesa e baseada numa rede informacional denominada Comunidade Cidadã. Parece que a equivocada atuação política do Movimiento al Socialismo (MAS) no caso do plebiscito fez com que, de maneira similar ao que ocorreu no Brasil, os novos setores médios que haviam apoiado o governo do MAS no passado passassem a questionar sua legitimidade e acabassem se juntando a setores de oposição, alguns dos quais pareciam querer reeditar um tipo de dominação conservadora e racista. O país entrou numa lógica de polarização que teve consequências decisivas na confrontação das eleições presidenciais. [25]

A globalização da América Latina 55

Se retomarmos as conclusões sobre a estratificação social analisadas nas páginas anteriores, podemos pensar, neste capítulo, que as relações entre estratificação e subjetividade não são mecânicas nem diretas: pelo menos em curto prazo, não é possível asseverar que o objetivo determinará o subjetivo. Segundo analisamos, as subjetividades das classes médias parecem ser antes um fator importante no devir dos cenários políticos. A modernização não cria legitimidade mecanicamente: ao contrário, em condições como as analisadas, pode provocar seu questionamento.

A tripla crise da América Latina

Em 2019, a América Latina entrou num período de incerteza econômica e instabilidade política. A nova estrutura social formada durante o período de crescimento da década de 2000 deixou de dialogar com os agentes políticos que chegaram ao poder graças à sua luta contra o neoliberalismo. Num processo de conflitos e contradições nas duas primeiras décadas do século XXI, a América Latina viveu a ascensão e crise tanto do neoliberalismo quanto do neodesenvolvimentismo.

São, portanto, três as crises que transformaram a América Latina: do neoliberalismo, do neodesenvolvimentismo e de legitimidade política e institucional, produto do fracasso de ambos os modelos.

O neoliberalismo exacerbou a desigualdade (que o neodesenvolvimentismo não resolveu, apenas aliviou), e o neodesenvolvimentismo, por sua vez, exacerbou o estatismo e, por conseguinte, a corrupção, pois as expressões dos interesses desviaram-se do mercado para o Estado. A crise de legitimidade daí resultante afetou o sistema político e estendeu-se às instituições, induzindo conflitos permanentes entre grupos de poder que utilizavam os juízes e os meios de comunicação para lutar entre si. A ausência de mecanismos de agregação de interesses e de negociação institucionalizada levou a uma crise multidimensional.

A crise não é essencialmente econômica, graças à inserção dinâmica na globalização, nem social, posto que a maioria dos países reduziu a pobreza, a pobreza extrema e até a desigualdade. É uma crise de valores e uma crise de confiança generalizada, que levam ao conflito sórdido e permanente entre atores, à ruptura de qualquer consenso e à ausência de regras de jogo compartilhadas.

Figura 1.3. **Falta de confiança nas instituições Total América Latina, 2002-07 (%)**

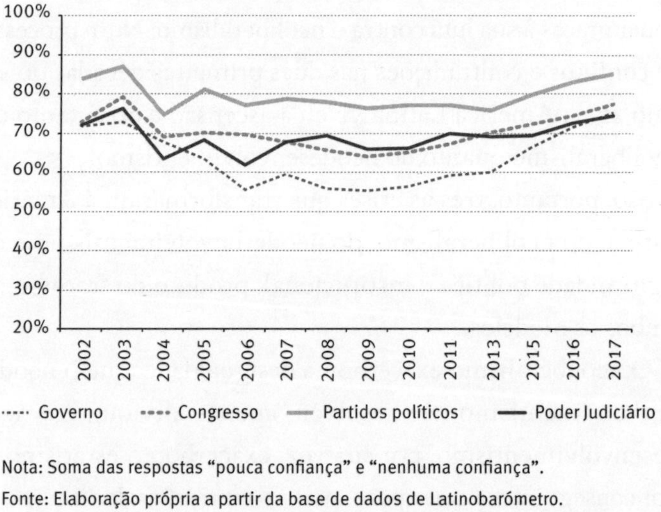

····· Governo ····· Congresso ━━ Partidos políticos ━━ Poder Judiciário

Nota: Soma das respostas "pouca confiança" e "nenhuma confiança".
Fonte: Elaboração própria a partir da base de dados de Latinobarómetro.

A globalização da América Latina

Da mesma forma, a osmose entre a lógica de instituições em crise e a lógica da economia criminal ascendente reforça a incerteza. A penetração do Estado pelo narcotráfico ocorre no plano nacional, mas sobretudo regional e local, e não somente em países como México, Colômbia ou Peru, mas também Brasil, Venezuela e América Central, com exceção da Costa Rica.

E é assim que, sobre a base dessa trama social comum, na diversidade de situações nacionais, se sobrepõe um conjunto de transformações multiculturais e de mudanças no espaço público e na comunicação. Contudo, é no sistema político e no Estado que se concentra a crise e que os conflitos da nova realidade latino-americana se fazem mais evidentes.

2. Um novo sistema produtivo: extrativismo informacional e mundialização dos mercados

O EXTRATIVISMO É UM DOS PRIMEIROS traços característicos das economias e culturas da América Latina e do Caribe, além de ter determinado o lugar que nossas economias e sociedades ocupam no mundo. Fomos e somos vistos como países com culturas econômicas extrativistas, apesar das variadas tentativas de industrialização, substituição de importações e integração social.

O nome da Argentina provém da prata de Potosí, e o do Brasil, de uma madeira (pau-brasil). *El poder y la caída*, de Sergio Almaraz Paz, é um livro magnífico, que narra o drama político e econômico do estanho na Bolívia; já Fernando Ortiz ilustra as economias e culturas do tabaco e do açúcar em Cuba. O romance *O outono do patriarca*, de Gabriel García Márquez, mostra um tirano que resolve vender o mar, deixando apenas a areia. Os ensaios de Manuel Ugarte formulam esperanças emancipadoras associadas à ideia de Pátria Grande, e *As veias abertas da América Latina*, como escreveu Eduardo Galeano, desenham frustrações, dores e obstáculos, todos eles associados a essa atividade.

Grande parte da literatura sociológica e econômica gira em torno do modo de caracterizar e escapar do extrativismo e

Um novo sistema produtivo 59

de industrializar-se. A pesquisa de Torcuato di Tella, Alain Touraine e outros sobre as minas de carvão e ferro, e também sobre os sindicatos em Lota e Huachipato, no Chile, é um clássico fundamental a respeito do tema. A proposta de transformação produtiva com equidade pensada por Fernando Fajnzylber e promovida pela Cepal representou uma aposta para sair de um sistema principalmente extrativo.

Por conseguinte, os recursos naturais — como terra, minas, petróleo, água — e as formas de organização social de origem colonial que os acompanharam, sobretudo a *hacienda*,* constituíram cárceres de longa duração nos quais se aninharam formas de dominação e de resistência. É isso que, em modos e tipos diversos, carregamos como fardo, para além das diferenças nacionais.

O estudo *Navegar contra el viento: América Latina en la era de la información*[1] tem como uma de suas principais conclusões o fato de que, nas últimas décadas, a região tem vivido um novo tipo de extrativismo, ali denominado "informacional", que constituiria a principal forma de inserção das economias da América Latina na globalização. De fato, estaríamos vivendo como que uma transição entre o extrativismo industrial e uma espécie de "extrativismo informacional", mas sem deixar de lado a importância dos setores de trabalho e o mundo do emprego informal — a ocupação estatisticamente mais significativa na região. As comunidades de povos originários ou

---

* O regime de *hacienda* caracterizava-se pela grande extensão de terra dedicada à monocultura e utilizando trabalho escravo, a exemplo da plantation brasileira, mas com duas diferenças: na América espanhola, o escravo era indígena, e não africano; e a *hacienda* tinha relações mais fortes de comércio com as próprias colônias, e não com a metrópole. (N. T.)

afrodescendentes constituem, por seu lado, um recurso, mas também uma resistência contra essas novas economias.

Efetivamente, uma nova dinâmica econômico-tecnoinformacional, que se constitui e funciona em rede, tem se generalizado em todos os países. O número de empresas instaladas ou reinstaladas na região com tais características é muito grande, assim como as formas de negociação e resistência que elas geraram.

Os novos empreendimentos extrativos têm características particulares, segundo a experiência histórica e cultural do território, e são muito distintos segundo o tipo de empresa transnacional em questão e, sem dúvida, segundo o tipo de atividade, seja ela mineradora, petroleira, agrícola ou de infraestrutura. O gênero de associação adotada pelas empresas, Estados e sociedades regionais e locais também tem influência. Precisamente por isso, a dinâmica extrativo-informacional é muito variada segundo as distintas territorialidades, inclusive dentro de um mesmo país.

Neste capítulo, o enfoque adotado é de que o "extrativismo informacional" é inseparável de sua territorialidade e de que ambos não só são indissociáveis como tendem também a produzir um novo campo de conflito histórico que se expressa igualmente nas redes sociais internacionais, dado que o impacto ambiental das explorações extrativas é tão global quanto as empresas com as quais elas interagem.

O "extrativismo informacional"

Trata-se fundamentalmente de uma nova dinâmica capitalista baseada numa dinâmica tecnoeconômica que funciona em re-

Um novo sistema produtivo 61

des e núcleos globais de produção, comercialização e gestão financeira do produto extraído. Por esse motivo, chamamos os novos produtos, metaforicamente, de cobre informacional, gás informacional, soja informacional e até mesmo cocaína informacional, de vez que sua produção se assenta em múltiplas cadeias de valor que vão desde a exploração e prospecção dos recursos naturais, com a incorporação dos avanços da ciência e da tecnologia em especialidades muito dinâmicas e particulares, até as redes globais de comercialização e financiamento.

Um elemento crucial desses novos empreendimentos é que eles são necessariamente integrados — dada a competência internacional — a sistemas de inovação que dependem da pesquisa científica e tecnológica, e funcionam em redes e núcleos estratégicos. Nesse sentido, a capacidade científica e tecnológica de um país ou região é crucial para ponderar a dinâmica e o poder de negociação e integração com essas novas empresas. Como veremos adiante, um caso paradigmático é o das empresas Grobocopatel nos pampas úmidos da Argentina, onde os sistemas universitários vincularam-se a — e alimentaram os — sistemas produtivos.

Grande parte da força dessas empresas está ligada ao dinamismo do mercado do produto em questão e do sistema financeiro internacional, que também funciona baseado em escalas, cadeias e núcleos informacionais. Os lucros do produto natural informatizado são, portanto, resultado da combinação do recurso natural com a introdução de tecnologias nos diversos momentos produtivos para obter ganhos maiores com a escala introduzida.

Em geral, as empresas informacionais são aquelas que extraem, processam e administram a montagem de seus produtos. Além disso, estão interconectadas com outras empresas, com as quais especializam e terceirizam suas atividades, e das quais recebem bens e serviços especializados, necessários para seu dinamismo empresarial.

Esses dinamismos são inseparáveis dos financiamentos, sobretudo externos, e da expansão dos mercados que possam garantir uma rentabilidade em geral extraordinária. Tudo isso faz com que as empresas exijam que as redes e cadeias de intercâmbios produtivos, comerciais ou financeiros se associem a sistemas de pesquisa científico-tecnológica para facilitar a interação produtiva e o sucesso no mercado. Desse modo, as dimensões do funcionamento das empresas extrativas informacionais vão ganhando posições e acumulando no mercado global, que, ademais, é regido pela competição e pelos diversos sistemas de poder empresarial.

Por último, um elemento crucial desse funcionamento informacional é o aspecto político e comunicacional, sobretudo como resultado de seus impactos ambientais. Isso supõe a construção de uma matriz complexa de estratégias de negociação tanto com os Estados nacionais e locais quanto com as organizações territoriais afetadas por sua atividade. Por isso a chamada "governança" é um tema crucial para essas empresas.

A territorialidade

Vale a pena mencionar que as atividades extrativas dependem das características ecológicas dos territórios, de suas dinâmicas socioculturais e sobretudo do impacto ambiental que produzem.

Nas empresas assentadas nos territórios existem dois grupos principais de trabalhadores. Um grupo de trabalhadores alta-

Um novo sistema produtivo 63

mente qualificados em atividades extrativas, especializados e com amplo domínio de códigos de informação e de adaptação à mudança tecnológica informacional; e outro reunindo os trabalhadores menos qualificados e complementares às atividades empresariais informatizadas. Estes são operários temporários ou que têm inclusão limitada, com frequência substituídos por novos maquinários. Eles fazem parte da territorialidade e das relações políticas e sociais que lá se desenvolvem.

A territorialidade supõe a relação dinâmica entre uma natureza que cria e reproduz biodiversidade e uma matriz de relações socioterritoriais, muitas vezes multiculturais, que interagem usando e com frequência destruindo a capacidade de resiliência da natureza e de seus sistemas ecológicos. As empresas informacionais introduzem na exploração extrativa inovações cuja consequência, muitas vezes, é a degradação ou diminuição da capacidade de resiliência da natureza.

As territorialidades são também construções socioculturais e político-institucionais. São espaços vinculados a sociedades regionais ou locais que têm uma tradição e uma cultura em relação à natureza. A relação com a natureza cultivada pelos povos andinos, em torno da convivência em ambientes ecológicos distintos, é um bom exemplo de interação fecunda entre culturas e territórios ecológicos diversos.[2]

Juan Wahren argumenta que "definimos o território como um espaço geográfico atravessado por relações sociais, políticas, culturais e econômicas que é ressignificado constantemente pelos atores que habitam e exercem suas práticas nesse espaço geográfico, configurando um cenário territorial em conflito pela apropriação e reterritorialização do espaço e dos recursos que ali se encontram".[3]

Os diversos atores territoriais tendem a atuar não somente em seus territórios, mas também em rede. Nela encontram apoio, solidariedade e até mesmo financiamento. Além disso, o impacto das degradações ambientais que podem experimentar diretamente em seus territórios pode ter efeito global, por sua incidência nas mudanças climáticas que afetam a todos nós.

Como analisaram o *Relatório de desenvolvimento humano mundial* de 2007-08 e vários outros, como o de 2006 sobre a água, ambos do Pnud,[4] os países que mais contaminam são aqueles que têm índices de desenvolvimento mais altos, e os que mais sofrem os efeitos são os com menor nível de desenvolvimento humano. No entanto, as consequências da contaminação são diversas e ocorrem em escala global; assim sendo, a territorialidade local é também global e informacional e é um novo campo de conflito que se nutre de experiências concretas.

Vejamos alguns exemplos dessas dinâmicas variadas do "extrativismo informacional" e das territorialidades.

Os casos do lítio em Jujuy, da soja em Carlos Casares (no pampa úmido da província de Buenos Aires) e dos hidrocarbonos não convencionais em Vaca Muerta

Na Argentina, assim como em outros casos nacionais,[5] pode ocorrer a convivência de diversos tipos ou modos de desenvolvimento informacional extrativo. Temos, por exemplo, a convivência de pelo menos três modelos.

Na província de Jujuy, na nova economia extrativa do lítio, os processos produtivos e de organização informacional encontram-se predominantemente ligados às empresas transnacionais. Há ali uma dinâmica dual. De um lado, os processos

Um novo sistema produtivo 65

extrativos simples, sobretudo nas primeiras etapas, que usam mão de obra local, e de outro lado os processos complexos de reelaboração e processamento do mineral para transformá-lo numa série de produtos tecnológicos informacionais, usando em grande parte mão de obra vinda do exterior. De acordo com informações fornecidas pela empresa Sales de Jujuy, em 2017 ela havia gerado 270 empregos diretos, dos quais cerca de 120 eram trabalhadores residentes nas comunidades.[6]

A empresa Sales de Jujuy S.A. é uma aliança entre a fabricante japonesa de automóveis Toyota Tsusho, a mineradora australiana Orocobre Limited e a empresa regional Jujuy Ener-

Figura 2.1. Mineração de lítio. Localização do Salar de Olaroz

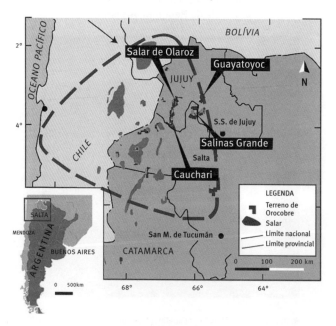

Fonte: D. Pragier e J. P. Deluca, "Minería del litio en el Salar de Olaroz".

gía e Minería, sociedade da província de Jujuy. O principal financiamento provém do Banco Mizuho, do Japão, que além disso tem garantias da Japan Oil, Gas and Metals National Corporation. Para tanto, o acordo entre as empresas extrativas e as multinacionais demandantes do produto supõe que estas últimas garantam o mercado numa faixa de preço determinada.

No caso da YPF S.A., na formação Vaca Muerta, situada na província de Neuquén, no Sul da Argentina, ocorre uma combinação de extrativismo industrial petrolífero com complexos procedimentos tecnoinformacionais em rede, que abarcam sistemas de importação e processamento de areia da China e poços dos quais se extraem gás e petróleo, monitorados infor-

Figura 2.2. Formação Vaca Muerta, província de Neuquén, Argentina

Fonte: Subsecretaria de Energía, Minería e Hidrocarburos, província de Neuquén, Argentina.

Um novo sistema produtivo

macionalmente por meio de núcleos da mesma empresa. Também destacam-se as novas tecnologias horizontais do *fracking*, ou fraturamento hidráulico, e os diversos sistemas financeiros e de comercialização organizados e administrados em rede. Tudo é parte de uma rede global de redes.

Quanto à soja produzida pela empresa Grobo Agropecuaria, da família Grobocopatel, o sistema de organização e gestão é totalmente informacional, incluindo redes amplas de trabalhadores diferenciadas por especialidades segundo o tipo de atividade, que vão desde jovens que processam algoritmos até especialistas em economia financeira na rede global. O núcleo principal, em Carlos Casares, organiza e processa desde as atividades extrativas da soja até sistemas de promoção, comercialização e gestão financeira no nível global. Vale a pena conhecer melhor essa experiência.

A unidade empresarial fundamental instalada em Carlos Casares, província de Buenos Aires, é uma empresa informacional altamente inovadora, que se organiza com base numa divisão tecnoinformacional do trabalho, na qual diversos núcleos trabalham em temas específicos relativos a todas as etapas do processo econômico, vinculadas entre si e com outras redes "glocais" e, muito especialmente, com o sistema de pesquisa universitária agrícola, em particular o Instituto Nacional de Tecnologia Agropecuária e a Universidade de Buenos Aires.

Os núcleos de trabalho incluem desde unidades de estudos da dinâmica tecnológica produtiva específica (para determinados momentos do ano), e também orientadora dos processos de semeadura, colheita e armazenamento no território de Carlos Casares, até complexas unidades financeiro-comerciais que organizam a comercialização e a estratégia produtiva. Há também unidades de estudos de comercialização, venda e

Figura 2.3. Sucursais da Grobo Agropecuária

Fonte: Los Grobo Agropecuária.

projeções dos preços da soja nas diversas Bolsas de Valores internacionais, integradas e vinculadas, desde o início, a unidades de pesquisa científico-tecnológica do país e da região.

Do ponto de visita cultural, esses núcleos geraram uma cultura de trabalho informacional baseada na valorização da inovação e das capacidades científico-tecnológicas do pessoal como eixos do desenvolvimento agrícola e territorial, o que influenciou todos os produtores do pampa úmido e se expandiu para outros países e regiões da América do Sul e do Caribe.

Em termos políticos, para além da orientação partidária da municipalidade e da região, a atividade e os empreendimentos de integração social e participação cultural (por exemplo, nas escolas públicas) da empresa são altamente valorizados pela

Um novo sistema produtivo

cidadania local. A oposição feita a eles é sobretudo de caráter extraterritorial. Diz Gustavo Grobocopatel:

> Nós aprendemos a fazer agricultura fora dos nossos campos como consequência de uma inundação, e percebi então que não tinha sentido possuir terra própria. Que podia crescer enormemente em superfície semeada com pouco dinheiro e muito depressa. Depois tudo se sofisticou, mas creio que aí está a matriz conceitual de nosso modelo de negócios: é possível fazer agricultura sem terras, sem capital e sem trabalho. Sem terra, porque você aluga; sem trabalho, porque terceiriza; e sem capital, porque toma emprestado. Não sei se somos os criadores, mas somos os que levamos mais longe essa ideia.[7]

Contudo, conforme argumenta Juan Wahren, isso ocorre num contexto macroterritorial muito complicado. A Argentina utilizava somente 10 mil litros de agroquímicos no final dos anos 1940, número que aumentou para 3,5 bilhões na década de 1970. Mas, a partir de 1996, ano em que foi autorizado o uso da semente transgênica de soja, aos já 69 bilhões de agroquímicos tradicionais somaram-se 200 bilhões de litros de glifosato — e, segundo algumas fontes, acabaram por chegar a 300 bilhões de litros. Ou seja, estamos na situação inédita de 19 milhões de hectares de soja transgênica e cerca de 370 bilhões de litros de agroquímicos cuja inocuidade não foi comprovada, de modo que o princípio precautório não foi respeitado.

Quanto às relações e organizações trabalhistas dessas três empresas, o panorama é diverso. No caso do Salar de Olaroz, em Jujuy, são organizações comunitárias andinas, compostas majoritariamente por jovens, que participam das atividades empresariais nas tarefas mais duras e simples. Cabe assinalar também que algumas comunidades se negaram a participar dos empreendimentos, comunidades nas quais ocorreram processos de fracionamento comunitário e onde imperam relações de desconfiança em todo o espectro territorial.

Em Vaca Muerta, no ponto mais alto da estratificação trabalhista existe uma espécie de "aristocracia operária" com níveis importantes de capacidade tecnológica e altos padrões salariais, que fortalecem uma cultura petrolífera histórica e privilegiada da região e do país, e com sindicatos exclusivos, que processam de maneira pragmática os seus interesses. Do outro lado, há uma série de trabalhadores temporários e parciais que alimentam de modo diverso o complexo extrativo. Outro fator fundamental de seu dinamismo é a terceirização de várias atividades, seja com empresas nacionais, seja com consórcios internacionais.

Um ator de peso e impacto territorial significativo são as comunidades mapuches e suas redes de organizações trabalhistas e de ONGS de alcance internacional, como os mapuches no Chile e os sioux nos Estados Unidos. Seu questionamento é sobretudo ecológico, em virtude da possível contaminação dos lençóis freáticos no território. Também há outras organizações sindicais e empresariais regionais que participam e interagem no empreendimento petrolífero. Nesse marco, um importante ator de referência são as unidades de pesquisa da Universidade Nacional de Comahue.

O impacto sobre o meio ambiente, a contaminação da água e seus diversos efeitos sobre o ecossistema são algumas das consequências comuns desses empreendimentos. No Salar de Olaroz, por exemplo, a mina de lítio exige uma significativa

Um novo sistema produtivo 71

quantidade de água que, num ecossistema frágil como o das salinas secas, costuma escassear.

A menor alteração das condições desses ecossistemas pode causar grandes alterações em seu equilíbrio. Por isso, a mina de lítio preocupa as comunidades locais e vizinhas, que veem como ameaça a utilização de fontes de água, um bem comum escasso e fundamental para a vida e para os modos de vida ancestrais, como a criação de lhamas e a cultura de altitude. De fato, em várias entrevistas com atores locais, a mina de lítio é chamada de "mina d'água": o conflito não é pela extração do lítio, mas pelo acesso à água.

A intensidade do uso de água na mina de lítio depende tanto do método de extração quanto do nível de concentração de lítio na salmoura. De acordo com a concentração de lítio no Salar de Olaroz informada no estudo definitivo de factibilidade, é possível estimar que, para cada tonelada de lítio extraída, cerca de 2 milhões de litros de água evaporam, ou seja, para cada grama de lítio são necessários dois litros de água.[8]

Em Vaca Muerta, as expectativas são divergentes no que diz respeito às consequências ecológicas ou ambientais do *fracking*. A heterogeneidade dos empresários, o governo provincial, a sociedade civil, os sindicatos e as comunidades mapuches associam-se, em suas diferenças, a uma multiplicidade de cosmovisões. Os mapuches questionam a lógica extrativista, as empresas a veem como o caminho para o desenvolvimento, os cidadãos locais têm perspectivas intermediárias, mas com desconfiança. O "risco" é colocado em debate o tempo todo: se é calculável e qual seria, portanto, o custo real da atividade, mas sobretudo qual o nível de esgotamento dos lençóis de toda a região? Se fosse possível mitigar os impactos ambientais e/ou fazer com que eles não fossem maiores que os gerados pela atividade convencional, e considerando apenas a demanda de energia, água e materiais (entre os quais se destacam aço, cimento e areia) concretizada segundo as perspectivas anunciadas, isso poderia acarretar transformações territoriais de uma magnitude ainda não avaliada.[9]

A contaminação agrícola é cada vez mais intensa em toda a região: "Na atualidade há na Argentina cerca de 12 milhões de pessoas que vivem em áreas onde são lançados 300 milhões de litros de agrotóxicos por ano".[10] A grande concentração de transgênicos e agroquímicos, dada a quantidade de hectares cultivados, converte o país numa espécie de primeiro laboratório a céu aberto.[11]

Em Carlos Casares, de acordo com o estudo de referência de Wahren, não foram detectadas vozes questionadoras importantes em relação à empresa em particular ou ao modelo minerador em geral.

Não obstante, nos últimos anos apareceram na macrorregião assembleias e grupos de vizinhos cada vez mais fortes que se organizam para impedir as fumigações nos povoados e escolas rurais, que estão provocando um aumento das doenças respiratórias, dermatológicas e de câncer, associados por esses atores ao uso indiscriminado de agrotóxicos, principalmente o glifosato, herbicida de utilização mais extensiva na região. Esses povoados rurais das zonas-núcleo da produção do agronegócio somam-se às lutas camponesas e indígenas que denunciam espoliações e arbitrariedades por parte dos empresários do agronegócio em seus territórios, além de denunciar a contaminação das terras e fontes de água desde meados da década de 1990.

Um novo sistema produtivo 73

Até agora, nenhuma dessas ações coletivas parece ter chegado a Carlos Casares ou afetado diretamente a empresa Los Grobo, que se orgulha de seu próprio manual de boas práticas agrícolas, adotado inclusive por alguns municípios da área, além, obviamente, de Carlos Casares. Em relação aos conflitos que ocorreram no Salar de Olaroz,

> vão se conformando, em linhas gerais, dois grupos de interesses contrapostos: em certos setores da sociedade consolida-se uma identidade vinculada ao universo da mineração com características próprias da modernização, enquanto outra parte da sociedade rejeita esse modelo e busca a retomada de atividades tradicionais ou de alternativas para outros modos de desenvolvimento local. [...] Maior complexidade aparece quando se observa que também não existe uma homogeneidade de entendimento no interior de cada um desses grupos, pois é possível identificar matizes distintos, o que se expressa, por sua vez, na justaposição de identidades encontradas no território.[12]

Dentro das próprias comunidades, um primeiro enfrentamento ocorre entre os que são favoráveis e os que se opõem à instalação da empresa, cada um deles argumentando fundamentalmente acerca do modo de vida que escolheu, e o conflito latente fica visível quando eles se mostram incompatíveis. Aqui aparece uma clara distinção geracional: entre os jovens das comunidades (muitos dos quais fazem seus estudos em San Salvador de Jujuy) e os antigos habitantes, para os quais a pecuária e a agricultura tradicional continuam a ser a principal atividade econômica e cultural. Os jovens indígenas têm educação escolar, sabem como voltar-se para fora e na maioria dos casos já não dependem da economia pastoril. O sectarismo social é um traço comum na sociedade regional e na relação com a empresa.[13]

Em Vaca Muerta, por sua vez,

> somam-se à crescente diferenciação social nas zonas urbanas os conflitos territoriais e socioambientais que alimentam uma frustração de expectativas a respeito dos impactos futuros da atividade petrolífera. Nesse contexto, os mapuches parecem ser um ator relevante de resistência e questionamento do modelo extrativista informacional, embora desconectados de outros atores que têm as mesmas demandas.[14]

Surgem disputas pelo sentido do desenvolvimento territorial. A exploração de hidrocarbonetos não convencionais (HNC) criou visões heterogêneas sobre o desenvolvimento territorial, abrindo um leque que compreende desde aqueles que questionam e se opõem à lógica extrativista (os povos originários e a Central dos Trabalhadores Argentinos, CTA) até os que veem nela um pilar do modelo de desenvolvimento a longo prazo (o Estado em seus diferentes níveis, empresários e funcionários), com uma ampla gama de matizes intermediários. Os debates públicos centram-se permanentemente no "risco" da atividade, se ele pode ser calculado e, por conseguinte, qual seria seu custo real. No entanto, as informações sobre o impacto socioambiental não são precisas, com frequência são ambíguas.[15] Nesse sentido, não foram criados espaços de diálogo e canais de comunicação a partir das instituições públicas, o que se deve, em grande medida, a uma negação do outro e de suas demandas.

Isso gera uma incerteza sobre a evolução da dinâmica territorial, em particular os conflitos territoriais e ambientais que se reativaram em 2017, a partir de uma confrontação mais violenta. Em suma, diante da dinâmica recente dos enfrentamentos e da redução dos canais de intermediação e dos espaços de diálogo, projeta-se um cenário provável de aumento dos conflitos de alta intensidade (socioambientais e territoriais) a médio prazo. Na área de Carlos Casares, ao contrário,

> a Los Grobo parece ter construído quase uma "hegemonia perfeita". Numa região onde a atividade agropecuária foi constitutiva e continua a ser estruturante da reprodução cotidiana, de forma direta ou indireta, da grande maioria dos habitantes, os questionamentos socioambientais gerados pelo modelo de agronegócio não parecem afetar a legitimidade da empresa e de seus principais referentes da família Grobocopatel.[16]

No entanto, têm surgido mais protestos, especialmente nas cidades, em relação às consequências desse modelo sobre o consumo dos produtos agroindustriais.

Vale a pena sublinhar que, na região de Carlos Casares, no pampa úmido argentino, o desenvolvimento informacional e a cultura empresarial em seu conjunto são basicamente endógenos. A empresa e a "cultura empresarial Grobo" constituem um modelo particular de sistema produtivo de comercialização e gestão empresarial em escala global que se originou e desenvolveu em consonância com atividades de pesquisa científicas e tecnológicas nas universidades argentinas.[17]

O setor petrolífero e de gás não convencional de Vaca Muerta é produto de uma aliança entre a empresa estatal YPF e um pool de transnacionais que já utiliza as tecnologias do *fracking* de maneira informacional, em função de uma dinâmica do mercado global. Assim sendo, há ali um espaço de intercâmbio e negociação do sistema de inovação e desenvolvimento científico-tecnológico entre a empresa estatal e suas aliadas transnacionais, com predominância da força e capacidade destas últimas, como a empresa Chevron, dos Estados Unidos.[18]

Nesse marco, a novidade é a forma de inserção dessas empresas em diversas territorialidades e multiculturalidades ao longo e ao largo de todo o país e, sobretudo, o seu impacto ambiental e político.

Os limites ecológicos do extrativismo informacional

A transição do extrativismo industrial para o extrativismo informacional envolveu o surgimento de um novo campo de conflito histórico entre empresas informacionais e atores territoriais globalizados e conectados em rede.

Passamos de uma classe operária de extrativismo industrial para atores territoriais informacionais. Isso implica uma classe operária organizada e integrada em torno de uma diferenciação funcional, coexistindo com organizações territoriais de diversos tipos: comunitárias, locais e opinião pública territorial na rede.

É possível constatar diferentes tipos de empresas informacionais com distintas vinculações para fora e para dentro, com tecnoeconomias de informação diferenciadas e redes globais diversas. E perceber também a presença de instituições, subjetividades e organizações sociais particulares com matrizes

Um novo sistema produtivo

diversas de conflito, ou seja, organizações socioterritoriais, tecnoeconômicas e redes globais diversas.

Tudo isso implica uma nova práxis entre a realidade estrutural e as subjetividades, ou seja, as possibilidades e capacidades de agência informacional. As categorias de massa isolada ou de sindicato industrial moderno, muito importantes para explicar o extrativismo industrial, já estão defasadas ou subordinadas às novas formas da tecnoeconomia da informação e às redes sociais de poder.

Quanto às territorialidades, os efeitos nas sociedades locais são diversos, oscilam entre o conflito, a integração, a desconfiança e o sectarismo.

Em Carlos Casares, por exemplo, é possível reconhecer uma sociedade integrada; em Vaca Muerta, uma sociedade semi-integrada, mas conflitiva; já no Salar de Olaroz há fragmentação comunitária e um clima de desconfiança, numa região escassamente integrada e potencialmente muito conflitiva.

Uma tendência importante é a presença geral de um extrativismo que degrada o meio ambiente, mas provê recursos para políticas de integração social e de diversificação produtiva, ou de investimentos para fortalecer o mercado.

Com tudo isso, redefinem-se também as fronteiras territoriais num novo espaço informacional. Trata-se de economias e culturas que se transformam através das redes. As fronteiras extrativas mudam de diversas maneiras no âmbito real e informacional. E o Estado-nação mostra-se insuficiente e tem cada vez mais dificuldade para processar as mudanças.

Esses exemplos revelam também a dinâmica multicultural latino-americana de um "novo comunitarismo" ecológico, cujos traços básicos são a defesa do território, o reconhecimento das variadas demandas socioambientais, o questionamento do modelo extrativo informacional de desenvolvimento e sobretudo uma orientação cultural comunitária, que contesta a depredação ambiental e visa à valorização de formas de vida baseadas num pensamento ecológico.

3. A economia criminal "glocal"

Um espectro ronda a Europa há décadas, com intensidade crescente, formas mutantes e diversas geografias: a economia criminal "glocal".[1] É criminal porque se baseia em agregar valor à produção e ao tráfico de qualquer bem ou serviço pelo fato de ele ser criminalizado pelos Estados. É global porque, em essência, é uma produção orientada para o mercado global, cujo objetivo último é acumular capital nos mercados financeiros globais. É local porque sua atividade tem raízes nas culturas e sociedades locais que proporcionam uma força de trabalho disposta a tudo e que constroem uma referência de sentido para seus atores. Também é local porque os mercados locais e nacionais foram ganhando peso nas últimas fases de desenvolvimento dessa economia, à medida que o nível aquisitivo das classes médias urbanas aumentava em toda a América Latina. Por isso, o qualificativo "glocal" caracteriza de forma mais precisa a economia criminal da América Latina.

Essa é uma atividade extremamente dinâmica, multissetorial (embora o narcotráfico ainda seja o seu setor básico) e altamente rentável, se não contabilizarmos o enorme custo humano. Ela se baseia na capacidade de evitar a ação reguladora e coercitiva do Estado. Para tanto, necessita impor uma capacidade coercitiva superior e penetrar no Estado por meio da corrupção e da intimidação em todos os níveis. Esse é um setor que gera crescimento econômico volátil e emprego efêmero, ao mesmo tempo que é fonte de desintegração institucional e desmoralização social. Sua dinâmica é local-global, sua forma é reticular e baseada em tecnologia e informação. É uma indústria capitalista ligada em última instância aos mercados financeiros globais. A dimensão quantitativa é calculada em centenas de bilhões para o conjunto das atividades criminais no mundo, das quais o narcotráfico representaria cerca de 80%. A estimativa de Jeremy Haken, em 2011, dava uma cifra de 651 bilhões de dólares no âmbito global.[2] Para a América Latina, a estimativa das receitas geradas pelo narcotráfico alcançava uma soma em torno de 320 bilhões de dólares em 2014, segundo o Escritório das Nações Unidas sobre Drogas e Crime (UNODC). Mas os dados são incertos, não somente pela dificuldade intrínseca de registro estatístico, mas porque contabilizam-se sobretudo os fluxos financeiros de lavagem de dinheiro,[3] que não inclui as transações nas ruas das cidades de todo o mundo e os pagamentos em espécie que não chegam ao sistema bancário. O que se pode afirmar é que sua dimensão é considerável e representa um fator de volatilidade nos mercados financeiros pela opacidade e velocidade das transações. Mas todas as estimativas coincidem quanto ao crescimento da atividade criminal nas duas primeiras décadas do século XXI, embora nem todos os setores da indústria tenham evoluído da mesma forma.

Indicador mais significativo disso é o aumento da violência, em particular dos homicídios, boa parte dos quais se relaciona, na América Latina, ao narcotráfico e outras atividades da economia criminal, tais como o tráfico de mulheres e crianças, o tráfico de armas, os sequestros, extorsões e roubos de todo tipo (de combustível, por exemplo). Entre 2005 e 2014, os homicídios na América Latina cresceram 12%, partindo de um nível já alto, o que a torna a região mais violenta do mundo. Segundo dados de 2018 do UNODC,[4] oito países contavam mais de dez homicídios anuais por 100 mil habitantes: El Salvador encabeça a lista com 83 homicídios intencionais; seguido por Honduras, 57; Venezuela, 56; e Brasil, 30. Em 2013, o *Global Study on Homicide*, da mesma organização, assinalou que cerca de 30% dos homi-

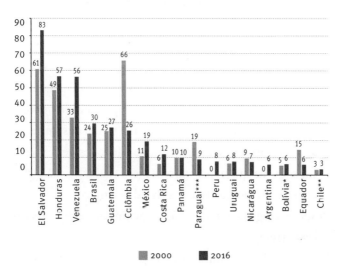

Figura 3.1. Vítimas de homicídios intencionais
Países selecionados da América Latina, 2000 e 2016
Taxa por 100 mil habitantes

Notas: Homicídio intencional significa morte ilícita decididamente infligida a uma pessoa. Os dados sobre o homicídio intencional também devem incluir assaltos graves que levam à morte, assim como morte resultante de ataque terrorista; devem excluir tentativa de homicídio, homicídio involuntário, morte por intervenção legal, homicídio em legítima defesa e morte por conflito armado (UNODC). Ver ‹dataunodc.un.org/crime/intentional-homicide-victims›.

*Dados correspondentes a 2000 e 2015.
**Dados correspondentes a 2003 e 2016.
***Dados correspondentes a 2005 e 2016.

Fonte: Elaboração própria a partir da base de dados do UNODC. Disponível em: ‹dataunodc.un.org/crime/intentional-homicide-victims›.

cídios na América Latina eram resultado de lutas entre facções criminosas, enquanto na Ásia e na Europa essa porcentagem era inferior a 5%.[5] Em Ciudad Juárez, México, entre 2006 e 2010, os assassinatos cresceram 1000%. A intenção do presidente Felipe Calderón de atacar frontalmente os cartéis mexicanos durante seu mandato resultou em mais de 120 mil mortos e cerca de 20 mil desaparecidos, sem que isso detivesse o crescimento do narcotráfico, ainda que sob formas mais descentralizadas.[6]

Estrutura da economia criminal

Para situar a evolução da economia criminal na dinâmica social da América Latina, devemos partir de seus traços característicos no período constitutivo, em torno da década de 1980. O núcleo é formado pelo narcotráfico, particularmente pela cocaína, embora, na origem, a maconha tenha desempenhado um papel importante na constituição das redes de traficantes, para em seguida quase desaparecer, em razão de sua legalização de fato e de seu cultivo nos Estados Unidos.

Desde as origens, o narcotráfico distingue-se por seis características principais:

1. É uma indústria impulsionada pela demanda crescente de drogas no plano global e, portanto, voltada em grande medida para a exportação, sobretudo para os mercados mais poderosos (Estados Unidos e Europa), apesar da ampliação do mercado interno na América Latina.

2. É uma indústria internacionalizada, com uma divisão de trabalho entre diferentes localizações. Os principais produtores de coca eram o Peru e a Bolívia, mas em seguida a Colômbia

A economia criminal "glocal"   83

também se converteu em produtor importante. O processamento da cocaína era feito em laboratórios especializados, sobretudo na Colômbia, a partir de precursores químicos importados, na maior parte, da Argentina e do Brasil. O transporte e a distribuição para os mercados finais ocorriam inicialmente a partir das ilhas caribenhas e dos países centro-americanos, sobretudo Honduras, Guatemala e Nicarágua. Com o crescimento do volume da indústria, a transferência para o México tornou-se indispensável, e com isso os cartéis mexicanos chegaram a controlar o mercado e, em última instância, a indústria, utilizando os cartéis colombianos como fornecedores de matéria-prima. Quando o controle aumentou nos pontos de transporte originais, outras localizações permitiram sua diversificação, sobretudo para a Europa, através da Venezuela. Na medida em que o mercado se expandia globalmente, os cartéis, tanto colombianos quanto mexicanos, estabeleceram alianças de distribuição com organizações criminosas de outros âmbitos, sobretudo russas, depois do colapso da União Soviética.

3. É uma indústria baseada na própria capacidade coercitiva, intimidatória e corruptora das instituições dos Estados. Por conseguinte, a formação de verdadeiros exércitos de pistoleiros a serviço do narcotráfico transformou-se numa dimensão essencial da expansão da economia criminal. A violência, em todas as suas formas, tornou-se consubstancial com a atividade criminal organizada. Essa capacidade de exercer a violência permitiu que outros tráficos criminais se expandissem, tais como extorsões, sequestros, roubos e violência sexual, enfraquecendo as instituições e desprotegendo os cidadãos. A partir dessa impunidade, proliferaram os bandos criminosos independentes dos narcotraficantes, embora sempre dispostos a alugar seus serviços.

4. É uma indústria que não pode funcionar sem a conivência ou tolerância dos organismos estatais. Portanto, a infiltração e a corrupção dos funcionários do Estado, do sistema político, da polícia e das Forças Armadas são um fator sistêmico, que contribuiu para a desintegração gradual das instituições estatais, federais ou locais em muitos países da região, assim como para o sentimento generalizado de suspeita e desproteção entre os cidadãos. A intimidação e a violência contra os meios de comunicação, personalizados nos jornalistas, e contra as organizações da sociedade civil fazem parte do clima de terror por meio do qual essa indústria tenta se impor.

5. É uma indústria em que, tendo em conta seu poder de violência, a competição entre os distintos grupos criminosos, cartéis e outros implica também maneiras de confrontação extremamente violentas, incluindo barbárie e sadismo, como forma de amedrontar os possíveis competidores, aumentando as barreiras de entrada para a indústria.

6. É uma economia cujo objetivo último é a acumulação de capital para aumentar o volume de negócio e os lucros, tanto na própria indústria quanto, e sobretudo, em investimentos nas atividades empresariais legais. É por isso que a lavagem de dinheiro e a penetração no sistema financeiro são o componente mais importante dessa indústria. Os mecanismos são diversos, mas sempre incluem várias fases. Em primeiro lugar, poder depositar fundos em bancos acolhedores, localizados em países de pouca ou nenhuma regulamentação: as localizações vão mudando à medida que são detectadas pelas autoridades internacionais. Por exemplo, durante um tempo Panamá, Ilhas Caiman, Ilhas Turcas e Caicos, Aruba, Bahamas, mas também Luxemburgo e Áustria, ou a britânica Ilha de Man, foram

A *economia criminal "glocal"*   85

utilizados regularmente para tais operações. Uma vez que qualquer transferência desses sistemas financeiros passou a despertar suspeitas, os pontos de entrada diversificaram-se, assim como as formas das operações (investimentos imobiliários, *bitcoins*, compra de ativos financeiros em espécie, compra de divisas em mercados informais, cassinos etc.). Foi implantado também o traslado físico de fundos em espécie por intermédio de portadores que atravessam as fronteiras para entregar os pagamentos aos provedores. Em segundo lugar, depois de pagarem, no processo de lavagem, mais da metade de seu valor nominal em dinheiro sujo, os recursos vão parar em alguma instituição financeira de um paraíso fiscal, onde convivem com empresas e políticos fraudadores fiscais, como no Panamá, e de onde eles investem em vários ciclos consecutivos de um ativo a outro, até que não reste nenhum rastro e eles possam investir globalmente. Instituições respeitáveis, como American Express ou Citibank, foram multadas por falta de controle dos fundos depositados em suas sucursais na América Latina. O objetivo, em última instância, é dispor de seus capitais em instituições financeiras de países livres de suspeitas, como Estados Unidos, Europa ou Japão, de onde é possível operar investimentos globais.

As metamorfoses da economia criminal

O narcotráfico latino-americano foi um bem-sucedido projeto empresarial autóctone da região. Iniciado por empreendedores que vieram do nada, como Pablo Escobar e os irmãos Ochoa, em Medellín, ou de elites burguesas reestruturadas a partir de indústrias falidas, como os Rodriguez Orejuela, em Cáli, foi crescendo de forma reticular e flexível conforme ia aumentando sua produção e sua capacidade de exportação. Contudo, a necessidade de controlar capital, capangas, acesso ao Estado e conexões de transporte levou a um processo de concentração que tomou a forma de cartéis. Algo semelhante ocorreu também no México, onde grupos de delinquentes locais, formados sobretudo em torno das históricas redes de contrabando na longa fronteira norte, passaram a competir e a se concentrar tentando eliminar a concorrência buscando proteção na aliança em torno de líderes. Essa foi a origem dos famosos cartéis mexicanos, cuja estrutura e dinâmica foram analisadas com rigor e excelente documentação por John Sullivan em sua tese de doutorado.[7] Embora a mitologia dos cartéis do narcotráfico tenha muitas vezes ofuscado a realidade e exagerado seu poder, eles decerto conseguiram converter-se em atores econômicos e políticos altamente significativos, com impacto considerável em múltiplos âmbitos, nacionais e internacionais. E não somente na Colômbia e no México, cuja evolução ainda está marcada pelo narcotráfico, mas também na América Central — à exceção da Costa Rica —, Bolívia, Peru, Equador, Paraguai e em amplos territórios urbanos do Brasil, em particular o Rio de Janeiro. Ao mesmo tempo, a visibilidade dos cartéis e de seus chefes, a percepção de seu poder e a verificação de sua brutalidade fizeram deles os objetos preferenciais da repressão dos Estados, assim como das agências de informação americanas, que, sob o pretexto da "guerra contra as drogas", penetraram nos aparatos militares e de inteligência da maioria dos Estados latino-americanos. Um a um, os chefes foram mortos ou presos (de preferência nos Estados Unidos, para que

A economia criminal "glocal"

não se repetisse o que houve com Escobar, que construiu sua própria prisão com a concordância do governo colombiano).

Alguns, como Escobar ou El Chapo Guzmán, transformaram-se em mitos para certos setores populares, que se sentiram amparados por eles, em contraste com o abandono que experimentavam da parte do governo. Outros cuidaram bem de suas economias para o conforto da família. Muitos outros, nos segundos escalões da estrutura, desligaram-se do cartel e constituíram organizações autônomas que simplesmente se coordenavam com outras para realizar projetos criminosos pontuais, especializando-se em diversas tarefas e setores da atividade. Os financeiros semilegalizaram-se, contratando legiões de advogados respeitáveis; os capangas formaram grupos de assassinos profissionais, trabalhando para quem pagasse melhor; os transportadores adaptaram-se a novas rotas e modos de transporte, à medida que o mercado americano perdia valor, enquanto os destinos na Europa e na Ásia valorizavam-se. Outros, porém, mantiveram-se na atividade original do narcotráfico, mas com unidades operacionais bastante reduzidas e menos visíveis. Assim, o desmantelamento dos sete grandes cartéis mexicanos deu origem a cerca de sessenta organizações autônomas enraizadas em suas próprias regiões, algumas mais conhecidas que outras, como A Família, de Michoacán, e o Jalisco Nova Geração.

É importante destacar, porém, que, ao mesmo tempo, segundo informações coletadas por Manuel Castells em 2018, alguns cartéis se mantiveram, em particular os Zetas, ex-militares que absorveram o cartel do Golfo. Houve também a formação de novos e poderosos cartéis, sobretudo o de Jalisco Nova Geração, que cresceu a partir de seu território, Guadalajara, para transformar-se no cartel mais poderoso do México, lançando mão de violência e crueldade extremas. Na Colômbia, o processo de paz levou à desintegração dos consórcios narcoguerrilheiros e narcoparamilitares, induzindo a proliferação de dezenas de núcleos autônomos, geralmente de origem paramilitar, ainda mais violentos e criminosos que seus antecessores, e que se estabeleceram em regiões pouco acessíveis, em particular em territórios indígenas subjugados e explorados por eles. Ocorreu também um fenômeno de deslocamento geográfico para países nos quais o controle estatal era mais fraco e onde as gangues locais eram fortes e tinham raízes transfronteiriças. Este foi o caso de Honduras, o país mais violento da América Latina, em 2018, mas não quer dizer que a violência tenha diminuído no México ou na Colômbia. O ano de 2017 foi aquele com maior número de mortes na história do México: a taxa de mortes por homicídio chegou a 25,2 para cada 100 mil habitantes, de acordo com o Instituto Nacional de Estatísticas e Geografia (Inegi) do México. Os massacres entre os cartéis transformaram-se em microconflitos sanguinários, bairro por bairro, em todas as cidades nas quais a indústria criminal não tinha um dono consolidado.

Além disso, ocorreram duas metamorfoses fundamentais na indústria da droga. Primeiro, a ampliação e diversificação de mercados, que eram globais e passaram a ser também locais. Concretamente, o peso dos Estados Unidos como mercado para a cocaína diminuiu bastante (enquanto aumentava seu consumo de anfetaminas e drogas sintéticas, sobretudo o fentanil, procedente em geral da China, com uma potência destrutiva cinquenta vezes maior que o da heroína): entre meados da década de 1990 e meados dos anos 2010, caiu de 70% para 31%. O fator determinante da diminuição de consumo de

A economia criminal "glocal"

cocaína nos Estados Unidos não foi a regeneração dos hábitos de consumo, mas a emergência de uma epidemia de medicamentos opiáceos de proporções gigantescas: o número de mortes por overdose (quase meio milhão) entre 2012 e 2018 superou o número total de americanos mortos em combate nas duas guerras mundiais. O acesso a essas drogas opiáceas, conforme analisou a pesquisadora Melina Sherman em sua tese de doutorado,[8] se dá por meio de receitas legais emitidas por médicos, intercambiadas e negociadas em redes familiares e de amizade. E embora os viciados brancos sejam a maioria, todas as classes sociais e grupos étnicos fazem parte da legião de adictos que está sucumbindo aos medicamentos (sobretudo analgésicos) produzidos pela Big Pharma e ministrados pelo sistema médico sob pressão dos pacientes. Paradoxalmente, a epidemia de opiáceos contribuiu para uma nova expansão do mercado minoritário de heroína. A razão é que, para os milhares de viciados que não conseguiam suas drogas no mercado semilegal de receitas médicas, a heroína, outro opiáceo, era a opção mais barata e de efeitos mais potentes.

Em segundo lugar, a retração do mercado norte-americano de cocaína foi mais que compensada por novos mercados em expansão. De um lado, Europa e Sudeste da Ásia; de outro, o crescimento exponencial do mercado de consumo interno latino-americano, sobretudo no Brasil e na Argentina. Consumo não apenas de cocaína, mas de drogas sintéticas, com seus corolários de tráfico e de violência local na luta pelo controle dos mercados. O município mais violento da Argentina em 2017 foi Rosário, uma cidade maravilhosa, onde a morte chega pelo majestoso rio que a banha. Por ele navegam a soja para a China e o fentanil chinês que vem para Rosário e outros lugares. Durante sua visita

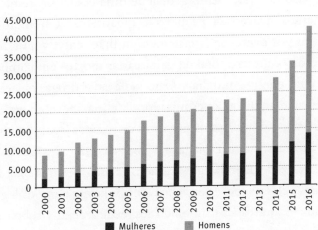

Figura 3.2. Quantidade de mortes por overdose de opiáceos
Estados Unidos, 2000-16

Fonte: Elaboração própria a partir da base de dados obtidos no National Institute on Drug Abuse.

à cidade em 2018, Castells pôde observar o ponto mais alto do tráfico de drogas ali: o campus da prestigiosa universidade de Rosário. O mercado é constituído em boa parte por estudantes e profissionais. Aqui já não estamos mais nos distantes mercados só para gringos, e a luta pelo controle do novo mercado de Rosário confrontou dois clãs familiares, os Funes e os Camino,[9] que desencadearam sangrentos episódios de vingança.

Droga, cultura e sociedade

Parece já estabelecido que a demanda de drogas cada vez mais potentes não tem limites no mundo atual. A raiz dessa

A economia criminal "glocal"

demanda é a necessidade de escape ou de estímulos, químicos no caso, por parte de milhões de seres humanos quando já não aguentam a dureza da vida ou o absurdo de seu cotidiano. Isso ocorre sobretudo entre os jovens, que esperavam outra coisa do mundo em que foram colocados sem ser consultados e que não dispõem ainda de uma estrutura sólida para lhes dar resiliência, porque isso só os golpes aos quais sobrevivemos são capazes de nos dar. Seria óbvio que, diante da necessidade psicológica das drogas, seu uso fosse legalizado e orientado, tratado como problema de saúde pública, em vez de se deixar que, em torno do tráfico ilícito de múltiplos

Figura 3.3. Pessoas que foram vítimas de algum delito
América Latina, 2016 (%)

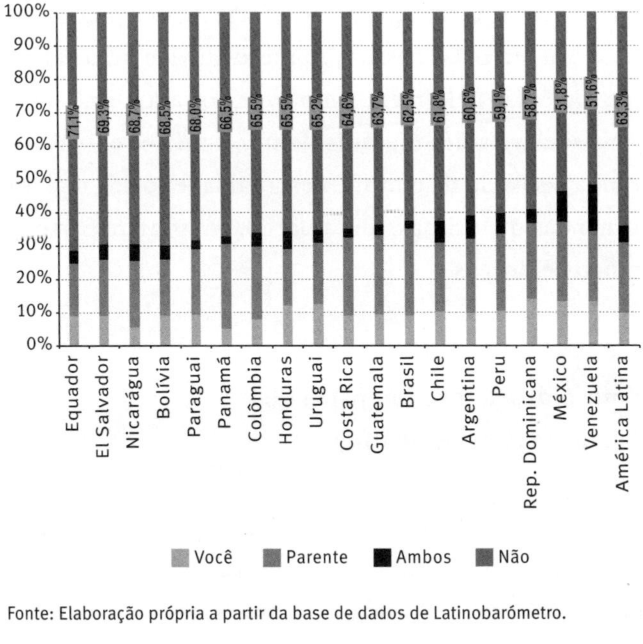

Fonte: Elaboração própria a partir da base de dados de Latinobarómetro.

produtos, se constituísse uma gigantesca nebulosa de morte, encarceramento e destruição. No fim das contas, a venda e o consumo de maconha levaram milhares de pessoas à prisão até bem recentemente, o que segue ocorrendo em muitos países, enquanto ela já foi legalizada em vários estados dos Estados Unidos, depois que se demonstrou seu efeito terapêutico em inúmeras situações, tanto para tratamento de doenças quanto no alívio de tensões, com baixa nocividade — em todo caso, menor que a do álcool.

Mas a hipocrisia social e os interesses ideológicos que dominam nossa vida bloqueiam um enfrentamento racional do que constitui um enorme problema social. A repressão às drogas, e não as drogas em si, este é o verdadeiro problema, que se acentua em certos momentos e que na América Latina condiciona a vida cotidiana e a gestão política. Para a maioria dos latino-americanos, a violência é a principal preocupação, e quase um terço das pessoas conhece ou vive uma experiência de violência pelo menos uma vez por ano. Embora uma parcela se deva a um mecanismo informal de redistribuição de renda derivado da enorme desigualdade social, a pior violência, a das quadrilhas, tem relação, em grande parte, com o tráfico de drogas.

Por que a droga teve um papel de destaque na América Latina?

São historicamente duas as razões. Em primeiro lugar, os cultivos tradicionais para uso local, como a coca, necessária para viver e trabalhar em altitude, ou a maconha, como planta me-

A economia criminal "glocal"

dicinal, foram descobertos por jovens norte-americanos que viajavam nos anos 1960, época de busca de sensações que caracterizou a revolução cultural nos campi universitários. As redes de contrabando da Colômbia e do México perceberam o potencial desse mercado, organizando-se para sua produção e exportação.

A segunda razão vem da existência de amplas áreas da América Latina fora do controle do Estado, seja por estarem nas mãos de movimentos guerrilheiros ou contraguerrilheiros, seja simplesmente pela debilidade das estruturas estatais em algumas áreas, como as zonas pré-amazônicas de Bolívia, Colômbia ou Peru. E isso ocorre precisamente nos territórios onde os pés de coca proporcionam quatro colheitas anuais. Algo semelhante ocasionou o desenvolvimento do tráfico de heroína da Ásia — a partir do Afeganistão ou da Tailândia/ Mianmar —, criando novas possibilidades de mercado. Uma vez constituídas as redes de produção e exportação, inicialmente em torno da cocaína, os narcotraficantes ampliaram e sofisticaram suas atividades. A rede se tornou mais importante que o produto em si, e por ela circularam os vários tipos de drogas, sobretudo as sintéticas e derivadas de drogas orgânicas. Os laboratórios produtores de cocaína estenderam sua produção às anfetaminas e a qualquer tipo de nova droga que surgisse no mercado. E a gama de serviços que a rede podia oferecer, relacionados a seu poder de violência e de capital, transformou a economia criminal num poderoso setor econômico, conectado em última instância aos mercados financeiros globais.

Contudo, é significativo que a constituição dos cartéis da droga tenha por muito tempo continuado marcada por sua cultura original e por suas raízes locais, provedoras ao mesmo tempo de recursos, de amparo quando necessário e também de identidade. O valor da família, da tradição e até da religião foi um dos traços culturais dos cartéis, tanto dos chefes quanto de seus capangas. A isso se somou o sistema clientelista, ao qual muitos dos senhores da droga integraram as povoações locais, que com frequência recebiam moradia, escolas, clínicas, além obviamente de emprego e proteção para as famílias em caso de morte ou prisão dos empregados. Com uma condição: lealdade absoluta ao cartel, imposta mediante ameaça de morte. Isso explica a identidade regional/cultural de cada cartel e a violência dos enfrentamentos entre eles. Certo é que, conforme a estrutura da indústria foi evoluindo, globalizando-se e gerando uma classe narcofinanceira quase autônoma da produção, muitos de seus líderes passaram a se parecer e ser como qualquer executivo corporativo do mundo dos negócios. No entanto, em situações de crise ou de repressão do Estado, o recuo sempre foi para territórios e culturas próximos às origens de cada um: assim, depois da queda o cartel de Guadalajara foi substituído com intensa violência pelo Jalisco Nova Geração, que reivindicava ao mesmo tempo sua juventude e suas origens identitárias partilhadas.

Mais que isso, nos mercados locais, tanto nos Estados Unidos quanto na América Latina, são as gangues de delinquentes que se encarregam diretamente do tráfico de drogas, conectando-se com os atacadistas e assegurando a transferência de benefícios sem intermediários. É assim que a economia criminal deita raízes no tecido social das grandes cidades, tornando-se parte das culturas locais, constituindo-se em torno de redes de colaboração que têm seu prolongamento nos presídios, que em muitos casos se transformam em centros de coordenação e controle.

A economia criminal "glocal"

As gangues, como por exemplo as *maras*, bandos juvenis nascidos nas comunidades centro-americanas de Los Angeles e de outras grandes cidades, são redes transnacionais que operam dos dois lados da fronteira e sob concessão dos atacadistas mexicanos aliados a produtores colombianos e da região andina. Por isso a velha figura dos grandes cartéis, vulneráveis à repressão por sua visibilidade, deu lugar a redes horizontais e diversificadas, integradas social e culturalmente a seus entornos.

O tráfico de heroína, muito menos importante que o da cocaína na América Latina e no mercado norte-americano, oferece um modelo alternativo e inovador de integração vertical entre produção, distribuição e comercialização através de redes originadas em territórios específicos. Um caso revelador dessa lógica é o estado de Nayarit, no México, que se especializou na produção da heroína marrom e mantém o controle de sua distribuição nos Estados Unidos utilizando emigrantes de diversos municípios de Nayarit, ligados por laços de parentesco ou vizinhança. O sistema é tão altamente capilar que chega inclusive à entrega em domicílio no mercado da alta classe média. Para operar em mercados locais, eles contam com a proteção das *maras* de cada território, que diversificam suas tarefas entre seu próprio tráfico e o emprego como sicários para outras linhas de distribuição de drogas.

São essas quadrilhas, presentes nas grandes cidades ao longo das Américas, as causadoras diretas da violência cotidiana que tem aumentado ano após ano no século XXI. O poder de violência de cada uma delas e de cada um de seus membros constitui o principal fator competitivo para controlar mercados e provedores. São tais aparatos coercitivos descentralizados que desarticularam a capacidade institucional de fazer respeitar a lei, a começar, em muitos países, pela própria polícia. A incerteza criada entre os cidadãos levou à proliferação dos serviços privados de segurança, com frequência organizados pela própria polícia.

A cultura da capangagem, do sicariato, é um componente fundamental da economia criminal e da vivência direta ou indireta de setores juvenis populares. Trata-se daquilo que a socióloga venezuelana Magaly Sánchez conceitualizou há tempos como "a cultura da urgência", em seu livro sobre os "*malandros*", jovens delinquentes, de Caracas. Trata-se de acelerar a vida a cada minuto como se fosse o último, pois a vida ordenada segundo as pautas da sociedade não oferece perspectivas de uma existência digna, nem de um sentido existencial. De modo que o empoderamento representado por empunhar uma arma, contar com a estrutura de apoio material e psicológico da quadrilha e ter acesso imediato a bens de outro modo inacessíveis (tais como calçados esportivos caros) vale o sacrifício de passar anos na prisão ou até a morte em troca de beber a vida às talagadas, em vez de viver um longo fenecimento entremeado de humilhações cotidianas. García Márquez, em seu esplêndido *Notícia de um sequestro* (1997), descreveu a psicologia dos jovens pistoleiros que entrevistou. Para eles, tudo nessa sociedade está podre. Não há sentido além daquilo que se sente em cada momento, e por isso é preciso vivê-lo com toda a intensidade possível, dando rédea solta aos próprios instintos de poder e violência, respeitando apenas as normas de sua própria organização criminal. Somente a família, sobretudo a mãe, tem valor na vida, acrescida de certo sentimento religioso, em geral personalizado em Nossa Senhora ou num santo que

A economia criminal "glocal"

outorga uma vaga esperança de proteção num incerto prolongamento da vida. Essa cultura da morte como único valor de vida está presente em todos os cenários da cultura associada à economia criminal. Nos confins de Tepido, o lendário e irredutível bairro do centro da Cidade do México, onde se misturam comércio popular informal, pequena delinquência e varejo de drogas e de qualquer coisa que se possa intermediar, existe uma capela dedicada a Nossa Senhora da Santa Morte, uma criação local, representada por uma caveira. Em torno dela, um colorido mural apresenta uma interminável legião de defuntos cuja procissão se perde no horizonte. Veem-se também os nomes de alguns dos vizinhos do bairro, aos quais acrescentam-se novos nomes periodicamente. Essa é a representação da vida do ponto de vista da cultura da urgência, entronizada no fatalismo daquilo que é e na invocação do momento de viver o aqui e agora. Essa é a santa morte, aquela que se segue a uma vida vivida intensamente.

Coca, identidade e movimentos sociais

A alienação cultural é aquilo que reinterpreta uma forma de ser nos termos distorcidos de outra cultura, que estabelece seu padrão de dominação mediante a negação do "outro". Essa foi a história da dominação colonial, opondo a barbárie dos selvagens à civilização dos colonizadores. De maneira mais sutil, mas não menos eficaz, identificou-se a coca à cocaína e a narcoadição nos países dominantes, principais mercados de drogas, à produção, venda e uso de coca. É evidente que o aumento substancial da produção de folhas de coca na região andina a partir dos anos 1970 estava relacionado à apropriação da maior parte da colheita pelos narcotraficantes, principalmente colombianos, para processamento como cocaína e exportação para os mercados rentáveis do "Norte". Contudo, é de conhecimento comum que a coca é uma planta com múltiplas aplicações, sobretudo medicinais, e que está indissoluvelmente ligada à história milenar das culturas andinas. Sendo assim, a violenta tentativa da Drugs Enforcement Administration (DEA), dos Estados Unidos, para erradicar sem distinções o cultivo da coca, com a conivência de governos e polícias a seu serviço, foi sentida como uma espoliação por parte das comunidades de *cocaleros* nas diversas áreas de cultivo. A proposta de cultivos alternativos (como bananas ou arroz) não fazia sentido econômico para quem já tinha entrado na produção de coca. Em 1985, Castells visitou o vale de Chapare, que, junto com as *yungas* de La Paz, é o principal local de produção da folha de coca na Bolívia. Na realidade, as comunidades que entrevistou não eram apenas de camponeses tradicionais, mas também de mineiros deslocados pelo governo para aliviar o desemprego nas minas e explorar as áreas tropicais, num plano em si absurdo, pela ausência de redes de comercialização e transporte em regiões tão remotas. Os neocamponeses logo descobriram as possibilidades da folha de coca (incluído o mercado nacional, que é considerável) e foram descobertos pelos narcoatacadistas, que trataram de organizar a produção e o transporte para a Colômbia. Experiências similares ocorreram no Alto Huallaga, no Peru, durante um tempo em território guerrilheiro, e na Colômbia, sempre em áreas que escapavam ao controle do governo, mas não dos paramilitares.

A economia criminal "glocal"

A instabilidade institucional das regiões produtoras de coca impediu que elas se transformassem em zonas de desenvolvimento. No máximo, cidades limítrofes como Cochabamba ou Santa Cruz tornaram-se centros de uma modesta acumulação de capital. Na realidade, no conjunto da América Latina, os cultivadores recebem apenas 1% das rendas geradas pela narcoindústria. No entanto, sem a matéria-prima agrícola nada teria funcionado: não haveria cadeia de valor para agregar valor. Por isso, a ação repressiva, sobretudo norte-americana, incluindo a desfolhação de amplas áreas de bosques sem deslocamento dos moradores, foi uma autêntica declaração de guerra aos cocaleiros. Surgiu daí um protesto, organizado sindicalmente por territórios, que se transformou em movimento social, pois não se limitou a uma atividade reivindicativa, mas articulou também uma crítica ao sistema de dependência em relação aos Estados Unidos, sem considerar possíveis mercados alternativos para a coca, além de um discurso mais elaborado no qual se incluíam a denúncia da corrupção do governo e a afirmação da cultura indígena. Assim nasceu o Movimiento al Socialismo, liderado por Evo Morales, carismático líder cocaleiro, também originário do altiplano, que conseguiu ser eleito presidente da Bolívia e deu início a uma profunda revolução social. Muito tempo depois de sua primeira visita a Chapare, Castells voltou para assistir ao ato de proclamação da nova Lei da Coca, em 2017. Milhares de cocaleiros, representando os sindicatos de todo o país, aplaudiram a vitória de Morales. O governo, com a concordância dos sindicatos, estabeleceu limites para a produção de coca a fim de reduzir ao máximo o desvio para o mercado ilegal. Mas ao mesmo tempo criou linhas de produção e exportação alternativas para aplicações medicinais e farmacêuticas, por exemplo. Esse foi um ato de soberania nacional no qual a Bolívia decidiu o que fazer com sua coca, enaltecendo seu vínculo com as culturas autóctones.

As lutas em torno da coca expressaram ao mesmo tempo a reivindicação dos produtores acerca do controle sobre a terra e a produção, a afirmação da identidade simbolizada pela mítica planta e a defesa contra as estratégias geopolíticas subjacentes à política internacional de controle da narcoadição, que atua sobre a oferta, em lugar de fazê-lo sobre a demanda, com uma visão implícita de dominação territorial.

A economia criminal e as sociedades latino-americanas

Apesar dos esforços de excelentes economistas latino-americanos, como Francisco Thoumi, Roberto Laserna ou Daniel Pontón, é difícil medir a economia criminal e, portanto, analisá-la. No entanto, um estudo do Banco Interamericano de Desenvolvimento (BID) estima que, em 2014, o custo do crime representou 3,5% do PIB de América Latina e Caribe.[10] Em troca, podemos detectar e inclusive observar seus efeitos nas sociedades latino-americanas, pois todas elas carregam, em distintos níveis, a sua marca.

O primeiro efeito é o aparecimento, em múltiplos âmbitos locais, de narcoburguesias que marcam as normas e as percepções em seu entorno. A rápida acumulação de capital, com suas sequelas de consumo dos novos ricos, junta-se ao sentimento de impunidade e, portanto, de ostentação de riqueza e poder, provocando deliberadamente as oligarquias locais tradicionais.

A economia criminal "glocal"

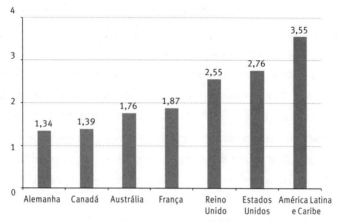

Figura 3.4. Custo do crime
América Latina, Caribe e países selecionados, 2014 (como % do PIB)

Fonte: L. Jaitman, *Los costos del crimen y la violencia. Nueva evidencia y hallazgos en América Latina y el Caribe*.

Castells assistiu, em 1991, ao desfile das *"narcas"* nos supermercados de Guadalajara, com suas joias e peles (como deviam suar!), rodeadas de domésticas para carregar as compras e de algum discreto guarda-costas. Nada que mude o mundo, mas sim as hierarquias sociais estabelecidas no passado e, de certa forma, os modelos culturais de imitação e valorização. Ao longo de toda a região, a introdução de personagens a meio caminho entre legalidade e riqueza nos círculos sociais das elites leva à aceitação social de certo tipo de vida e atividade que se estende até as elites políticas e empresariais.

Num segundo nível, a cultura juvenil popular constrói um novo imaginário com fábulas de rápida autopromoção e empreendedorismo sem regras alimentado pelas imagens da cultura do entretenimento e pela normalização visual da violência.

Ainda mais significativa é a difusão do sentimento de insegurança no conjunto da sociedade. E, embora os setores populares sejam os que mais sofrem com a violência, são as elites dirigentes e a classe média alta que se consideram permanentemente ameaçadas, entre outras coisas pelos vários casos de sequestro, que se transformaram num dos negócios mais lucrativos do submundo. A consequência mais direta, além da criação maciça de empregos no setor da segurança privada, desintermediando uma polícia suspeita de corrupção, é a autossegregação social dos setores abastados, que se recolhem a guetos de ricos deslocados da cidade e protegidos por suas próprias milícias, como se pode observar no norte de Bogotá ou no sul da Cidade do México. A cidade deixa de ser um espaço comum, e o espaço público transforma-se em espaço do medo, salvo algumas ruas que funcionam como parques temáticos protegidos para uso dos turistas.

Mais ainda, a desestabilização dos mercados financeiros locais e globais pela volatilidade dos capitais resultantes da lavagem de dinheiro gera insegurança nos investidores locais e contribui para a fuga permanente de capitais para o mundo considerado institucionalmente protegido, acentuando a sensação de dependência do mundo formal, em contraste com uma vida cotidiana marcada pela informalidade e pelo manejo do imprevisto.

Claro está que essa volatilidade dos capitais não deriva apenas da lavagem de dinheiro do narcotráfico latino-americano. De fato, para lá converge capital de todo tipo, capazes de burlar o controle dos Estados, seja legalmente, via transferência para paraísos fiscais, seja ilegalmente, via fraudes fiscais internacionais operadas por empresas especializadas, muitas localizadas

A economia criminal "glocal"

em paraísos fiscais ou territórios de controle frouxo, boa parte deles na América Central ou no Caribe. Para lá conflui capital opaco do mundo todo, a maioria vinda da Ásia e da Rússia, o que poderia significar que a principal economia ilícita (não necessariamente ilegal, mas alegal) da América Latina em termos de valor monetário talvez não seja o narcotráfico, mas a reciclagem financeira global.

Enfim, a mãe de todas as corrupções induzidas pela economia criminal é a corrupção de um grande número de Estados latino-americanos, mas, como para ela convergem diversos outros processos, precisamos ampliar a análise para abarcar o conjunto de fatores que contribuem para a corrupção sistêmica do Estado na América Latina do século XXI.

4. Desenvolvimento humano, urbanização e desenvolvimento inumano

O desenvolvimento humano da América Latina

Nas duas primeiras décadas do século XXI, os indicadores tradicionais de desenvolvimento humano melhoraram consideravelmente na América Latina, como já se assinalou no capítulo I, sobretudo naqueles países em que se impôs o modelo neodesenvolvimentista, que tentou combinar crescimento econômico e redistribuição social de recursos.* A porcentagem da população abaixo da linha da pobreza diminuiu notavelmente, e a da extrema pobreza mais ainda, embora com variações entre os países. A escolarização no ensino fundamental chegou a ser quase universal, embora a qualidade das escolas públicas seja em geral deficiente, malgrado os esforços dos professores. Tanto o ensino médio quanto o superior tiveram substancial incremento em termos de admissão de estudantes, apesar de esse acréscimo se dar com frequência por meio de escolas privadas mais caras que as públicas e de escassa qualidade, com exceção daquelas voltadas para as elites. O sistema de saúde aumentou a cobertura sanitária e melhorou seus serviços, mas

---

* Ver os dados apresentados em <https://fondodeculturaeconomica.com/apendices/014607R/>.

Desenvolvimento humano, urbanização e desenvolvimento inumano 105

milhões de pessoas não dispunham de uma assistência estável, e as listas de espera nos hospitais estendiam-se por períodos tão longos que, em alguns casos, a consulta médica chegava tarde demais para o paciente. Programas sociais voltados para as camadas mais pobres, como o Bolsa Família no Brasil, ajudaram os mais desfavorecidos. Onde o mercado não podia chegar, chegaram políticas sociais que aliviaram a pobreza e apoiaram inclusive o surgimento de novas classes médias urbanas capazes de projetar seu futuro, ainda que de forma modesta.

Também ocorreram importantes avanços na melhoria dos níveis básicos de consumo coletivo (água potável e saneamento, gás, eletricidade etc.). Contudo, os níveis de desigualdade e marginalização social mantiveram-se e/ou cresceram. Além disso, não há garantias de sustentabilidade dos avanços mencionados, sobretudo diante das crises periódicas que atualmente afetam as cidades e os países latino-americanos. Um estudo do UN-Habitat calculou o índice de Gini de desigualdade social em 32 cidades da região, com dados de 2009-10, e mostrou que em todas elas o "nível de alerta" já havia sido dado (Gini superior a 0,40), e que em treze delas o índice era superior a 0,55. Assim, por exemplo, Brasília tinha um Gini de 0,67; Santo Domingo, 0,58; Bogotá, 0,51; Montevidéu, 0,43, e Lima, 0,40.[1] Além disso, os níveis de concentração de renda continuam elevados. Por exemplo, o 1% mais rico da população de Colômbia, México, Brasil e Chile obteve, por volta de 2010, entre 20% e 25% das rendas nacionais; nos países desenvolvidos, à exceção dos Estados Unidos, essa porcentagem é inferior a 15%.[2]

Além disso, a qualidade de vida em seu conjunto apresenta processos de deterioração ambiental ligados, geralmente, às

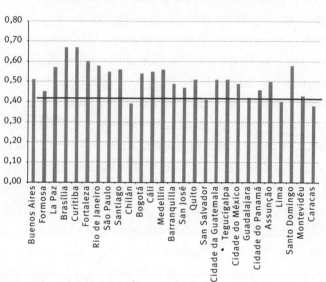

Figura 4.1. Índice de desigualdade de Gini
Cidades selecionadas da América Latina, 2009-10

Fonte: Elaboração própria a partir da base de dados de UN-Habitat, *World Cities Report*, 2016.

condições em que se produziu a urbanização na América Latina. De fato, como consequência direta da aceleração do crescimento econômico derivado da inserção na globalização, teve lugar uma explosão urbana e metropolitana. Em 2017, o nível de urbanização, tanto da América Latina e do Caribe quanto da América do Sul, chegava a 80%, nível próximo ao da América do Norte (82%). As porcentagens mais elevadas encontravam-se no Uruguai, 95%; Argentina, 92%; Venezuela, 88%; e Chile, 87%. As mais baixas no Paraguai, 61%; Nicarágua, 58%; Honduras, 56%, e Guatemala, 51%.[3] Mas, embora a urbanização concentre altos níveis de população em megacidades como México, Buenos Aires, São Paulo e Rio de Janeiro, ela também se expandiu de forma consistente ao longo dos diversos territórios nacionais. De fato, em 1950 só cinco cidades tinham mais de 1 milhão de habitantes, enquanto em 2010 47 cidades superavam essa marca. Do mesmo modo, o número de cidades de 20 mil a 49 mil habitantes passou de 324 em 1950 para 1739 em 2010.[4]

A urbanização não é, em si mesma, um fator negativo na vida das pessoas. De fato, existe uma correlação positiva entre o índice de desenvolvimento humano e o nível de urbanização. Nesse sentido, nota-se que os países com maior nível de desenvolvimento humano da região — Chile, Argentina e Uruguai[5] — também se encontram entre os que têm maior percentual de população urbana. O estudo de Ricardo Jordán, Luís Riffo e Antonio Prado[6] menciona também, por exemplo, que a Cidade

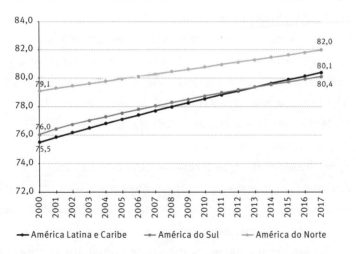

Figura 4.2. **População urbana como % do total**
América Latina e Caribe, América do Sul e América do Norte, 2000-17

Fonte: Elaboração própria a partir da base de dados do Banco Mundial, 2018.
Disponível em: ‹https://datos.bancomundial.org/indicador/SP.URB.TOTL.IN.ZS›.

do Panamá concentra apenas 15% da superfície do país, mas 71% do PIB e 51% da população nacional. Da mesma forma, Buenos Aires e as regiões metropolitanas de Lima e Santiago representam menos de 10% da superfície nacional e geram mais de 50% do PIB. Essas tendências são menos acentuadas na Bolívia e no Equador, por terem mais de um centro urbano principal.[7] Ou seja, em seu conjunto, as grandes cidades são motores de crescimento econômico, inovação, convivência social em espaços públicos e privados permeáveis e de criatividade cultural, como por exemplo a costa na cidade de San Juan, em Porto Rico, as *ramblas* de Montevidéu ou a beira do rio Paraná, em Rosário, ao mesmo tempo que oferecem maiores oportunidades de melhorar as próprias condições de vida do que as áreas rurais ou as regiões marginalizadas pela dinâmica da globalização. Mas é justamente por concentrarem capital, emprego, riqueza, níveis mais altos de educação e melhores equipamentos sanitários que as grandes áreas metropolitanas atraem migrações das regiões mais atrasadas, produzindo uma extrema desigualdade entre os habitantes das metrópoles.

Assim, se separarmos o 0,1% mais rico, as diferenças se multiplicam. Isabel Guerrero, Luis Felipe Walton e Michael López-Calva[8] calcularam que a renda potencial dos multimilionários no México era quatrocentas vezes superior à do 0,1% mais rico da população, captado pelas pesquisas de gastos e rendas, e 14 mil vezes maior que a renda média dos mexicanos. Uma dinâmica comum do comportamento consumista, antifiscal e rentista do setor empresarial limitou as potencialidades de seu próprio crescimento produtivo, assim como do conjunto da região. Da mesma forma, os investimentos em infraestrutura urbana, construção e especulação financeira da renda do solo

Figura 4.3. Áreas metropolitanas, superfície, população e PIB
Países da América Latina, c. 2010 (%)

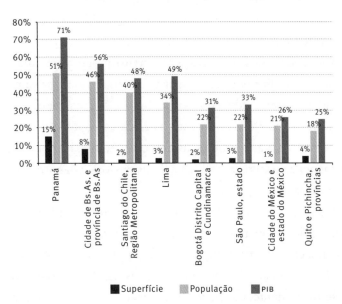

Fonte: Jordán, Riffo e Prado, *Desarrollo sostenibile y desigualdad em América Latina y el Caribe*, 2017.

urbano foram fontes não somente de novas formas de concentração econômica, mas também de segmentação e diferenciação socioterritorial. De fato, a concentração da riqueza familiar pode levar a concentrações muito maiores de influência corporativa, através de estruturas piramidais de propriedade empresarial, nas quais os padrões inter-relacionados de propriedade corporativa resultam no controle, pelas famílias, de ativos que são um múltiplo de sua propriedade efetiva. Isso também se reflete nos mercados de valores. No México, por exemplo, das empresas cotadas em Bolsa, "quinze representam mais de 80% da mostra utilizada no Índice de Preços e Cotações da Bolsa

Mexicana de Valores, e mais de 40% da capitalização total do mercado de capitais".[9]

Pois bem, a maior desigualdade de renda, de níveis de desenvolvimento urbano e de mobilidade social ocorre entre essas grandes metrópoles e o resto do território, em particular as áreas rurais. Por isso, teve lugar uma migração massiva para as cidades, sobretudo para as grandes regiões metropolitanas. Uma vez consolidada uma massa crítica de população urbana e metropolitana, o simples aumento vegetativo da população alimenta a concentração espacial das pessoas e das atividades econômicas.

No entanto, o triste paradoxo é que, junto com os benefícios econômicos e sociais evidentes da urbanização, as condições em que ela se concretizou geraram gravíssimos problemas de qualidade de vida e de existência das pessoas. De certo modo, o desenvolvimento associado à urbanização e à metropolização da América Latina produziu um desenvolvimento inumano. Vejamos o porquê.

Metropolização e desenvolvimento inumano

Durante o século XX, a questão urbana na América Latina esteve historicamente vinculada a migrações rurais e imigrações internacionais; a processos limitados de industrialização dependente; a um desajuste entre urbanização acelerada e industrialização precária; à concentração do emprego no setor informal, de serviços e terciário; a rendas baixas e déficits crônicos nos níveis do consumo coletivo. Isso produziu o crescimento de enormes massas marginalizadas de um "exército industrial

Desenvolvimento humano, urbanização e desenvolvimento inumano

de reserva" sem indústria e com políticas urbanas estatais incapazes de satisfazer as demandas da sociedade, apesar dos importantes esforços realizados.

Desde o final do século xx, e em especial nas primeiras décadas do xxi, em razão dos processos de globalização e inserção na tecnoeconomia da informação e comunicação, o processo de urbanização vem passando por enormes mudanças nos planos cultural e econômico-espacial. A extrema desigualdade que apontamos tem consequências sobre o modelo de urbanização. Por um lado, a maior parte das migrações não é fruto da atração das grandes cidades, mas da expulsão das áreas rurais ou de regiões em crise, na busca de melhores alternativas de vida para os filhos. A globalização funciona por meio da conexão dos principais centros urbanos do mundo a partir de redes de comunicação e transporte que integram um sistema global altamente dinâmico, ao mesmo tempo que capital e trabalho abandonam as áreas territoriais desconectadas desses centros, pois as redes conectam e desconectam simultaneamente. Conectam o que tem valor econômico, tecnológico, político; desconectam o que carece de interesse para investidores e acumuladores de capital.

Quando as pessoas chegam às grandes cidades, a maior parte dos empregos acessíveis a seu baixo nível de qualificação e capitalização encontra-se na economia informal, com baixos rendimentos, sem benefícios sociais e sem segurança no emprego. Nessas condições, muitos não conseguem ter acesso ao mercado de habitação formal, porque os valores de compra e aluguel respondem a interesses especulativos numa situação de demanda extrema, em razão do crescimento populacional. Portanto, a economia informal pressupõe a moradia informal, que chega a um terço do patrimônio habitacional das grandes cidades. A moradia informal combina invasões de terrenos, aceitas ou legalizadas posteriormente por autoridades locais, e construção por conta própria sob o controle de promotores imobiliários irregulares frequentemente associados a máfias locais e em conivência com funcionários municipais e políticos que tecem suas redes de clientela. Nessas condições, o crescimento urbano não segue um padrão planejado, mas resulta do acaso dos investimentos especulativos, muitas vezes em terrenos não edificáveis, submetidos a todo tipo de adversidades geológicas e climáticas.

Até para o mercado formal das classes baixa e média-baixa a especulação é a regra, e os preços são impostos por empresas semiformais que se beneficiam do desamparo de quem tenta formar novos lares, sejam imigrantes ou jovens do local. Os investimentos públicos em transporte, infraestrutura e serviços urbanos não conseguem satisfazer a demanda devido à baixa prioridade dos orçamentos para a cobertura dessas necessidades, assim como à enormidade dos investimentos necessários, em decorrência das altas taxas de crescimento da população metropolitana. Por conseguinte, de um lado, os centros das cidades ficam saturados, amontoando seus habitantes em pilhas próximas do desmoronamento; de outro, o crescimento urbano extensivo nas periferias traduz-se em várias horas diárias de viagem entre domicílio e trabalho, com meios de transporte carentes de manutenção. Saneamento, água, eletricidade e comunicações também estão sempre defasados em relação à população residente.

A sobrevivência cotidiana, para a maioria da população, constitui o lado obscuro do desenvolvimento. O padrão de

Desenvolvimento humano, urbanização e desenvolvimento inumano 113

desigualdade ligado ao modelo excludente de desenvolvimento influi diretamente no formato urbano, pois segrega o espaço segundo classe e etnia. Os ricos se autossegregam para escapar das "classes perigosas", refugiando-se em condomínios apartados, protegidos e exclusivos. Os novos fenômenos espaciais são produto de processos acentuados de diferenciação socioespacial e funcional, nos quais os mais privilegiados constroem formas de vida isoladas e militarmente protegidas, como ilhas de consumo em meio a uma "barbárie", da qual têm medo e de que se protegem cotidianamente enquanto desfrutam de uma forma de vida comum às elites globais.[10] Com tudo isso, o espaço público tende a degradar-se. Entre os dois polos socioespaciais, uma "classe média" instável partilha as vicissitudes do espaço e interage nos dois mundos distintos nos quais tem de viver cotidianamente, nos quais o medo e a incerteza do futuro se combinam com a busca por opções de melhor qualidade de vida e de projetos integradores, ou com a demanda por soluções autoritárias que lhe forneçam proteção.

Contudo, existem problemas gravíssimos que permeiam as diversas classes e impõem uma resposta comum diante de ameaças à saúde que não diferenciam sua capacidade de destruição segundo as contas bancárias. De fato, um problema comum às principais áreas metropolitanas é o da perniciosa qualidade do ar. A Organização Mundial da Saúde (OMS) recomenda que a concentração de partículas (PM10) não supere vinte microgramas por metro cúbico. No entanto, dados de 2014 dessa organização mostram que em nenhuma das capitais latino-americanas o padrão é respeitado; pelo contrário, em cidades como Lima e Santiago a concentração média anual de PM10 subiu para 64 e 88, respectivamente.

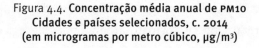

Figura 4.4. Concentração média anual de PM10
Cidades e países selecionados, c. 2014
(em microgramas por metro cúbico, µg/m³)

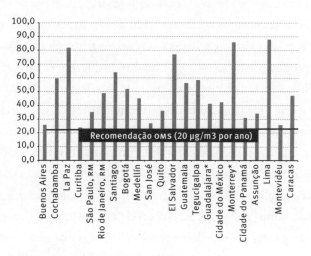

* Região metropolitana.
** Dados de 2011.

Fonte: Elaboração própria a partir de base de dados de *WHO-Global Urban Ambient Air Pollution Database*. Disponível em: ‹http://www.who.int/phe/health_topics/outdoorair/databases/who-aap-database-may2016.xlsx?ua=1›.

As territorialidades das grandes metrópoles adensaram-se e diversificaram-se socioespacialmente em vários tipos de assentamentos. Bogotá, Santiago do Chile e São Paulo, de acordo com as Nações Unidas, são cidades de alta aglomeração urbana,[11] e o crescimento do setor terciário, especialmente de serviços especializados, é predominante e similar ao da própria urbanização, posto que absorve 80% do PIB urbano. O emprego industrial perdeu peso e o agrícola caiu, salvo nos casos de agroindústrias ligadas à exportação. Resultado: novas formas de marginalidade com alta diferenciação social e funcional,

Desenvolvimento humano, urbanização e desenvolvimento inumano   115

associadas à diversificação de profissões e às especializações em todo o âmbito econômico. Se acrescentarmos a isso os altos níveis de poluição e os sérios problemas de resiliência urbana, diante das adversidades da natureza e das mudanças climáticas, é possível concluir pela fragilidade humana generalizada desses conglomerados.[12] Assim, as cidades tornaram-se pluricêntricas, desiguais, perigosas, segmentadas, funcionalmente diferenciadas e ecologicamente vulneráveis, de modo que, com o aumento do Índice de Desenvolvimento Humano, também se observa o aumento do desenvolvimento inumano e de seu corolário: a violência e o medo como forma de relação.

A nova fronteira da inumanidade é também um produto humano, a saber, a mudança climática e suas consequências, com o aumento da inumanidade produzida por terremotos, tsunamis, furacões, tornados, incêndios, inundações e impactos da contaminação ambiental. A tragédia em várias cidades e regiões importantes do continente, como San Juan, Valparaíso, Cidade do México, ilhas de Honduras e as inundações em La Plata, na Argentina, são, entre outros, exemplos trágicos de como os resultados das mudanças climáticas afetam drasticamente a vida cotidiana das pessoas e seus níveis de desenvolvimento humano.[13] Esses fenômenos são retroalimentados pela incapacidade dos Estados, pela corrupção das redes de ajuda e pela falta de solidariedade em escala global.

É a recente modernização urbana que produz um desenvolvimento inumano nas cidades da América Latina.[14] Trata-se da persistência de uma urbanização dominante e crescente em todos os países, na qual se reproduzem os problemas, as tendências e os desafios do século xx, vinculados a novos problemas, cujo epicentro é a deterioração dos laços sociais e dos núcleos de valores antes compartilhados. As mudanças nas famílias, nas escolas e na religião, sobretudo a católica, estão gerando fraturas na qualidade coletiva da vida urbana, especialmente nas áreas metropolitanas e entre os setores mais pobres e excluídos. Estão se formando, assim, territórios ou espaços não somente monádicos e isolados, mas também desconfiados e opostos entre si. Neles partilha-se também uma brutal deterioração do ambiente, em meio a sociabilidades fechadas, "tribais", nas quais a decomposição do laço social e a insegurança na vida cotidiana relacionam-se com a debilidade dos Estados, a falta de inclusão sustentável nos mercados, as economias criminais, o medo e uma insegurança humana generalizada em praticamente todos os aspectos do desenvolvimento humano. Todos esses elementos inundam a subjetividade das pessoas, que a cada dia deixam de se comunicar e só se integram a um mercado informacional por meio dos celulares, comunicando-se entre si de forma "tribalizada", por meio de redes sociais seletivas. Um sintoma cultural significativo é a literatura de ficção voltada para o público juvenil, como *Jogos vorazes* e os livros de John Green, que destacam a segregação e a individualização. Contudo, o traço mais inumano encontra-se nos grupos de marginais jovens, registrados por séries televisivas e filmes sobre a vida tribal nos bairros e inclusive nas prisões, como na série da Netflix *O marginal*, que, como o nome indica, fala sobre os marginais em Buenos Aires, ou os variados filmes e seriados brasileiros, como *Tropa de elite*, *Cidade de Deus* e *O mecanismo*, entre outros.

A partir da incomunicação generalizada, que tem levado ultimamente à desumanização do "outro", surge a violência como defesa e como apropriação de recursos que deveriam

Desenvolvimento humano, urbanização e desenvolvimento inumano   117

"me" pertencer, a mim, e não a "eles". Quando as relações não são humanas, elas se tornam violentas. Um documento do Instituto Igarapé, do Brasil, assinala que, em 2016, mais de 141 cidades da América Latina (52% das cidades com mais de 250 mil habitantes) registraram taxas de homicídio superiores à média regional (21,5 para cada 100 mil habitantes). Mais ainda: nesse mesmo ano, 43 das cinquenta cidades mais violentas do mundo eram latino-americanas. A lista das cinquenta cidades do mundo com as mais altas taxas de homicídios é encabeçada por San Salvador, seguida por Acapulco, Ciudad Juárez (México), San Pedro de Sula (Honduras), Soyapango (El Salvador) e Chilpancingo de los Bravos (México). Em todas, exceto a última, ocorreram mais de cem homicídios a cada 100 mil habitantes.[15] Segundo o mesmo instituto, cerca da metade das vítimas era formada por jovens entre quinze e 29 anos. Claro que esses cálculos referem-se a habitantes das cidades. Em números absolutos, a imensa maioria das mortes violentas ocorre nas grandes metrópoles.

Da mesma forma, como consequência da economia criminal e especialmente dos efeitos das drogas e da violência crescente,[16] já analisados no capítulo 3, expande-se cada vez mais uma ordem conflitiva numa sociedade urbana progressivamente mais fraturada. Uma sociedade urbana "clandestina" e complexa nasceu em meio à "tribalização" da relação socioespacial. A economia da droga é ao mesmo tempo resultado e compensação do atraso social e do desenvolvimento inumano. Vastas regiões urbanas de grandes cidades têm se organizado clandestinamente em redes de relações de crime e "solidariedade tribal" que desnudam os limites do Estado e dos modelos de desenvolvimento. Assim, redefinem-se os limites dos laços sociais e modificam-se as formas de vida em boa parte do continente. Redes urbanas clandestinas de poder já exercem sua influência na vida cotidiana de importantes territórios urbanos em Guadalajara, Culiacán, Ciudad Juárez, Rio de Janeiro, Bogotá, Medellín e Rosário, entre muitas outras.

Contudo, a própria sociedade urbana busca recuperar e reinventar formas de convivência e de produção de novos laços que restaurem uma vida digna e criem experiências de trabalho, consumo e distribuição, indicando que outra vida é possível. No coração dessas experiências surgem movimentos socioculturais urbanos cuja meta principal são as transformações da vida cotidiana.

Os imaginários urbanos estão mudando a uma velocidade surpreendente, associados muitas vezes a uma nova estética urbana que redefine, expressa à sua maneira e às vezes adianta-se às mudanças descritas: um exemplo interessante são os grafiteiros na internet de São Paulo. Eles não apenas criam uma estética crítica da corrupção e da violência nas ruas, como também divulgam a arte da rua na internet, gerando um intercâmbio global com outros artistas, por meio das diversas redes sociais. Entre suas virtudes destacam-se, por um lado, a qualificação do público nas ruas e nas redes e, por outro, a diversificação e ampliação de seus sites populares de redes e comunidades virtuais. O grafite, como diz Beatriz Fernández, conecta-se com as massas, influi na publicidade, na moda, no design e na arte.[17]

No plano cultural, instalou-se não somente a questão do consumo cultural das drogas, mas também uma arte vinculada aos narcotraficantes, como as pinturas de Fernando Botero sobre o carismático Pablo Escobar no museu de Me-

Desenvolvimento humano, urbanização e desenvolvimento inumano 119

dellín. Emergiu também uma indústria cinematográfica que mostra, reproduz e muitas vezes valoriza esse tipo de atividade. Com tudo isso, um tema central estabeleceu-se entre a população latino-americana: o medo, a insegurança, o assédio permanente às mulheres e uma brutal violação dos direitos humanos que afeta milhões de cidadãos em muitas das cidades do continente. Ou seja: instalaram-se uma nova cultura e um novo e invasivo imaginário social da delinquência.[18] Nessas condições, o desenvolvimento é inumano porque rejeita a humanidade dos "outros", de todos os que são diferentes daqueles que estão diretamente vinculados por laços familiares ou redes sociais selecionadas. A concentração espacial suscitou o isolamento social.

5. Uma sociedade-rede: individualização, tecnossociabilidade e cultura da diáspora

DESDE O FINAL DO SÉCULO XX, com o advento da "era da informação", produziram-se na América Latina não apenas mudanças socioeconômicas e políticas neoliberais e neodesenvolvimentistas, que analisamos nos capítulos anteriores, mas também mudanças essenciais na dinâmica multicultural, de tal magnitude que a cultura passou a constituir uma referência fundamental tanto do poder, do desenvolvimento e da política, como das possibilidades de uma transformação ética com sentido intercultural e emancipatório. Hoje, a cultura pode dar um sentido distinto ao poder, ao desenvolvimento econômico e à própria política.

Nas décadas de 1980 e 1990, a indústria e os mercados da comunicação deram início a um processo de expansão notável e diferenciada, incluindo o alcance de redes televisivas, o uso crescente do vídeo, muitas vezes adquirido de maneira informal, o começo do processo de incorporação às redes eletrônicas, o uso do fax, o acesso à comunicação por satélite, com as antenas parabólicas, e muito particularmente a generalização do consumo de publicidade. Segundo um estudo da Cepal-Unesco,[1] entre 1980 e 1988, por exemplo, o número de telefones a cada mil habitantes aumentou de cem para 140, enquanto o acesso a televisores alcançou um índice superior a 130. Esti-

Uma sociedade-rede

mava-se que os latino-americanos, com uma expectativa média de vida de 65 anos, passavam aproximadamente cinco anos vendo TV, sobretudo publicidade, telenovelas e "enlatados" produzidos nos Estados Unidos.[2]

Foi com esses antecedentes históricos — apoiados sobre os ombros do multiculturalismo latino-americano e caribenho — que se produziram novas transformações culturais associadas à força de tecnoeconomia da comunicação e da informação, bem como ao funcionamento das redes sociais. Analisaremos em seguida os traços mais destacados dessa nova dinâmica multicultural, engendrada principalmente nos últimos vinte anos.

As emergências hegemônicas do individualismo e do consumo — o papel central dos novos meios de comunicação como vetores da construção cultural

Ainda que no final do século XX já tivesse se iniciado na América Latina o processo de incorporação (desigual segundo os países) ao uso de tecnologias digitais — especialmente entre os setores médios e altos —, nos primeiros quinze anos do século XXI essa integração foi muito intensa e com tendência a penetrar o conjunto das sociedades. Fica a impressão de que tanto a dinâmica do mercado global das tecnologias da informação e comunicação (TICS) quanto as políticas de Estado, sobretudo nos regimes de orientação neodesenvolvimentista, possibilitaram uma inclusão francamente espetacular. De fato, de um lado, o crescimento econômico registrado nos primeiros quinze anos deste século, a redução da pobreza e a mobilidade social ascendente produziram mudanças na estratificação social, assim como a redução dos custos e tarifas de acesso aos serviços; de outro lado, políticas explícitas de acesso, especialmente dos setores excluídos, com frequência ligadas a programas educativos, como o Plano Ceibal, no Uruguai, possibilitaram essa inclusão crescente na galáxia da internet.[3]

Em 2014, já havia mais de 700 milhões de conexões de telefonia móvel e mais de 320 milhões de usuários únicos, localizados sobretudo nas cidades, onde as redes sociais de comunicação eram mais utilizadas. Em pouco mais de uma década, a partir de 2003, os usuários da internet duplicaram.[4] Em, 2016, já atingiam 56% da população.[5] Entre os jovens de dezesseis a 29 anos, a penetração da internet em 2014 alcançava 70% da população.

A questão é saber que tipo de inclusão ocorreu, e sobretudo que sentido essas mudanças assumiram na subjetividade das pessoas e nas sociedades latino-americanas.

Quanto ao tipo de inclusão, vale a pena destacar a intensidade crescente do consumo na região por horas de uso de internet. A média de conexão é de 21,7 horas por mês, uma hora menos que a média mundial. O Brasil apresenta uma intensidade de 29,4 horas/mês e o Uruguai, de 32,6. A média dos Estados Unidos e da Europa é de 35,9 e 25,1 por mês, respectivamente.[6]

Outra característica do tipo de inclusão tem relação com o predomínio do consumo extrarregional. Assim, o consumo preferencial da internet na América Latina é de sites como Google, Facebook e Wikipedia, entre outros, enquanto China ou Japão, conforme afirma o estudo da Cepal acima citado, se conectam preferencialmente com sites locais. É provável que a estrutura do idioma seja uma variável interveniente. Assim, as plataformas globais hegemonizam o consumo regional, enquanto as plataformas como Televisa, Grupo Clarín e O Globo

Uma sociedade-rede

ainda se mostram limitadas. Nesse campo, o uso do vídeo é predominante na região, onde há países, como o México, que ultrapassam inclusive a média mundial de consumo por audiência a vídeos. Mas Argentina, Chile, Colômbia e Brasil também apresentam médias próximas da média mundial.

Embora as tendências à inclusão de tais plataformas sejam crescentes, os custos propendem a estar diretamente ligados ao nível de renda. Assim, por exemplo, é possível estimar a porcentagem que as tarifas da banda larga móvel representam na renda mensal média das pessoas. Em 2014, num extremo da curva, o custo no Japão era irrisório, enquanto em Honduras, Nicarágua e Bolívia era consideravelmente mais alto.[7]

Por último, essa inclusão "extrovertida" tem níveis de desigualdade importantes entre os países da região e entre campo e cidade, além de apresentar diferentes velocidades, fenômeno diretamente ligado ao nível de desenvolvimento humano e econômico de cada país.

A Figura 5.1 mostra tanto as desigualdades quanto as velocidades da inclusão.

Da perspectiva do sentido de inclusão, parece importante destacar que os distintos processos de democratização que a região viveu, muito particularmente as dinâmicas do mercado e da globalização, tendem a redefinir a subjetividade das relações sociais a partir de uma integração maior, via consumo individual, na sociedade da informação, mudando em diversas escalas o nível da vida cotidiana das pessoas. Fica a impressão de que se vivencia uma maior complexidade dos processos de diferenciação social a partir da maior individualização das sociedades; uma individualização consorciada ao consumo e a uma alienação apoiada numa espécie de reificação do mercado

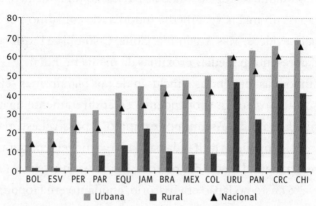

Figura 5.1. Lares com acesso à internet
América Latina, países selecionados, c. 2015 (% de lares)

Fonte: Cepal, *Estado de la banda ancha en América Latina y el Caribe 2017*, 2018.

e de narcisismo individualista, sobretudo nos altos estratos das elites do poder. Contudo, ocorre também a busca por maior autonomia das pessoas na autoconstrução de opções individuais e coletivas para viver o cotidiano.

Embora o ponto central seja a inserção ativa e crescente da população no consumo de bens culturais como os registrados até aqui, eles fagocitam uma crescente individualização no âmbito social, e com isso a individualização e o consumo modificam transversalmente a dinâmica histórica da multiculturalidade latino-americana, em particular nos centros urbanos e nas grandes cidades.

E aqui começa a mudar um padrão histórico de longa duração na natureza das relações humanas. Tornam-se cada vez mais evidentes as diferenças entre as pessoas em sua busca de autodeterminação e os sistemas institucionais e poderes que atuam cada vez

Uma sociedade-rede 125

mais em âmbito global, como os meios de comunicação e informação: nisso as pessoas podem influenciar muito pouco ou nada.

Nesse sentido, a nova multiculturalidade parece organizar-se cada vez mais através da individualização das pessoas e não por meio dos coletivos socioculturais. Parece ser essa a tensão histórica da nova época.

A individualização transforma-se cada vez mais no sujeito da sociedade, enquanto os atores coletivos vão perdendo peso em termos relativos, ou redefinindo-se. Paradoxalmente, é o processo de acesso coletivo e diferenciado ao mercado e à indústria cultural dos novos meios de comunicação que produz essa individualização, a qual se alimenta dos processos tanto de diferenciação social quanto de diferenciação funcional.

A aceleração da transição demográfica, o caráter mais horizontal e flexível da organização familiar, a relação incerta mas permanente com mercados de trabalho instáveis, as novas relações de maior igualdade entre gênero, as mudanças nos padrões de sexualidade, a altíssima frequência das comunicações digitais, a valorização do tempo instantâneo na vida cotidiana, a ruptura das estruturas monopolistas de poder vertical na educação e na família constituem, entre outros fatores, os novos vetores da nova construção multicultural.

A "cultura da tecnossociabilidade" como cultura centrada numa autonomia individual e como núcleo de uma cultura jovem emergente

É possível afirmar que as novas tecnologias de informação e comunicação estão permitindo redefinir e criar, de maneira específica, novos valores, aspirações, identidades e crenças que organizam formas de autocompreensão e convivência nas novas sociedades latino-americanas, sobretudo entre os mais jovens. Geram-se assim outras formas de vida e sociabilidade "tecnocomunicacionais", nas quais as TICS constituem não somente instrumentos, mas sobretudo contextos ou condições ambientais que permitem novas identidades, novos valores, novas visões de vida. Sendo assim, elas redefinem o tempo e o espaço entre pessoas de distintas sociedades e estratos, como também os confrontos e novas relações de poder e domínio, configurando novos campos de conflito próprios da era da informação e renovando a lógica dos confrontos provenientes da época colonial ou da industrialização dependente que as sociedades do continente latino-americano viveram. Hoje, tanto os conflitos históricos quanto os novos conflitos socioculturais estão se deslocando para a rede. Segundo um estudo em dezessete países da região, 59% dos conflitos sociais registrados entre 2010 e 2011 apareceram na rede.[8]

Assim, a tecnossociabilidade modifica o campo cultural das relações sociais na rede, permitindo uma interação cotidiana e pessoal, gerando constantemente diversos campos de intercâmbio simbólico, com consequências reais impensáveis trinta anos atrás. A sexualidade mais aberta é constantemente redefinida. Isso exigiu também uma espécie de antissociabilidade exponencial na rede, sobretudo quando se expandem novas formas de discriminação e rejeição, bem como novas formas de negação do outro. O racismo na rede também vem se renovando em conjunto com o machismo e com novas formas de questionamento da igualdade na diferença.[9]

Uma sociedade-rede

A América Latina destaca-se mundialmente tanto pela intensidade do uso das redes sociais de comunicação quanto pela "estrangeirização do consumo". Segundo dados produzidos pela Cepal,[10] em 2013 o uso de redes de informação na região foi de 78% dos usuários, contra 64% da América do Norte e 54% da Europa. O Facebook, com 145 milhões de visitantes, foi a rede social de maior audiência, mas os visitantes de outras redes, como ShareThis ou LinkedIn, não são desprezíveis, pois chegaram a 93 milhões e 38 milhões de acessos, respectivamente. Além disso, os latino-americanos foram os que prolongaram por mais tempo suas visitas, com uma média de dezessete minutos em abril de 2014.

Outra tendência significativa apontada pelo informe é que o uso das redes sociais não está diretamente ligado aos níveis de renda. Assim, por exemplo, México, Argentina, Peru, Chile e Colômbia estão entre os dez países do mundo com maior porcentagem de usuários nas redes sociais.

Nesse contexto, o que sobressai é a maior participação dos jovens na nova sociabilidade. Efetivamente, foi ganhando forma aquilo que o *Relatório de desenvolvimento humano para o Mercosul*, do Pnud, chamou de "geração da tecnossociabilidade".[11] Seus traços mais destacados, depois dos processos relativamente falidos do neoliberalismo e do neodesenvolvimentismo, além dos já mencionados, estariam ligados aos processos de exclusão das relações sociais e de insegurança como experiências cotidianas permanentes.[12]

A experiência cultural dos jovens, nesse âmbito, diferenciou-se e multiplicou-se completamente graças ao vetor informático de comunicação. A Figura 5.2 reflete o impacto da internet sobre os múltiplos aspectos de uma vida cultural juvenil intensa e cotidiana.

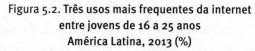

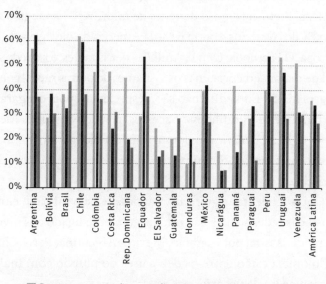

Figura 5.2. Três usos mais frequentes da internet entre jovens de 16 a 25 anos
América Latina, 2013 (%)

■ Buscar ou acessar sites para diversão, entretenimento ou informação
■ Participar de chats, redes sociais
■ Buscar ou acessar sites por motivos acadêmicos

Nota: As porcentagens não somam 100% porque as categorias se sobrepõem.
Fonte: Elaboração própria a partir da base de dados de Corporación Latinobarómetro, *Análise online*, 2018.

Em síntese, novas experiências em matéria de tecnocomunicações e de cultura estão redefinindo a vida individual e coletiva dos jovens da região. Vale a pena precisar alguns traços relevantes, além dos mencionados, dessa "nova geração da tecnossociabilidade".

Uma sociedade-rede

Novas experiências de vida

O que distingue a geração atual de jovens de outras gerações são suas experiências de vida, não apenas em relação às transformações políticas e socioeconômicas dos últimos 25 anos, ligadas ao neodesenvolvimentismo ou ao neoliberalismo, mas muito especialmente às formas de viver o cotidiano, fortemente relacionadas à expansão de uma tecnossociabilidade, tanto no plano real quanto no imaginário, mas sobretudo no funcionamento da mente das pessoas. Hoje, há usos das TICS que são socialmente includentes e decerto motivantes: estar na rede é parte da vida com os outros. A tecnossociabilidade, vista como experiência cotidiana e recorrente de comunicação e intersubjetividade associada ao uso dos meios horizontais de comunicação de massa (internet, celulares, suas múltiplas utilizações e constantes atualizações etc.), está modificando os padrões de conhecimento e de aprendizagem, e isso se expressa nas diversas dimensões do cotidiano: trabalho, estudos, vida em família, sexo, diversão, política etc. Ou seja, trata-se do uso das tecnologias de comunicação não como ferramentas ou fins, mas como âmbitos que permitem novas formas de ser, espaços onde valores são postos em jogo, identidades são construídas e onde se expressam sensibilidades culturais, sociais, ecológicas, estéticas etc. Constroem-se novas identidades que colocam "o aqui e agora" como referente subjetivo cotidiano, valoriza-se um campo glocal de vida com um sentido prático, cotidiano e com alta sensibilidade ecológica. No entanto, essa tecnossociabilidade não se produz no vazio; ela ocorre, de um lado, em redes de informação e comunicação que mudam constantemente e, de outro, com base em experiências e tradições socioculturais e nacionais dos jovens. Ela tampouco é exclusiva deles, embora eles sejam seus principais construtores. Isso está fortemente relacionado ao uso do tempo e da localização no espaço, mas também a uma nova diversidade de práticas sociais.

Identidades abertas

A aceleração do tempo e o redimensionamento do espaço são consequências importantes das atuais mudanças. Pode-se afirmar, inclusive, que já existe uma espécie de brecha intergeracional em termos de valores, formas cognitivas e aspirações. A juventude tem níveis de conexão mais altos que os adultos em todos os estratos sociais. Tanto é assim que, quanto maior é a velocidade da mudança na sociedade do conhecimento e da comunicação, maior tende a ser a brecha entre as gerações. De certa forma, uma determinada ideia de tempo instantâneo organiza a ação dos jovens: o "agora" ganha um significado central. Por outro lado, as escalas espaciais mudam: o local e o global se aproximam e se sobrepõem na rede. As identidades dos jovens tendem a ser diversas nelas mesmas, são abertas, mutantes e em grande medida respeitosas de outras identidades, embora também possam ser discriminantes, alienadas e distantes. Contudo, não se pode esquecer que, enquanto para alguns jovens as distâncias globais diminuem, para outros as distâncias sociais e nacionais aumentam. É necessário pensar a mudança a partir dessa dinâmica. Como articular valores e identidades num espaço público comum, comunicando o individual com o coletivo, os integrados com os excluídos? A Figura 5.3, sobre a dinâmica caleidoscópica das identidades dos jovens cariocas, é um bom exemplo disso.

Uma sociedade-rede 131

Figura 5.3. Identidades dos jovens do Rio de Janeiro de 15 a 29 anos, 2009 (%)

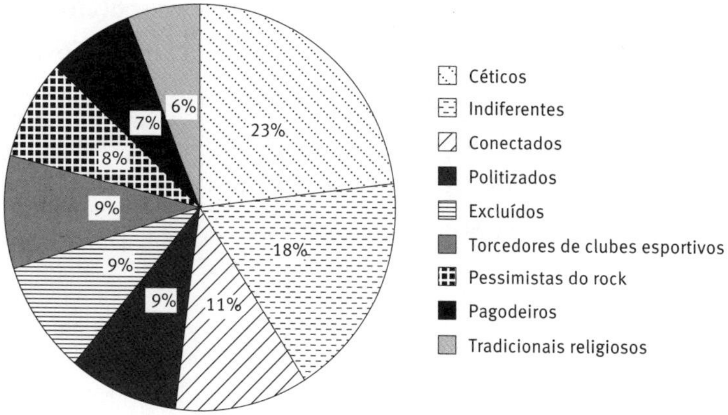

Legenda:
- Céticos
- Indiferentes
- Conectados
- Politizados
- Excluídos
- Torcedores de clubes esportivos
- Pessimistas do rock
- Pagodeiros
- Tradicionais religiosos

Fonte: Pnud, *Relatório sobre desenvolvimento humano Mercosul 2009-2010.*

Demandas ético-políticas que tentam enfrentar a insegurança e fortalecer a autonomia

Hoje a insegurança cotidiana organiza, em boa medida, a relação pública, associando-se com o medo do outro, do diferente, mas também com o medo da exclusão e da violência, e ambos incidem sobre a gestão cultural do risco. Muito particularmente, a questão para os jovens de hoje parece ser como conviver na incerteza da sedutora noite. O fosso social e digital entre os jovens afeta diretamente os níveis e a qualidade da vida cotidiana, e todos perdem quando os espaços públicos de convivência diminuem. Em vários casos, o Estado avançou de forma positiva com políticas públicas de distribuição e inclusão para os jovens, mas há também uma face negativa, que se expressa na repressão policial. O jovem é valorizado no mercado de consumo, mas degradado na vida pública, sobretudo quando é visto como "suspeito". Nesse sentido, o já mencionado estudo sobre o Mercosul constatou que os jovens tentam produzir estratégias para diminuir o risco sem reduzir sua liberdade e autonomia, sendo as TICS fundamentais nesse caso. Até mesmo os jovens que rompem as normas o fazem através desses espaços de comunicação.

Uma lógica participativa dual

Segundo o estudo sobre o Mercosul promovido pelo Pnud, da parte dos jovens, a participação e o seu desejo de participar da tomada de decisões que os afetam têm caráter dual: metade dos jovens tende a ser cética ou passiva, metade participa ou manifesta desejo de participar. Avançar em múltiplas direções é a chave do processo de formação da cidadania entre os jovens. Como contribuir para que os que desejam participar possam fazê-lo? Como conseguir que os pobres transformem suas necessidades em reivindicações e atuem? Como levar os que podem mas não querem participar a encontrar uma motivação para fazê-lo?

Nesse campo, descobrimos alguns pontos-chave que merecem ser estudados com maior profundidade.

1. Entre os que participam, há uma espécie de convivência de uma lógica vanguardista com uma lógica espontânea centrada em temas como a dignidade, os direitos e as subjetividades culturais. Os jovens que participam combinam uma cultura pragmática de resultados, temporal e local,

Uma sociedade-rede

com uma ótica flexível diante da diversidade de demandas de reconhecimento cultural e social. O estudo sobre o Mercosul registrou, entre os que participam, três orientações não mutuamente excludentes, relacionadas a: a) reafirmação de identidades culturais, religiosas, desportivas, étnicas, de gênero etc.; b) proteção do meio ambiente; c) participação em organizações sociais "clássicas", movimentos nacional-populares e grupos altermundialistas (como por exemplo os fóruns sociais). Em todas essas expressões estão presentes a demanda por uma nova qualidade de vida e a reivindicação de dignidade individual e coletiva. E os jovens também têm consciência de que o domínio dos códigos de comunicação informacional é fundamental para alcançar suas metas.

2. A capacidade de agência dos jovens é variada. As mulheres destacam-se pelas habilidades de transformar metas em resultados e sonhos em realidade, e por integrar as melhores demandas por distribuição, reconhecimento e participação. Segundo os dados, a capacidade de agência das mulheres tende a ser maior que a dos homens.

3. Os jovens mais atuantes tentam integrar futuro e passado, coletivo e individual. Pode-se afirmar essa tendência pelo menos no que diz respeito aos países do Mercosul, e a expectativa é de que também se confirme para o resto da região: os jovens imaginam um certo futuro, mas sem deixar o passado de lado. Nesse sentido, não existe uma ruptura geracional com os pais, mas uma espécie de "pacto geracional": a relação com os pais não é de rompimento, mas de negociação, e está associada à educação e à lógica do emprego. Por outro lado, os jovens valorizam sua autonomia e sua individualidade, o diálogo com os demais e a solidariedade com o diferente. Sendo assim, é

possível formular uma hipótese normativa de emancipação: o coletivo é resultado de um compromisso entre pessoas autônomas e o individual, resultado de um certo acordo coletivo.

Uma nova gramática dos conflitos sociais

Os conflitos sociais tendem a se deslocar, tanto nas demandas clássicas quanto nas novas, para as redes de comunicação e informação. E os jovens são fundamentais sobretudo na gestão desse deslocamento.

A rede transformou-se no lugar onde se expressam e se desenvolvem as novas formas de conflito e poder. A cultura da tecnossociabilidade não muda só a vida cotidiana das pessoas e das comunidades, mas também a política. Quanto aos conflitos sociais, a política midiática desempenha um papel relevante, dado que realizar um protesto ou uma passeata sem a presença dos meios de comunicação verticais (TV, rádio e jornais) e sobretudo horizontais (internet e celulares) significa pouca repercussão das reivindicações e poucas possibilidades de obter resposta positiva. A democracia é cada vez mais uma democracia de público. Os protestos convivem na internet e nas praças.

As novas formas de comunicação promovem um uso intensivo das tecnologias de informação e comunicação no espaço público, entendido como lugar de "encontro", onde as ideias e os valores são formados, transmitidos, intercambiados, respaldados e combatidos. As TICS permitem uma interação mais ágil, flexível e espontânea entre os atores, que graças a elas podem ter participação mais ativa na política e no conflito social.

Uma sociedade-rede 135

Ampliam-se, assim, as possibilidades de ação coletiva graças ao acesso fácil e ao baixo custo do uso da internet e das telefonias móveis. É mais fácil participar de um fórum, um blog ou um grupo dentro de uma rede social do que ter outras formas de atuação política.

Os conflitos caracterizam-se cada vez mais por nascerem a partir da rede, pois quando surge uma insatisfação ou uma reivindicação generalizada ela é transmitida espontaneamente por milhares de pessoas num período de tempo relativamente curto, sobretudo hoje, via redes sociais, mas também blogs, fóruns, e-mails ou mensagens de texto. Com esses instrumentos, os cidadãos podem se organizar de acordo com o conflito e trocar informações. O "ciberativismo", que promove deliberação e ação concertada na rede e nas ruas, já é um dado da realidade política latino-americana e mundial. A globalização não produziu apenas concentração de poder e consumismo individualista, mas também trouxe como consequência o fortalecimento da capacidade individual e coletiva na qual primam a espontaneidade, o voluntarismo do ativismo político e a auto-organização. Portanto, torna-se indispensável redefinir individualmente os projetos coletivos na rede, e os projetos coletivos supõem a valorização da liberdade e da dignidade das pessoas. A análise dos movimentos em rede retomará esse tema adiante.

Migrações e cultura da diáspora

O fenômeno das migrações é um dos traços estruturais da globalização e da crise multicultural que abrange praticamente o mundo inteiro. Seus dinamismos e impactos atravessam o conjunto das regiões. Trata-se agora de dinâmicas territoriais humanas e inumanas do capitalismo informacional. As TICS estão presentes transversalmente na complexa diversidade do fenômeno. Tanto entre os migrantes em si quanto entre os países que expulsam população e os que a recebem.

Hoje, todo o fenômeno da migração funciona em rede. A pergunta é como esse fenômeno atua e afeta a América Latina, e como ela participa dessa dinâmica. Como ele afeta o mercado de trabalho, as economias informais, e como os migrantes se inserem na rede e na cultura da tecnossociabilidade. Produziu-se uma nova cultura da diáspora, sem a qual não é mais possível entender a região, assim como o próprio território multicultural global. Qual é, em suma, o sentido cultural dos novos movimentos de populações e como se relacionam com a política, a democracia e o poder?

Tendências gerais

O mapa a seguir mostra os diferentes fluxos de migração em escala global. De acordo com o relatório das Nações Unidas para as migrações, em 2017 mais de 60% dos emigrantes internacionais residiam na Ásia e na Europa: 80 milhões e 78 milhões, respectivamente. Em terceiro lugar aparecia a América do Norte, com 58 milhões.[13]

Segundo o mesmo relatório, 67% do total de migrantes encontrava-se em vinte países. Em primeiro lugar os Estados Unidos, com 50 milhões em 2017, seguidos por Arábia Saudita, Alemanha e a Federação Russa, que contavam cada qual com cerca de 12 milhões de migrantes.[14]

Mapa 5.1. Número de migrantes internacionais por país, 2017

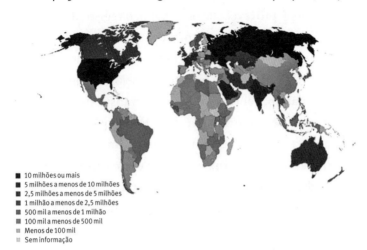

- 10 milhões ou mais
- 5 milhões a menos de 10 milhões
- 2,5 milhões a menos de 5 milhões
- 1 milhão a menos de 2,5 milhões
- 500 mil a menos de 1 milhão
- 100 mil a menos de 500 mil
- Menos de 100 mil
- Sem informação

Fonte: ONU, *International Migration Report 2017: Highlights*, 2017.

Por outro lado, do total de migrantes internacionais do mundo (258 milhões), pouco menos da metade (106 milhões) nasceu na Ásia. Em segundo lugar aparecia a Europa (61 milhões), e em terceiro a América Latina e o Caribe (38 milhões).[15]

Para a América Latina, foram registrados 10 milhões de migrantes internacionais em 2017, 3 milhões a mais que em 2000. Destaca-se sobretudo o caso do Chile, que, segundo as Nações Unidas, teve uma taxa de crescimento médio anual superior a 6%, uma das mais elevadas do período 2000-17, junto com Angola e Catar.[16]

Cabe observar que esses dados são limitados, pois nem todos os migrantes podem ser recenseados, em vista do clima repressivo em que vivem quando moram num país sem ter a devida documentação. Por outro lado, os dados não registram novos impulsos migratórios causados pela guerra na Síria ou pelas crises econômicas e sociais em Honduras, Venezuela ou Líbia, por exemplo. É provável que os fluxos não registrados e os novos não alterem as tendências, mas certamente transformam a visão da população sobre os imigrantes, assim como as lógicas policiais e de poder. Nesse aspecto, os meios de comunicação desempenham papel fundamental ao transmitir o medo da insegurança crescente a partir do enfoque que o poder tem sobre o tema, em geral estigmatizador do imigrante.

A imigração ocorre principalmente entre países que se encontram dentro da mesma região do mundo. Em 2017, a maior parte dos imigrantes internacionais procedentes de Europa (67%), Ásia (60%), Oceania (60%) e África (53%) residia num país localizado em sua região de nascimento. Entre os imigrantes internacionais da América Latina e Caribe e da América do Norte, ao contrário, respectivamente 84% e 72% residiam numa região diversa daquela em que nasceram.

No caso da Europa, pesam mais as imigrações da Ásia e da África, com 31,5 milhões de pessoas, mas a Ásia, por sua vez, recebe cerca de 35 milhões de imigrantes. Contudo, muita gente também imigra da Ásia para os Estados Unidos e a Europa. Em suma, Europa e América do Norte são as regiões do mundo que mais atraem imigrantes, enquanto América Latina, África e Ásia são continentes de expulsão de mão de obra. Existem, é claro, diferenças entre as regiões: por exemplo, na Europa, Portugal e Croácia expulsam mão de obra, enquanto a grande imigração de mexicanos e centro-americanos tem uma tremenda repercussão na economia e na política nacionais e globais.[17]

No caso da América do Sul, a emigração para a Europa representa 31% do total, localizando-se sobretudo na Espanha; 70% provinham dos países andinos. Quanto aos Estados Uni-

Uma sociedade-rede 139

dos, a imigração de sul-americanos representa somente 6% do total e vem sobretudo dos países andinos: Colômbia, Peru e Equador. No entanto, imigrantes provenientes de toda a América Latina e o Caribe representam 46% da imigração total para os Estados Unidos. O México responde por 26% dos imigrantes, e a América Central e o Caribe, por 14%.[18]

Mercado de trabalho, feminização e informalidade

Três aspectos destacam-se nas recentes migrações dos países latino-americanos: a feminização dos fluxos migratórios, a exposição a situações irregulares e a presença dos imigrantes nos mercados de trabalho.

No que concerne à feminização do mercado de trabalho, o panorama é o seguinte: mais de 50% das pessoas que emigram para a América do Norte são mulheres. Mais ainda, nos Estados Unidos, em particular, e na Europa, esse número chega a 54%. Nas mesmas regiões, a participação das migrantes no mercado de trabalho é maior que a das nativas. Mais de 35% das migrantes mulheres trabalham no setor de serviços. Na América do Norte, 75,5% das trabalhadoras nesse setor são latino-americanas. As tarefas domésticas, principalmente a ocupação de "cuidar" dos outros (sobretudo idosos e crianças), são um nicho de trabalho que cresceu, especialmente na Europa. Trata-se de um nicho que tende a ser precário em termos de condições de trabalho. As mulheres estariam, portanto, mais expostas a condições precárias no trabalho.[19]

Quanto aos trabalhadores em situação irregular, o número de migrantes é indeterminado. Em 2014, havia nos Estados

Unidos mais de 11 milhões de migrantes em situação irregular, o que os coloca em condições de extrema vulnerabilidade e exploração, além de contribuir para a informalidade e enfraquecer o exercício dos direitos humanos dos migrantes.[20]

Assim, por exemplo, 29% do total de migrantes e 32% das mulheres migrantes realizam trabalhos sem contrato ou seguridade social. Na Argentina, 67% dos migrantes sul-americanos trabalham em situação de informalidade; na República Dominicana, são 84%, sobretudo imigrantes haitianos. Além disso, esses trabalhadores não têm, na prática, organizações que defendam seus direitos. São os mais excluídos dos excluídos, além de serem discriminados e muitas vezes demonizados. Portanto, essa não é apenas uma questão econômica de marginalização social ou de inclusão perversa, mas antes de tudo uma questão de negação cultural e ética em sociedades globais multiculturais em crise. O traço peculiar é que toda essa dinâmica de racismo, degradação, mudança e resistência se expressa nas redes sociais de informação e comunicação.

A imigração e as tecnologias de informação e comunicação

A tecnossociabilidade e os processos de inclusão nas TICS das diversas culturas de migrantes impactam tanto a sociedade global quanto as dinâmicas particulares dos migrantes propriamente ditos. Citamos a seguir alguns dos impactos mais relevantes.

1. As novas tecnologias de comunicação tendem a redefinir as práticas e noções de espaço e tempo entre os migrantes e para

Uma sociedade-rede   141

cada pessoa em particular. As fronteiras entre estar aqui ou ali
já não são tão fortes como no passado e foram no mínimo reduzidas ou redefinidas pelos celulares e pela internet. A simulta-
neidade das comunicações e a expansão e multiplicação dos instrumentos de comunicação permitem uma comunicação social
ou familiar permanente, redefinindo não somente as relações
afetivas ou culturais, mas também os sistemas de intercâmbio
financeiro de bens e pessoas. As novas estratégias de resistência
e de reivindicações dos migrantes já se processam na rede.

2. Por outro lado, as TICS permitiram a expansão do conhecimento sobre outros países, de modo que os migrantes podem
observar suas condições de vida, possibilidades de trabalho
e de renda, e também como trabalhar em rede coletiva ou
individual para otimizar suas possibilidades e avaliar quem
respeita mais ou deprecia menos sua dignidade. Os migrantes
constroem seus imaginários sobre as cidades ou lugares para
onde migrariam com base na troca de informações entre migrantes e na pesquisa comunicacional. As TICS motivam um
balanço mais racional de suas expectativas e opções.

3. Mas as tecnologias de comunicação também tornam mais
racionais e factíveis as formas de viajar pelo mundo. Isso está
relacionado à mudança nas próprias empresas de viagens e
também a seu lado obscuro: as máfias e a economia criminal
que negocia com os migrantes. Hoje, as opções e os perigos
são mais complexos e amplos do que no passado.

4. Da mesma forma, as possibilidades de imigrar e inter-
cambiar produtos culturais são maiores hoje que no passado.
A mudança nos padrões de consumo alimentar global é um interessante exemplo do impacto cultural dos migrantes praticamente em todo o mundo. Não se consome apenas McDonald's,

mas também uma enorme variedade, às vezes combinada, de comida asiática, mexicana ou peruana em qualquer cidade importante do planeta. E pode-se dizer o mesmo a respeito de outros intercâmbios culturais nos esportes, nas festas etc.

5. Contudo, é importante sublinhar ainda que as TICS possibilitaram não apenas mecanismos de controle policial e migratório mais racionais, como também um crescimento das redes de discriminação e xenofobia, particularmente em grupos ultranacionalistas e conservadores na maioria dos países receptores. Esse é um fenômeno alimentado cada vez mais pela cultura do medo e do terrorismo, exposta de maneira distorcida por boa parte dos meios e corporações globais de comunicação. O medo dos outros está nos meios de comunicação, está na comunicação global. Hoje, as cruzadas ganham vida na rede, e tudo isso fez emergir uma nova cultura da diáspora.

A cultura da diáspora

A diáspora é entendida aqui como um sentimento de pertencimento em relação ao lugar de origem e como a continuidade e atualização desse pertencimento pela manutenção de diversos tipos de vínculo com o lugar de origem: tanto familiares e de relações sociais primárias e secundárias quanto de tipo político, econômico e de compromisso cultural. Esses vínculos, aliás, são reivindicados, questionados e reelaborados entre os migrantes oriundos de um mesmo país, cidade, povoado, região.[21]

Com certeza essa cultura tem ligações com as práticas cotidianas dos migrantes. Nos países receptores, os migrantes repensam e recriam vínculos e ações com suas culturas de

Uma sociedade-rede 143

origem, que, por sua vez, fortalecem seus sentimentos de pertencimento e seus mecanismos psicológicos de resistência contra o trauma da migração e as discriminações que ela acarreta. *"Se fue pa' volver"* [Partiu para voltar], diz uma máxima equatoriana. Identidades são criadas na rede. Hoje, o real e o virtual não estão mais separados, eles reforçam um ao outro como partes de uma mesma realidade.

Quanto ao multiculturalismo, as culturas da diáspora formulam três pontos relevantes. Fortalecem as relações entre os migrantes de uma forma reflexiva, sobretudo a respeito de suas comunidades de origem; questionam e criticam as sociedades e os Estados, com os seus mecanismos de discriminação e negação das culturas de origem dos migrantes e de seus direitos humanos e culturais; e, por fim, questionam também os países de origem, especialmente os Estados, por sua incapacidade de inclusão social e participação política.

Na perspectiva dos imigrantes, sua principal demanda diz respeito aos direitos humanos e à construção de uma vida digna. Isso não tem relação apenas com a demanda de acesso ao mercado de trabalho, mas sobretudo com a reivindicação de serem aceitos como iguais em termos de direitos e afastados das situações de discriminação e xenofobia.

A família e as redes sociais são o principal apoio dos migrantes. A criação de redes informacionais desempenhou papel fundamental na sustentabilidade desses apoios. As redes de informação e comunicação conectam crescentemente os migrantes entre si, com outras comunidades de migrantes, com os locais de origem, e a custos cada vez menores, o que facilita ainda mais o aumento da intercomunicação, além da construção de espaços e nódulos de comunicações "transterritoriais".

Os espaços da diáspora na rede são produto de iniciativas individuais, mas ao mesmo tempo de criação e fortalecimento de redes de organização de migrantes. O fator mais dinâmico dessas redes são os jovens que pertencem à geração da "cultura da tecnossociabilidade".

Finalmente, por ser multicultural também, esse processo informacional de reconstituição de identidades dá um sentido diferente à globalização, acentua suas tendências cosmopolitas e o fortalecimento de uma dinâmica intercultural, além de produzir reflexão sobre a necessidade de novas formas de transculturação em campos como o legal, o ético e o religioso, entre outros.

Na dinâmica dos conflitos e nas orientações globais da mudança, o papel desempenhado pelos migrantes é central, tanto pela emergência e o desenvolvimento de novas culturas autoritárias e xenófobas, quanto para a criação de orientações mais humanas e cosmopolitas.

6. O questionamento do patriarcado

Mudanças na família, a crise do patriarcado

A família constitui um dos eixos fundamentais da reprodução multicultural e social da sociedade-rede latino-americana, mas também das mudanças vividas por essa sociedade ao longo de suas complexas diversidades sociais, nacionais, regionais e políticas. Ela é um nó que, por sua vez, articula as mudanças estruturais e as mudanças individuais, com todas as consequências que isso tem para a vida cotidiana da própria família e de outras instituições fundamentais de socialização, como a escola.

As mudanças na família estão afetando sobretudo as mulheres e começando a questionar a organização de poder mais arcana e universal dessas sociedades: o patriarcado. Com isso, emergem novos protestos e reivindicações das mulheres que podem constituir um novo ator — ou atriz — histórico da sociedade-rede.

Em termos gerais, a "transição demográfica" é um tema central. Supõe-se que tenham ocorrido em todos os países uma diminuição da mortalidade e um aumento da expectativa de vida. De fato, há um crescimento do mercado de trabalho associado à manutenção do tempo de trabalho reprodutivo das mulheres. Nesse âmbito, o homem deixou de ser a fonte exclusiva de renda. Como mostram os dados que servem de base para essas tendências e para os exemplos empíricos que veremos adiante, a participação dos membros da família na geração de renda está crescendo e diversificando-se. Da mesma maneira, a idade quando do casamento ou união dos casais tende a aumentar, e a maternidade, a ser adiada. Além disso, as mulheres têm menos filhos que no passado. Essas tendências estão ligadas ao aumento do nível de educação.

Com tudo isso, a família patriarcal extensiva e/ou nuclear está se transformando num outro tipo de organização familiar mais aberta e complexa. Hoje, há famílias com menos filhos ou com filhos de pais diferentes (o número de separações também aumentou). Além disso, estatisticamente, o número de mulheres chefes de família está crescendo. Há famílias interdependentes, abertas e cambiantes: "os seus, os meus e os nossos".

Com tudo isso, as hierarquias na estrutura familiar mudam, de modo que não só se rompe o monopólio do conhecimento dos pais em relação aos filhos como também o pai, chefe de família, perde autoridade, e os vínculos tendem a ser mais horizontais. Assim, os processos de individualização e de tecnossociabilidade já reconfiguraram novos tipos de família.

Em síntese, as novas estruturas familiares acarretaram maior diversificação dos padrões de organização familiar, um processo de desinstitucionalização dos vínculos familiares tradicionais e o princípio de questionamento das hierarquias e das tradicionais divisões de trabalho familiar. Certamente o fenômeno não é homogêneo: há variáveis intervenientes, como os níveis de educação e a desigualdade de renda. Soma-se o fato de que as variações nacionais são significativas.

Num breve balanço analítico baseado nos estudos de Irma Arriagada, de Eugenio Gutiérrez e Paulina Osorio e de Teresa e Ximena Valdez sobre as tendências mencionadas em cada uma das dimensões analisadas, empiricamente verificam-se algumas tendências.

1. *Queda do tamanho das famílias.* A consequência mais evidente do descenso da fecundidade é a diminuição do tamanho das famílias. Só entre 1987 e 1999 esse fenômeno foi observado nos dezessete países latino-americanos sobre os quais há informações disponíveis. A heterogeneidade das situações nacionais segue evoluções históricas diferentes e, como já foi mencionado, essas evoluções refletem-se em etapas distintas da transição demográfica. O Uruguai registra o menor tamanho médio das famílias (3,2 pessoas, em 1999), e Honduras está no extremo

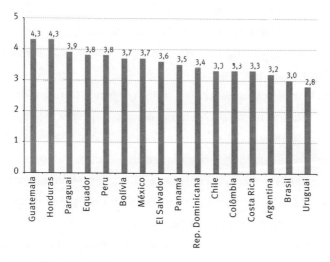

Figura 6.1. **Tamanho médio das famílias urbanas, segundo quintis de renda**
América Latina, c. 2014 (em número de pessoas por família)

Fonte: Elaboração própria a partir da base de Cepalstat, 2018.

oposto (4,8 pessoas por família, no mesmo ano). Dados da Cepal para 2014 mostram que, em ambos os países, o número médio de membros por família diminuiu nas zonas urbanas, mas eles seguem ocupando as mesmas posições relativas.

2. *Diferenças socioespaciais.* A diminuição da fecundidade é maior nas zonas urbanas que nas rurais. Além disso, a fecundidade é maior nos estratos econômicos mais baixos que nos mais altos, e as mulheres com nível educacional mais elevado costumam ter um número médio menor de filhos que as mães com nível educacional inferior. Portanto, as zonas geográficas, o estrato socioeconômico e o nível educacional têm efeitos diferenciais sobre o tamanho e a composição da família. Em suma, o tamanho médio da família reduziu-se em virtude do adiamento da primeira união, da diminuição do número de filhos e do maior espaçamento entre eles, de maneira que, na atualidade, as famílias têm menos filhos e a diferença de idade entre eles é maior. No plano familiar, o menor número de filhos significa um descenso no trabalho reprodutivo, doméstico e de socialização realizado pelas mulheres, que pode se expressar, em primeiro lugar, num aumento das opções de trabalho e da autonomia.

3. *As rendas.* O tamanho da família depende também do seu nível socioeconômico. Um indicador muito preciso é a magnitude de rendas da família, e mais específico ainda é o quintil de renda ao qual pertence cada família. Comparando as famílias urbanas pertencentes aos 20% inferiores de renda (quintil 1) ou aos 20% das famílias mais ricas (quintil 5), evidencia-se uma importante diferença no tamanho delas. Em Honduras e Guatemala, as famílias do quintil de menor renda têm, em média, dois integrantes a mais que as famílias mais ricas. Em

O *questionamento do patriarcado* 149

contrapartida, a menor diferença entre quintis de renda ocorre na República Dominicana: 0,9.[1]

Essas diferenças também obedecem, portanto, a distintos valores culturais concernentes ao tamanho ideal da família. Assim, os países nas diferentes etapas da transição demográfica mostram, em média, tamanhos similares de família, com uma tendência geral de quanto mais avançada é a transição demográfica (por exemplo, na Argentina e no Uruguai), menor é o tamanho médio das famílias.

A imagem mais tradicionalmente associada à família do início do século passado corresponde a um espaço onde convivem avós, pais e filhos, junto com tios, primos e outros parentes de segundo grau. Esse modelo das famílias extensas é cada vez menos frequente, posto que elas diminuíram na metade dos países, e em 1999 flutuavam entre 11% (Argentina) e 31% (Venezuela). Da mesma forma, as famílias urbanas compostas, que agregavam pessoas não relacionadas por laços de parentesco ao grupo familiar, também diminuíram, oscilando entre 0,2% no México e 5,2% em Honduras, no mesmo ano. O processo de migração da população rural mais jovem para a cidade em busca de novas oportunidades de trabalho a partir da década de 1950, sobretudo das jovens que formam a maioria do trabalho doméstico remunerado nas cidades, modificou a família estendida e também a composta, ao mesmo tempo que fomentou a transformação das famílias nucleares em grupo predominante. Hoje isso também mudou.

4. *Aumento das famílias unipessoais.* Os processos de individualização evidenciam-se no aumento das famílias unipessoais, ou seja, das pessoas que não vivem com familiares por opção. Essa alternativa é mais comum entre a população jovem que conta com recursos econômicos suficientes.

Entre 1987 e 1999 aumentou o número de pessoas que vivem sozinhas, como os adultos mais velhos, sobretudo as mulheres viúvas — dada a sua maior expectativa de vida — que contam com recursos econômicos (aposentadorias ou pensões por viuvez). Nesse grupo também é possível encontrar jovens de ambos os sexos que resolvem adiar o casamento e contam com recursos econômicos próprios, que permitem que morem sozinhos. De fato, as famílias unipessoais aumentaram nas zonas urbanas: em média, 7,9% dos latino-americanos viviam sozinhos em 1999, enquanto essa porcentagem chegava a 11,8% em 2014. O maior crescimento do número de lares unipessoais nesse período ocorreu na Colômbia: 6,7% em 1999 contra 14,5% em 2014. O país com maior número de lares unipessoais nos mesmos dois anos foi o Uruguai.[2]

Em alguns países que contam com informação proveniente de pesquisas de demografia e saúde, é possível constatar que durante a última década ocorreu um aumento da porcentagem de mulheres de trinta a 34 anos que se mantinham solteiras (Bolívia, Equador, El Salvador e República Dominicana), e ao mesmo tempo aumentou a porcentagem de mulheres de 45 a 49 anos separadas nos sete países que dispõem de informação, o que se reflete na Tabela 6.1.

5. *As famílias com chefia feminina.* Um dos fenômenos mais importantes e visíveis ligados à estrutura familiar é o aumento das famílias monoparentais, com chefia quase exclusivamente feminina. Tradicionalmente, as aferições dos censos e pesquisas estabeleceram que, dentro do núcleo conjugal, chefe de família é a pessoa reconhecida como tal pelos demais membros da família, sem considerar o processo real de tomada de decisão, a composição e o tamanho do aporte financeiro. Dadas as

Tabela 6.1. Evolução do estado civil das mulheres de 30-34 anos e de 45-49 anos
Países selecionados da América Latina, c. 1989 e 1998

País	Ano	30 a 34 anos					45 a 49 anos				
		Nunca se uniu	Casada	União consensual	Viúva	Divorciada e separada	Nunca se uniu	Casada	União consensual	Viúva	Divorciada e separada
Bolívia	1989	8,3%	75,8%	9,4%	1,4%	5,2%	4,1%	74,5%	5,9%	7,1%	8,5%
	1998	9,3%	65,6%	17,3%	1,0%	6,8%	3,7%	70,5%	9,1%	5,2%	11,5%
Brasil*	1986	10,5%	71,1%	11,2%	0,6%	6,6%	4,6%	74,0%	8,7%	4,1%	8,6%
	1996	10,2%	65,7%	14,9%	1,0%	8,2%	6,2%	67,7%	10,1%	4,3%	11,8%
Colômbia	1986	15,5%	49,1%	25,0%	2,3%	8,2%	4,6%	57,6%	16,6%	8,6%	12,6%
	2000	14,5%	37,2%	33,3%	1,5%	13,6%	7,6%	42,5%	21,3%	7,0%	21,5%
Equador	1987	8,1%	58,9%	26,5%	0,8%	5,7%	2,7%	60,1%	19,6%	6,2%	11,3%
	1999	11,5%	55,2%	23,4%	0,8%	9,2%	5,1%	57,4%	17,2%	5,0%	15,3%
El Salvador	1985	4,3%	38,2%	41,5%	2,2%	13,9%	3,2%	35,1%	33,4%	7,5%	20,8%
	1998	8,1%	38,1%	37,2%	1,2%	15,4%	3,5%	43,7%	24,1%	6,6%	21,9%
Peru	1978	10,9%	65,1%	15,8%	1,4%	6,8%	5,2%	66,0%	13,2%	7,3%	8,3%
	1996	10,7%	49,5%	31,3%	1,1%	7,3%	4,3%	64,7%	15,5%	5,0%	10,4%
Rep. Dominicana	1986	4,6%	32,3%	46,0%	1,4%	15,8%	1,6%	40,5%	33,2%	5,8%	18,9%
	1996	5,4%	35,7%	42,8%	0,7%	15,4%	1,1%	38,9%	33,9%	3,6%	22,5%

* 40 a 44 anos

limitações dessa definição de chefia familiar, e para evitar seu viés sexista, foi proposta a consideração simultânea de chefia feminina/masculina de fato e de direito,[3] assimilando o conceito de direito a esse que é habitualmente empregado em censos e pesquisas, e o conceito de fato ao que é determinado pela maior contribuição para a renda familiar. Ao fazer isso, observam-se interessantes relações entre ambos os tipos de chefia feminina da família.

Para além do tipo de chefia feminina, o aumento de seu peso relativo dentro do total de famílias é notável. Em 1999, 26% das famílias latino-americanas urbanas eram encabeçadas por uma mulher; em 2014, a proporção tinha crescido dez pontos percentuais: 36%. No caso das famílias monoparentais encabeçadas por mulheres, a porcentagem aumentou, nas zonas urbanas, de 9,6 para 11,5.[4] Observa-se, ainda de maneira muito incipiente, um leve aumento das famílias monoparentais de chefia masculina, ou seja, de pais que vivem sozinhos com os filhos, embora representem um número bem reduzido de casos. Sem dúvida, ambas as situações dão conta de novos modelos de família que, além de contar com um número menor de adultos, evidenciam a existência de novos arranjos familiares e a necessidade de adequar os serviços de apoio a essas novas realidades.

Em termos gerais, é possível inferir que, embora a carga total do trabalho de socialização tenha decrescido com a redução do número de filhos por família, também diminuiu o número de adultos encarregados dessa socialização. Isso é especialmente visível no caso das mulheres que, numa quantidade apreciável de famílias, são responsáveis pelo cuidado das crianças. Mas sobretudo, com o aumento da frequência de

O questionamento do patriarcado 153

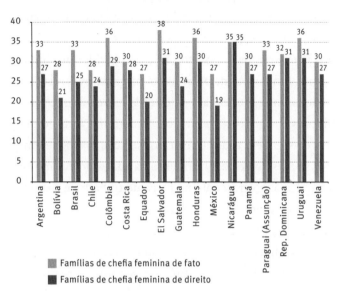

Figura 6.2. Famílias com chefia feminina de fato e de direito
América Latina, c. 1999 (%)

■ Famílias de chefia feminina de fato
■ Famílias de chefia feminina de direito

Fonte: Elaboração própria a partir da base de dados de Arriagada, "Transformaciones sociales y demográficas de las familias latino-americanas", 2004.

separações e divórcios, surgiram as famílias complexas, como um novo e crescente fenômeno na região. Essas famílias podem ser resultado de divórcio, anulação do casamento, viuvez ou ruptura da convivência de fato, além da constituição de novos vínculos. Contudo, as categorias estatísticas usadas nas pesquisas impedem a medição da magnitude do fenômeno, considerando-as como famílias nucleares biparentais. O Uruguai, por exemplo, onde a lei do divórcio foi aprovada no início do século xx (1907-13), apresenta um crescimento contínuo dos divórcios, mas com aumento muito acentuado nas últimas décadas, especificamente a partir dos anos 1980.[5]

6. *Famílias complexas.* O aumento das famílias complexas poderia contribuir para mascarar a diminuição do tamanho das famílias, posto que nelas é possível encontrar a formação de casais que desejam ter filhos em sua nova união, além dos filhos já existentes que se somam, e cuja diferença de idade aumenta. Em termos de parentesco, surgem novas relações não completamente tipificadas e que ainda não contam com denominações e registros adequados. As famílias a cargo de mulheres existem em todos os estratos sociais, mas refletem processos sociais diversos. O aumento da educação das mulheres, sua participação crescente na força de trabalho e o aumento das taxas de divórcio e separação durante a segunda metade do século xx influíram nas mudanças do padrão de composição das famílias. Contudo, as condições são diversas para os diferentes estratos sociais. Entre os setores de maior renda, as famílias a cargo de mulheres são resultado do aumento da taxa de divórcios e do processo de envelhecimento (mulheres mais velhas que vivem sozinhas). Por outro lado, são os setores com as menores rendas que sofrem os efeitos das políticas macroeconômicas e da crise na prestação de serviços sociais: as políticas distributivas regressivas a partir das ditaduras da década de 1970, seguidas pelas políticas de ajuste neoliberal durante a década de 1980 e especialmente durante a de 1990, implicaram um aumento do desemprego e do subemprego dos trabalhadores masculinos, menos segurança no trabalho e uma crise na prestação de serviços sociais. A pressão sobre as famílias foi inegável e generalizada, e teve como efeito um número maior de mulheres procurando trabalho para sustentar seus filhos. De fato, como mostra Rosa Geldstein,[6] o número de mulheres em situação de pobreza que se transformaram nas

O questionamento do patriarcado

principais provedoras da família é maior que o de mulheres "chefes de família". Há grande número de famílias com homens desempregados, nas quais as mulheres são as provedoras econômicas, ainda que não sejam reconhecidas como "chefes". Entre os setores mais pobres da população, por sua vez, é possível considerar que o aumento da proporção de famílias com "chefia feminina" é uma indicação da feminização da pobreza. O padrão de discriminação por gênero na força de trabalho e o peso da responsabilidade doméstica das mulheres indicam que a situação de dupla/tripla responsabilidade das mulheres em situação de pobreza é socialmente inviável e moralmente incorreta. Destaca-se também o grau de conflito no casal a que estão expostas as mulheres que encabeçam suas famílias nas regiões metropolitanas, o que provavelmente influiu de maneira relevante na própria constituição desse tipo de unidade doméstica. Ganha, assim, relevância especial o fato de que as relações das "chefes" com seus (suas) filhos(as) sejam similares às que prevalecem no resto das famílias. A partir disso, conclui-se que a importante carga de trabalho que sobrecarrega as mulheres, seu maior poder de decisão e o fato de estarem expostas a um grau maior de violência dentro do casal não se traduzem numa desvantagem sensível para os(as) filhos(as) no que diz respeito à forma como os conflitos intrafamiliares são enfrentados.

7. *Individualização diferenciadora.* Segundo os analistas já citados, observa-se uma crescente desigualdade e ampliação das diferenças em decorrência dos processos produtivos liderados pela transformação socioeconômica produzida pela inserção na globalização, que, por não oferecer oportunidades de emprego estável, em virtude da transformação das ocupações, do imperativo de flexibilidade e da intensificação da competição,

provoca o aumento do fosso da desigualdade entre famílias pobres e ricas.

Assim, as maiores expectativas de consumo geram o superendividamento das famílias: a expansão econômica permite melhorar o acesso de amplos setores da população a bens de consumo dos quais estavam excluídos (casa própria, TV em cores, telefone celular, geladeira); contudo, o consumo maior implica recorrer a níveis de endividamento excessivos, o que acarreta um custo psicológico que tem consequências sobre as relações intrafamiliares. Aumentou o fosso de frustração entre os desejos crescentes de consumo e as possibilidades reais de obter os bens desejados. O trabalho remunerado feminino implica uma sobrecarga de trabalho para a mulher, que tenta compatibilizar interesses familiares e interesses pessoais; embora a inserção da mulher no mercado de trabalho tenha gerado uma provisão econômica compartilhada pela família e, portanto, melhoria nos padrões de vida familiar, isso não significou uma divisão mais equitativa da responsabilidade pelas tarefas domésticas não remuneradas, nem tampouco uma melhoria das oportunidades de autonomia e desenvolvimento para as mulheres.

A integração ao mercado e a individualização produzem, por um lado, um grave pessimismo, decorrente da insegurança gerada pelas condições de instabilidade no trabalho de caráter estrutural, que condicionam crescentes desigualdades na distribuição dos recursos; por outro, geram um risco para a integração das famílias. A explosão de imagens e a dissipação estética dos centros de consumo carregam a visão das mulheres jovens de expectativas que não podem ser alcançadas. O debilitamento da esfera pública e o déficit de sentido para

O questionamento do patriarcado 157

compreender a rapidez das mudanças também afetam a inserção das mulheres nesses espaços. Pelo lado otimista, a individualização produz inclusão tecnológica, abre espaços de ação e comunicação, de novos saberes e novas opções na política.

8. *A violência contra as mulheres*. Esse é um traço estrutural e histórico na América Latina e no Caribe, independentemente de suas multiculturalidades e estruturas sociais. Por exemplo, segundo um estudo promovido pela Opas, Organização Pan-Americana da Saúde,[7] essa violência é generalizada no continente, e os autores apontam que, segundo a maioria das pesquisas, entre um quarto e metade das mulheres havia sofrido violências em sua família. Da mesma forma, a agressão emocional e a generalização de comportamentos controladores por parte dos companheiros são comuns em toda a região.

O estudo menciona também que a violência está associada ao consumo de álcool e drogas, o que certamente afeta a saúde física e mental das mulheres. O fenômeno torna-se ainda mais crítico e complicado com a iniciação sexual precoce e forçada, além da exposição das meninas à violência, com efeitos intergeracionais negativos. Os dados analisados adiante são eloquentes. Com base nessas tendências estruturais da família e das mulheres, é possível observar mudanças nas subjetividades, nas formas de ação coletiva das mulheres e na própria sexualidade no conjunto das sociedades, tema que será retomado no capítulo sobre os novos movimentos sociais.

7. A crise da Igreja católica e a nova religiosidade

UM DOS PARADOXOS MAIS INTERESSANTES suscitados pela tecnoeconomia de informação e comunicação e pela transformação multicultural global é que as mudanças associadas à individualização não só secularizaram mais as sociedades como também reativaram a multirreligiosidade de maneira ampla, diversa e muitas vezes enigmática.

Assim, a religiosidade cresceu em escala mundial, segundo dados de Zeev Maoz e Errol Henderson,[1] de 83% para 89%, entre 1980 e 2010. Dados mais recentes, do World Values Survey, mostram que, nos períodos 2004-09 e 2010-14, a proporção de pessoas que consideram a religião muito importante cresceu em países e regiões como Índia, Ucrânia, Hong Kong, Taiwan e Alemanha, mas caiu na Espanha, Austrália, Romênia, Turquia, Estados Unidos e Iraque, entre outros. O Gallup International, por sua vez, aponta que, em 2017, 62% das pessoas se consideravam religiosas, porcentagem similar à de 2015 (63%), porém três pontos percentuais maior que a de 2012 (59%).

Nesse âmbito, as religiões que mais cresceram entre 1990 e 2010 foram a muçulmana (5 pontos percentuais), a hinduísta e a sikh (3 pontos percentuais) e outras igrejas cristãs (2 pontos percentuais). As que decresceram foram a católica (1 ponto percentual) e sobretudo a classificação "sem religião" (3 pontos percentuais).[2]

A situação é mais complexa na América Latina e evoluiu rapidamente desde 2010, embora confirme o dado básico, ou seja, a redução do peso da Igreja católica, religião ainda predominante tanto em número de fiéis quanto na intensidade da prática religiosa. No âmbito mundial, a religião católica passou de 19% da população em 1980 a 15% em 2010. Na América Latina, entre 1990 e 2010, a proporção de católicos diminuiu 17%, enquanto outras igrejas cristãs (sobretudo pentecostais, mas também diversas igrejas protestantes) aumentaram sua influência em 12%. A tendência acentuou-se a partir de 2010. Assim, segundo a fonte mais confiável entre uma multidão de dados contraditórios, a Latinobarómetro, a proporção de católicos caiu de 67% para 60% entre 2013 e 2017, uma queda insolitamente brusca. Já a proporção de protestantes cresceu moderadamente, de 15% para 19%, embora as variações por país invalidem o cálculo global, e a proporção de evangélicos chegou a quase metade da população em toda a América Central, à exceção de Costa Rica e Panamá, e a 27% no Brasil, em 2017. Entretanto, o aumento mais substancial em termos proporcionais ocorreu na categoria denominada "sem filiação", que passou de 12% em 2013 para 17% em 2017. Novamente é preciso ir mais fundo para entender o que se passa, pois dentro dessa categoria aparecem, de um lado, os agnósticos e ateus, que no Chile e no Uruguai cresceram quase 40%, e, do outro, as religiões afro-brasileiras ou sincréticas, que representam 10% dos que se declaram sem filiação.[3]

As razões dessa crise específica da Igreja católica são diversas e inter-relacionadas. Mas os estudos realizados pelos próprios círculos de pensamento católico apontam causas bastante concretas, presentes com ênfases variáveis em todos os países.[4] Em primeiro lugar, a tradicional conivência da hierarquia eclesiástica

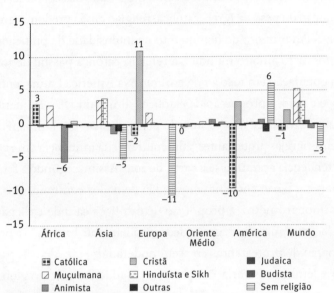

Figura 7.1. Modificações nas distribuições religiosas conforme os continentes, 1990 e 2010 (%)

Fonte: Z. Maoz e E. A. Henderson, "The World Religion Dataset, 1945-2010: Logic, Estimates, and Trends", 2013.

com as elites dominantes em todos os países. Conforme denunciou Nicolás Antonio Castellanos Franco, bispo de Palência, Espanha, que se converteu em missionário na Bolívia em 1991, os bispos "vivem em seus palácios" — crítica que o papa Francisco I reiterou em sua primeira visita ao Brasil, diante de uma assembleia de bispos, admoestados por ele. Essa falta de testemunho cristão, em contraste com o ativo proselitismo das várias igrejas evangélicas nos bairros populares, foi a primeira rachadura por onde a credibilidade da Igreja católica começou a desmoronar, apesar da dedicação pastoral de muitos sacerdotes e religiosas, com pouco apoio da cúpula da Igreja.

Tabela 7.1. Principais religiões por país. América Latina, 2013 e 2017 (%)

País	2013					2017					Variação 2013-2017				
	Católica	Evangélica	Nenhuma, ateu, agnóstico	Outras religiões	Não respondeu, não sabe	Católica	Evangélica	Nenhuma, ateu, agnóstico	Outras religiões	Não respondeu, não sabe	Católica	Evangélica	Nenhuma, ateu, agnóstico	Outras religiões	Não respondeu, não sabe
Argentina	77%	7%	13%	3%	0%	66%	10%	21%	3%	0%	−11	3	8	0	0
Bolívia	76%	17%	5%	1%	1%	73%	20%	4%	4%	1%	−3	3	−1	3	0
Brasil	63%	21%	11%	4%	1%	54%	27%	14%	5%	1%	−9	6	3	1	0
Chile	56%	13%	25%	5%	1%	45%	11%	38%	4%	2%	−11	−2	13	−1	1
Colômbia	75%	3%	8%	14%	0%	73%	14%	11%	2%	1%	−2	11	4	−12	1
Costa Rica	62%	21%	9%	6%	3%	57%	25%	15%	2%	1%	−5	4	6	−4	−2
Equador	81%	12%	4%	2%	1%	77%	14%	7%	1%	1%	−4	2	3	−1	0
El Salvador	54%	31%	10%	4%	1%	39%	28%	30%	2%	1%	−15	−3	20	−2	0
Guatemala	47%	40%	9%	3%	1%	43%	41%	13%	2%	1%	−4	1	4	−1	0
Honduras	47%	41%	9%	2%	0%	37%	39%	21%	2%	1%	−10	−2	12	0	1
México	79%	3%	7%	10%	1%	80%	5%	11%	3%	1%	1	2	4	−7	0
Nicarágua	47%	37%	12%	3%	0%	40%	32%	25%	3%	1%	−7	−5	13	0	1
Panamá	72%	19%	4%	4%	1%	55%	24%	16%	1%	4%	−17	5	12	−3	3
Paraguai	88%	8%	2%	2%	0%	89%	5%	4%	2%	0%	1	−3	2	0	0
Peru	77%	10%	5%	7%	1%	74%	12%	8%	5%	1%	−3	2	3	−2	0
R. Dominicana	65%	18%	12%	5%	1%	48%	21%	28%	2%	1%	−17	3	16	−3	1
Uruguai	41%	8%	38%	13%	1%	38%	7%	41%	14%	1%	−3	−1	4	1	0
Venezuela	79%	13%	6%	2%	1%	67%	18%	13%	2%	0%	−12	5	7	1	−1
América Latina	67%	15%	12%	5%	1%	60%	19%	17%	3%	1%	−7	4	5	−2	0

Fonte: Elaboração própria a partir da base de dados de Latinobarómetro.

O segundo fator foi e é a falta de capacidade da Igreja católica de situar-se na cultura do terceiro milênio. As transformações na sexualidade dos jovens, na diversidade sexual e nos direitos das mulheres, sobretudo no que diz respeito ao aborto, tornaram insustentável o comportamento dogmático e intolerante da Igreja católica, que continuou presa a um mundo medieval, especialmente quando se vê que o sexismo patriarcal congênito da hierarquia eclesiástica continua a marginalizar e discriminar as mulheres no seio da Igreja. O patriarcado está desmoronando em todas as esferas da sociedade, exceto na Igreja católica, e portanto quem desmorona é a própria Igreja.

Por fim, os abusos sexuais generalizados praticados por sacerdotes católicos, e mais ainda seu acobertamento e proteção sistemática por parte da cúria, desgastaram gravemente a credibilidade da instituição, causando indignação em amplos setores católicos, inclusive o próprio papa, mas sua reação foi tardia. Um dado irrefutável: no Chile, em 2011, após a revelação dos abusos sexuais cometidos por Fernando Karadima, padre homossexual tristemente famoso, amigo de Pinochet, acobertado pelo bispo de Osorno, a proporção de católicos diminuiu bruscamente, de 60% em 2011 para 38% em 2017, sobretudo entre os jovens. Diante das censuras do papa em sua visita ao Chile em 2017, a única resposta dos bispos chilenos foi a demissão em bloco de todos eles. Podia parecer que estavam assumindo a responsabilidade, mas na realidade os bispos estavam cerrando fileiras contra a censura papal; mesmo assim o papa penalizou alguns deles por acobertamento.

Norberto Strotmann, bispo de Chosica, no Peru, e filósofo ilustre, escreveu em 2007 um texto impactante sobre a irrefreável crise do catolicismo na América Latina, com base nos

A crise da Igreja católica e a nova religiosidade 163

debates que tiveram lugar na reunião dos bispos de toda a América Latina, no âmbito da Conferência de Aparecida, no Brasil. Numa das passagens do texto, ele aponta: "Quinhentos anos de monopólio religioso católico nos deixaram sem argumentos e sem criatividade diante de sociedades latino--americanas que já não enxergam a Igreja católica como centro de sua institucionalidade e desenvolvimento. E onde a Igreja católica já não é única (nem necessariamente a mais atraente) no espectro religioso latino-americano".[5]

A questão-chave é, portanto, a debilidade institucional e a queda da religiosidade católica na América Latina, em favor do crescimento de outras igrejas cristãs, por um lado, e de um comportamento agnóstico, por outro. Essa dupla erosão da tradicional hegemonia da Igreja católica fica ainda mais nítida em termos de idade e educação. Quanto maior é a idade, maior é a fidelidade ao catolicismo. Da mesma forma, o nível social, medido por grau de instrução, correlaciona-se positivamente ao catolicismo. Em compensação, o grosso dos fiéis das igrejas evangélicas vem de setores com nível mais baixo de educação e de renda, enquanto os jovens são o grupo que se distanciou em massa do catolicismo e que se declara agnóstico com maior frequência. Esse processo de secularização juvenil é massivo e novo no Chile, e acentuou-se em todos os países onde já ocorria anteriormente, sobretudo Argentina e Uruguai. A Igreja católica mantém sua influência nas zonas rurais tradicionais, mas sua presença diminui nas grandes metrópoles latino-americanas, cujas periferias informais são o principal ambiente de recrutamento das igrejas evangélicas, e onde as novas classes médias formam os grupos mais inclinados a abandonar a religiosidade, em termos tanto de filiação quanto de prática religiosa.

É nas grandes cidades que se dá o maior confronto entre a inserção da hierarquia católica nas elites sociais e a pouca importância que a Igreja católica dá ao trabalho de apostolado social, que implicaria a defesa dos direitos e interesses dos setores populares contra o poder estabelecido. Sendo assim, uma projeção citada na Conferência Episcopal de Aparecida, em 2007, apontava para o horizonte de 2035, quando a proporção entre católicos e evangélicos/protestantes se igualaria em torno de 41% para cada um, enquanto os "sem filiação" ficariam com 16%.[6]

A crise da Igreja católica na América Latina é inseparável da crise de legitimidade dessa instituição em seu conjunto, envolta em escândalos e lutas internas de poder que vieram à tona nas últimas quatro décadas. No centro desses processos autodestrutivos encontra-se a cúria cardinalícia, que tenta controlar os aparatos da Igreja a partir do Vaticano e resiste contra a perda de poder. As investigações de múltiplos países sobre o acobertamento dos abusos sexuais sistêmicos, em catecismos, colégios religiosos e orfanatos, costumam levar à figura de algum cardeal bem relacionado com a cúria, confirmando o dito popular de que "todos os caminhos levam a Roma". E no coração das intrigas da cúria sempre esteve o banco do Vaticano, atualmente em processo de reforma por iniciativa do papa Francisco I. O mundo está cheio de reportagens jornalísticas, livros e filmes, mais ou menos fidedignos ou sensacionalistas, que devem ser vistos com certo distanciamento pelo pesquisador. No entanto, a título de lembrete, e sem entrar profundamente no tema, indicamos alguns pontos-chave que demonstram que a crise do catolicismo latino-americano deve ser situada num contexto mais amplo.

A crise da Igreja católica e a nova religiosidade 165

Basta lembrar a falência do Banco Ambrosiano, fachada do banco do Vaticano, seu principal acionista em 1982, e a fuga de Roberto Calvi, dirigente da loja maçônica P2 e presidente do banco, que foi assassinado em seguida, em Londres, para que não revelasse as conexões com a loja e, através dela, com a máfia siciliana, que utilizava o banco para lavar seus ganhos. De fato, o Vaticano aceitou sua "responsabilidade moral" na quebra do banco e pagou 224 milhões de dólares aos acionistas. Em 1974, surgiu outro banco também num momento de falência, o National Franklin Bank, que tinha uma participação no banco do Vaticano e era controlado por Michele Sindona, chefe da máfia envenenado na prisão antes que a investigação progredisse. Bento XVI tentou limpar a gestão do banco do Vaticano nomeando um amigo banqueiro de sua confiança, Ettore Gotti Tedeschi, com quem elaborou uma lei de controle da lavagem de capitais, em 2010. Obteve um sucesso apenas parcial, segundo Tedeschi, por causa da oposição da cúria, particularmente pela hostilidade do diretor de finanças do Vaticano, o cardeal australiano George Pell, que finalmente teve de regressar a seu país para enfrentar um julgamento por abusos sexuais de menores; interessante a conexão entre os dois temas tabus do Vaticano. Tedeschi foi substituído por Ernst von Freyberg. A última decisão de Bento XVI antes de renunciar, em 2013, foi destituir Freyberg e reivindicar um controle mais firme das práticas de lavagem de dinheiro que, segundo informações fidedignas e publicadas, fizeram do Vaticano o oitavo paraíso fiscal do mundo em volume de operações, e do banco do Vaticano um canal eficiente para essa prática. Assim que ascendeu ao papado, Francisco I retomou a reforma no ponto em que havia sido deixada por Ratzinger, nomeando um novo diretor, o empresário francês Jean-Baptiste de Franssu, sem consultar a cúria, e mandando fechar 5 mil contas suspeitas do banco do Vaticano. Não bastou: em novembro de 2017, o subdiretor do banco, Giulio Mattieli, próximo da hierarquia eclesiástica, foi demitido com a concordância de Francisco I.

Qual é o significado desse rosário de escândalos e intrigas de poder em torno das finanças da Igreja católica? É que não se trata apenas dos bispos que "vivem em seus palácios", mas do fato de que a Igreja misturou seus interesses com aqueles do capitalismo financeiro e participou das práticas especulativas e de lavagem de dinheiro que caracterizam alguns segmentos do sistema financeiro. E, como a economia criminal e a corrupção dos governos são componentes essenciais da lavagem de capitais em larga escala, diversos grupos buscaram a colaboração da Igreja em seus negócios, provavelmente com a concordância implícita de parte da burocracia vaticana. É provável também que nesses acordos tenham usado de chantagem contra os prelados. É muita casualidade que um pretenso abusador sexual como Pell fosse, ao que tudo indica, um obstáculo para a reforma do Instituto de Obras Religiosas, do alto do seu cargo de diretor de finanças. E, se tais conluios parecem sistêmicos, seria lógico pensar que também afetaram a Igreja na América Latina, que vive num contexto de ilegalidade e corrupção. E ganha certa credibilidade, por exemplo, a hipótese de que o arcebispo de Guadalajara tenha sido assassinado pelo narcotráfico porque estava prestes a revelar a infiltração dos cartéis na Igreja. Como uma Igreja penetrada por interesses financeiros globais e exposta a um mundo de corrupção e lavagem de dinheiro pode conservar não apenas a credibilidade, mas também sua cultura ética?

A crise da Igreja católica e a nova religiosidade   167

As consequências da profunda crise da Igreja católica na América Latina vão além dos próprios interesses corporativos da instituição e de seus fiéis incondicionais, porque o que está se dissolvendo é uma comunidade de valores que foi e ainda é, em parte, um instrumento essencial de coesão social, de alívio do sofrimento, de refúgio e de esperança. Em sociedades nas quais a violência, o individualismo extremado e o niilismo envolvem o cotidiano da maioria, a perda gradual daquilo que a Igreja católica representava agrava a decomposição social e o desespero pessoal. Decerto há alternativas de religiosidade e também de espiritualidade agnóstica, tal como documentamos em nossa análise; porém, em virtude de sua novidade histórica, a reconstrução de valores ético-religiosos se dá de forma fragmentada e comunitarista, em comunidades específicas, e, portanto, reforça as tendências culturais gerais para o distanciamento dos mundos próprios de cada um e, em última instância, para a fratura do tecido social fundado na convivência a partir de valores comuns.

Assistimos, então, à degradação da convivência multicultural, da ética do respeito ao outro, qualquer que seja sua crença, como valor compartilhado. Um exemplo paradigmático está na economia criminal, que afetou o mundo religioso popular. Assim é, por exemplo, o caso dos "Cavaleiros Templários" de Michoacán, México, que combinam a atividade do narcotráfico ao uso global de redes de informação, a uma violência letal no território e a uma espécie de integração religiosa familiar nos bandos de traficantes.

Daí a transcendência para a América Latina da possibilidade de uma reforma profunda da Igreja católica, que preserve sua capacidade de integração social, tal como, na contracorrente,

Francisco I tenta fazer. A Igreja católica, exposta a uma crise global, optou pela audaciosa eleição de Francisco I para enfrentar, a partir do poder de um líder carismático, os graves problemas mencionados, com uma determinada ênfase. Se o papa anterior pensava que a chave era a reforma interna da Igreja, o papa atual enfatiza os temas e questões externos a ela, sua relação com a sociedade. Não se trata apenas de deter a corrupção na Igreja como instituição, mas de revitalizar seu papel de reforma social e refúgio pessoal.

A hipótese que propomos aqui é de que tanto a crise de legitimidade da Igreja católica quanto suas consequências na subjetividade são expressões de uma crise ética global, que cria, assim, as condições para a emergência de uma liderança carismática que possa intervir e enfrentar de maneira complexa e combinada as duas questões. Nesse sentido, o carisma do atual papa é resultado dessa crise nos planos sociocultural e institucional. Quando os fundamentos institucionais da Igreja perdem legitimidade, quando a crise de convivência multicultural global é forte, ou a convivência intercultural é insuficiente, a demanda por um líder carismático como Francisco I é maior. Quem não muda perde, mas isso sempre comporta riscos.

O papa Francisco I possui uma espécie de dom que lhe outorga um poder inusitado. Ele criou uma ideia de comunidade emocional, desperta entusiasmo, é demandado pelas pessoas, avaliado e valorizado pelos centros de poder. O líder carismático inclui, protege, faz sacrifícios e exige sacrifícios. Transforma os sujeitos passivos em sujeitos ativos.

O carisma papal, exercido a partir do modesto convento de Santa Marta, tem como protagonista, portanto, um sacerdote jesuíta argentino, filho de imigrantes pobres e influenciado

A crise da Igreja católica e a nova religiosidade   169

pela cultura populista-peronista. Ele dá a impressão de que suas principais orientações político-sociais foram construídas com base nesses antecedentes. O elemento organizador de suas orientações, a nosso ver, está vinculado ao *habitus* dos jesuítas da América Latina, ou seja, à influência cultural acumulada no mundo da vida subjetiva e pessoal do próprio Francisco I.

A ideia de mediação dos conflitos em função de uma lógica ética baseada na paz e a ideia de comunidade cristã renovada seriam as principais diretrizes que permitiriam que se enfrentassem os desafios de uma secularização que poderia limitar a convivência humana. Na realidade, essa orientação pretende inovar uma oferta histórica da parte mais esclarecida da experiência da Companhia de Jesus.

E assim foi desde a ideia de "comunidade comunista" construída e reivindicada inicialmente pela utopia do mundo barroco jesuíta guarani,[7] ou do reconhecimento ilustrado das línguas originárias da região, como, por exemplo, a tradução e elaboração do primeiro dicionário aimará-espanhol, por Ludovico Bertonio, em 1612,[8] e os diversos projetos modernos de educação "ilustrada", impulsionados em todo o continente, associados a uma pedagogia da reflexão pessoal. Xavier Albó e Félix Layme, em texto introdutório ao livro, analisam o impacto dos jesuítas nas culturas andinas, até a Teoria da Libertação e várias outras propostas, e vinculam a ideia de modernidade com a de comunidade, ou com a reflexão entre espiritualidade e secularização.[9]

A comunidade é entendida aqui como construção de uma vida cotidiana em comum, incluindo uma construção autônoma e reflexiva das pessoas e uma secularização do tempo, na qual o tempo humano não está separado do tempo religioso nem do tempo ecológico, e em que já não existem certezas. É a partir daí que se colocariam para o mundo e para os pobres do mundo um novo tipo de ética e um novo tipo de institucionalidade, mais coerente e legítima que as atuais.[10] Embora ainda seja prematuro tirar conclusões a respeito da capacidade de agência do carisma papal, algumas tendências já são observáveis no cenário público.

Entre elas, vale a pena mencionar a relativa recuperação do prestígio da Igreja, associada: à promoção do diálogo inter-religioso; ao estabelecimento de acordos pontuais de paz, muito especialmente na Colômbia; à mediação política entre Estados Unidos e Cuba; ao claro apoio aos imigrantes pobres do Terceiro Mundo na Europa e nos Estados Unidos; ao apoio e simpatia por movimentos ecológicos globais. Da mesma forma, são particularmente significativas a recuperação e a promoção de uma lógica ética baseada na paz e na valorização da dignidade humana, sobretudo dos mais pobres, para enfrentar uma secularização consumista e hedonista que limita a convivência humana, destrói a natureza e não respeita os direitos dos animais. Contudo, a magnitude da crise institucional e a persistência de valores ultraconservadores e ultrapassados, muito arraigados na Igreja católica, assim como seus complexos vínculos com estruturas obscuras e diferenciadas de poder, não permitem inferir conclusões sobre as tendências mencionadas, dada a profundidade da crise global de valores. O mais significativo, porém, foi e é que a Igreja católica poderia voltar a ser um ator global proativo num momento decisivo para a humanidade e para a América Latina, ainda que dentro da necessária coexistência com as outras religiões majoritárias e com as outras igrejas cristãs que têm aumentado sua influência no mundo.

8. O poder da identidade: multiculturalidade e movimentos sociais

UMA DINÂMICA MULTICULTURAL PARTICULAR é a característica intrínseca da história latino-americana. Desde a origem, houve no continente variadas e densas relações multiculturais. No começo do período colonial, a população dos povos originários era de aproximadamente 100 milhões de pessoas. Na atualidade, são quase 45 milhões, numa população total de 538 milhões. O nível de autorreconhecimento cresceu sob a democracia, particularmente no período 2000-10. Estima-se que haja 896 povos originários na América Latina e no Caribe.[1]

A cultura aimará, por exemplo, foi heterogênea e dinâmica, como também o foram a cultura maia e a dos povos amazônicos. As culturas andinas apresentavam uma diversidade linguística em constante interação entre si e com as culturas amazônicas. A chegada dos europeus e o peso das diversas culturas espanholas ou portuguesas, elas mesmas multiculturais — como muito bem descreveu Carlos Fuentes em seu livro *O espelho enterrado* —, só tornaram mais complexos os tecidos e as dinâmicas multiculturais originárias. Trata-se de um multiculturalismo enriquecido, ademais, pela migração, também diversa, de populações de origem africana, árabe e asiática. Desde sempre, um crescente e particular tecido multicultural vivo e complexo alimenta o selo da identidade latino-americana. A origem desse mundo multicultural reflete-se muito bem no mito da diáspora dos irmãos Ayar: é a transumância que funda impérios.[2]

Com a colonização, vieram novas formas de dominação e poder em torno da produção mineradora e agropecuária, e elas não só aniquilaram povoações e se apropriaram de importantes recursos naturais, explicando em boa medida a acumulação original do capitalismo ocidental, como também destruíram, por exemplo, sistemas viários e culturas territoriais de manejo de solo, de movimentos populacionais e de armazenagem de alimentos que configuravam complexos sistemas reprodutivos.[3]

Com isso, instalou-se vigorosamente um padrão de estratificação social de tipo colonial, baseado na *hacienda* e na mineração e apoiado numa cultura de extração de recursos naturais de longa duração que moldou e ainda molda as relações sociais em toda a região ao longo do tempo. Mais precisamente, ao conformar dessa forma vários territórios, as elites latino-americanas criaram finalmente a marca de sua própria "distinção": uma ética rentista e um consumo imitativo e suntuoso. O padrão funcionou com base numa espécie de "dialética de negação do outro", em que o diferente (índio, negro, mulher, migrante etc.), uma vez diferenciado, era degradado para ser explorado e para legitimar religiosamente o poder desse sistema de estratificação.

É indubitável que, com base nesse tipo de estratificação e na cultura da negação do outro, se desenvolveram as diferentes resistências, lutas, movimentos culturais e sistemas multiculturais de convivência do continente, com matizes diversos e marcas locais e nacionais. Esses sistemas de interação, certamente vinculados às mudanças internacionais, passaram por

O poder da identidade

variações e superposições nas redes ou tecidos multiculturais regionais e nacionais do continente, ao longo dos diferentes períodos históricos. Essa é uma característica central da cultura política latino-americana.[4]

Justamente nesse marasmo cultural ou *chenko* ("desordem", em quéchua) histórico, a colonização gerou também novos modos de convivência e coexistência, como por exemplo o barroco latino-americano, que exprimiu novas formas de criação, tensões e questionamentos na e sobre a multiculturalidade dominante. No período colonial, expressaram-se dinâmicas de assimilação, mas também de resistência, criação e transformação das próprias dinâmicas do poder colonial ou neocolonial, às vezes com efeitos nos centros de poder.

O barroco guarani, por exemplo, fez vigorar a ideia de uma utopia social também no mundo ocidental, conforme reconhece o primeiro tomo da *História geral do socialismo*, de Jacques Droz. Por outro lado, o barroco de Potosí ou do México mostram caminhos distintos de convivência e enriquecimento cultural mútuo.[5] A religiosidade, em suas múltiplas manifestações regionais afro-lusitanas, também enriqueceu e complexificou "a cultura universal" com a força cultural de Brasil e Portugal. Mais tarde, as culturas do período colonial adquiriram novas dinâmicas com as migrações asiáticas, árabes e de diversas partes da Europa. As culturas territoriais ou nacionais de hoje expressam apenas parte ou superposições desse complexo e rico dinamismo.

No contexto de múltiplas culturas, um caso significativo de "universalismo" no plano político foram a revolução e a independência haitiana, no final do século XVIII. A Argentina é outro caso interessante de convivência multicultural relativamente bem-sucedida, graças à existência da escola pública, durante o século xx. A cultura *cimarrona* percorreu todo o continente e suas ilhas, e talvez por isso não nos surpreendamos ao ver que regiões distantes podem ter semelhanças culturais mais fortes entre si do que com os próprios centros culturais de poder. Um exemplo extremo são as migrações chinesas, tanto as antigas quanto as recentes, pois elas recriaram uma dinâmica multicultural em toda parte (como os dragões), particularmente em países como Peru, México, Panamá e Cuba. As pinturas de Wilfredo Lam são cubanas, chinesas, africanas e também beberam na fonte do cubismo de seu amigo Pablo Picasso e da força criativa que motivou o iluminismo da República espanhola, e que viajaram em seguida para Nova York, instalando o surrealismo nessa cidade. O mesmo se poderia dizer das pinturas do chileno Roberto Matta ou do mexicano David Alfaro Siqueiros.

No século xx, o regime de *hacienda* começou a ser questionado, e teve início a industrialização, com a qual surgiram os movimentos nacional-populares. A partir da Revolução Mexicana, os mexicanos passaram a investigar sua origem e, ao longo do século passado, também tentaram integrar o povo à nação através do Estado. Grande parte dos países latino-americanos buscou fazer com que os processos de integração social e de industrialização alimentassem um ao outro. O Estado transformou-se num parâmetro central de referência, não só do conflito político ou econômico, mas também do éthos cultural na vida dessas sociedades. É por isso que tantas vezes seu caráter e sua definição se mostraram polêmicos.[6]

O poder da identidade

A força da diversidade cultural: os movimentos dos povos originários e afro-brasileiros

Os processos de democratização e de inclusão na sociedade--rede que a região tem vivido nos últimos 36 anos foram acompanhados e enriquecidos por uma ativação qualitativamente superior dos povos originários e afrodescendentes, pelas dinâmicas "extraterritoriais" da emigração indígena internacional e pela força de novas "mestiçagens" culturais. Isso supôs, em particular na última década, uma nova criatividade "culturalmente estruturante" de identidades outrora excluídas ou negadas. O vetor desse dinamismo nascente são os novos movimentos socioculturais, como o do zapatismo entre os maias, dos camponeses interculturais na Bolívia, dos mapuches no Chile e dos afrodescendentes no Brasil.

A Figura 8.1 ilustra o dinamismo que mencionamos. Segundo estimativas da Cepal-Celade, uma população indígena de 44 795 758 indivíduos se agrupa em 896 povos originários. Os dados mostram o crescimento de uma subjetividade multicultural, que se enriqueceu e se tornou mais complexa com a migração de indígenas e "mestiços" para outros países da região, assim como para vários países europeus, em especial o Canadá e os Estados Unidos, gerando toda uma nova multiculturalidade, que por um lado reforça as culturas originárias em territórios "estrangeiros" e, por outro, enriquece e se enriquece com novas formas de interação, autonomia e produção cultural nos países de destino. Assim se criam novas dinâmicas, que se tornam cosmopolitas em escala global.

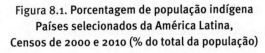

Figura 8.1. Porcentagem de população indígena
Países selecionados da América Latina,
Censos de 2000 e 2010 (% do total da população)

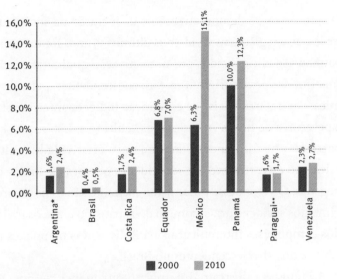

Notas: * Dados de 2000 correspondem a 2005, *Pesquisa complementar de povos indígenas*, 2004-05);
** Dados de 2010 correspondem a 2012, resultados preliminares do III Censo Nacional de População e Moradias de Povos Indígenas.
Fonte: Del Popolo (Org.), *Los pueblos indígenas en América (Abya Yala)*, 2018.

Uma particularidade dessas transformações culturais reside no fato de que seu fortalecimento está diretamente ligado à expansão e ao uso de redes de intercomunicação na internet. Entre 2000 e 2017, segundo um estudo da ONU,[7] o número de latino-americanos que migraram de seus países de origem aumentou de 24,8 milhões para 37,7 milhões. E nos países onde chegam conformam-se novos espaços de comunicação e criação cultural, como redes de identidade na diáspora. As redes de comunicação facilitam uma conexão cotidiana, para além de

O poder da identidade

177

espaço e tempo, a partir da qual as pessoas que se identificam com uma mesma cultura expandem sua capacidade criativa e se comunicam entre si. Nesse intercâmbio, elas fortalecem um reconhecimento cidadão e um pertencimento no mundo. A força dos novos movimentos de indígenas e afrodescendentes é impensável sem as redes de comunicação e sem o peso da cultura da diáspora, e vice-versa: a influência desses movimentos na cultura da diáspora é fundamental. Este é, porém, um tema que ainda impõe maiores investigações.

Dentro da dinâmica dos movimentos indígenas e afrodescendentes destacam-se quatro movimentos que exemplificam bem essa capacidade estruturante de identidades na região e que tendem a redefinir um multiculturalismo mais pluralista e intercultural: os zapatistas no México, os camponeses interculturais na Bolívia, o povo mapuche no Chile e os movimentos e protestos de afrodescendentes, que ganham uma particularidade no continente, sobretudo no Brasil.[8]

O zapatismo 2.0

A resistência e a mobilização de comunidades ou campos comunais (*ejidos*) de Chiapas e Oaxaca, de maioria indígena (tzeltales, choles e tzotiles), no Sul do México, no início da década de 1990, são uma referência para as novas mobilizações não somente nesse país mas também no âmbito latino-americano e global.[9] A mobilização é incompreensível quando não se considera a força do movimento zapatista no início do século passado e o peso histórico que teve, inclusive em âmbito internacional. Basta recordar os parágrafos de John Reed em *Dez dias que abalaram o mundo*, ao perceber no olhar dos bolcheviques que assaltavam o Palácio de Inverno a mesma luz que havia observado entre os camponeses revolucionários mexicanos. Assim como Zapata e Villa, que não quiseram ficar com o poder político na Cidade do México, os zapatistas contemporâneos não visavam à tomada do poder político por meio das armas, como os movimentos de libertação dos anos 1960, mas optaram por politizar a democracia e o desenvolvimento de maneira sui generis, a partir de suas identidades indígenas e comunitárias.

A mobilização zapatista procurava combinar demandas comunitárias renovadas, vinculadas à sua territorialidade e à melhoria de suas condições básicas de reprodução social, com demandas de reconhecimento cultural e participação democrática em escala nacional. Ao contrário de outros movimentos que surgiram posteriormente na região, não pretendia criar uma "nacionalidade maia", mas buscava o reconhecimento cidadão como maias no Estado mexicano. Além disso, questionavam o modelo neoliberal e o Tratado de Livre-Comércio que o México acabara de assinar com os Estados Unidos. O movimento agregava um conjunto de valores e aspirações "comunitaristas" e construiu um projeto político à medida que os conflitos iam acontecendo, associando-se a reivindicações regionais e nacionais. Tudo isso criou as condições para o surgimento de uma liderança carismática estranha: o subcomandante Marcos. "Marcos não existe, nasceu morto em 1º de janeiro de 1994", diz um comunicado da época.[10] Sua identidade era uma máscara porque "qualquer mexicano pode enfiar uma touca ninja dessas e ser Marcos, tornar-se quem eu sou".[11]

A organização de camponeses comunitaristas foi apoiada, em primeiro lugar, pela Igreja católica, e reforçada ideologi-

O poder da identidade

179

camente pela Teologia da Libertação, sobretudo no início. Assim, os "quadros" camponeses formavam-se em doutrinas progressistas e fortaleciam seus "sindicatos comunitários". O comunitarismo fortaleceu-se com a formação religiosa, enfrentando os poderes locais, os fazendeiros e o poder do Partido Revolucionário Institucional (PRI). Em segundo lugar, também foram importantes as influências ideológicas marxistas típicas da região, cada vez mais subordinadas aos imaginários culturais dos indígenas de Chiapas e da selva de Lacandona. O processo de negociação posterior com o Estado contou com a participação direta das comunidades locais.

É impossível imaginar o caráter da rebelião desse movimento sem considerar um tempo histórico longo: desde a colonização. A manifestação em San Cristóbal de las Casas, em 12 de outubro de 1992, por ocasião dos festejos do "V Centenário do Descobrimento da Europa", expressando-se pela destruição da estátua do conquistador Diego Mazariegos, foi um momento decisivo na instalação subjetiva do movimento. Eles também vinculavam esse questionamento histórico a uma espécie de reencarnação da mesma lógica no Tratado de Livre-Comércio, relacionado ao lugar do México na nova ordem global. Os zapatistas veem a si mesmos como rebeldes legítimos, como patriotas e democratas comunitaristas questionando a ordem política de um partido único no poder.

Um fenômeno transversal a seu crescente protagonismo local, nacional e global relacionava-se com a internet e os meios de comunicação,[12] na denominada "primeira guerrilha informacional". Através dos meios de comunicação, o movimento conseguiu divulgar suas ideias mesmo entre conflitos muito violentos. No entanto, o uso das armas foi um recurso para posicionar suas reivindicações no espaço público local e global, e, daí, legitimar-se com suas ideias para forçar a negociação de um conjunto de demandas viáveis. A opinião pública mexicana foi eloquente, e, em dezembro de 1994, 59% dos moradores da Cidade do México tinham opinião favorável a respeito dos zapatistas e 78% achavam suas reivindicações justificadas.[13]

É fundamental destacar que o uso da internet e dos meios de comunicação tem relação com a criação da rede Neta no México, com ONGs mexicanas e com o Institute for Global Communication de São Francisco, apoiado por jovens profissionais de informática que se juntaram ao movimento.[14] É importante destacar também o emprego desses sistemas de comunicação pelas mulheres para conectar o levante de Chiapas com as mulheres do México e do mundo.

Além dos complexos processos políticos experimentados, o movimento da selva de Lacandona e de Chiapas deu início a uma nova forma de política na região, não somente desafiando a lógica dominante da globalização, mas buscando construir um novo sentido na política, inovando a democracia e a própria ideia de comunidade indígena. Ele visava à construção de novos horizontes do possível numa democracia mais participativa e deliberativa, com base em valores substantivos apoiados no reconhecimento intercultural dos povos originários.

Os camponeses interculturais do Chapare

Para entender essa experiência atual é indispensável situá-la no tempo: sua ligação com a província de Charcas, a dominação colonial e as rebeliões indígenas da época, mas também

O poder da identidade 181

a longa, diversa, complicada e conflitiva construção social da institucionalidade da nação boliviana e de suas múltiplas nacionalidades no espaço original de Charcas. O atual Estado Plurinacional da Bolívia apoia-se num país com uma historicidade intensa e singular. Na Bolívia, a sociedade faz as instituições, e é provável que tanto sua força quanto sua fraqueza residam nisso. Força porque mostra a capacidade de ação e criação coletivas. Fraqueza porque as instituições não conseguiram ser eficazes e legítimas para a própria sociedade que lhes deu origem. A ausência de "minorias consistentes", para usar um termo empregado por Norbert Lechner, explica em grande parte os limites institucionais do país, mas também as experiências de exploração e dependência que ele viveu. Foi o que ocorreu com a Revolução de 1952 e também com a democracia retomada há trinta anos, para mencionar apenas dois fatos do século xx.

Nesse âmbito, há problemas constantes, como a estratificação de classes de origem colonial ou a persistente cultura da "negação do outro". Essas questões foram se transformando e hoje parecem fundamentais para se sondar as chances genuínas de uma democracia intercultural.

Mas qual é a matriz atual de atores sociais que impulsionam a transformação? Que opções de desenvolvimento são congruentes com essa busca democrática, e quão sustentáveis elas são numa sociedade global do risco?

As experiências e os movimentos são diversos e intensos tanto no mundo andino, como é o caso do movimento katarista (inspirado em Túpac Katari, líder da insurreição do final do século xviii), quanto no mundo amazônico, com o movimento indígena dos povos da Amazônia, e, muito especialmente, a recente mobilização do Tipnis [Território Indígena e Parque Nacional Isiboro-Sécure], em 2012. Todas essas experiências mostram as tensões e os conflitos interculturais do processo de mudança.

Aqui tentaremos caracterizar um ator pelo papel estratégico que desempenha no processo de mudança: os antes denominados "camponeses colonizadores", sobretudo do Chapare, na Amazônia boliviana, e hoje autodenominados "camponeses interculturais". Sem eles, não é possível explicar nem a assincronia do processo de mudança na Bolívia, nem o comando de Evo Morales, que continua a ser o líder sindical máximo do movimento.

Os "colonizadores" ou "camponeses interculturais" são o resultado do esgotamento do minifúndio no Oeste do país, e também das políticas implementadas pelo Estado de 1952. Trata-se de migrantes, sobretudo camponeses, de distintos âmbitos culturais e sociais andinos, de regiões com características importantes de comunidade, como o norte de Potosí, ou de regiões onde a pequena propriedade agrária já tinha uma longa persistência histórica, como os vales de Cochabamba. Mas também são resultado das crises e dos fracassos econômicos em diversos momentos históricos, como a crise do estanho e as reformas estruturais dos anos 1980, e da atração inercial exercida pela economia da coca e seu preço. Seja como for, eles são fundadores, em sua diversidade, de uma nova configuração multicultural e social. Sua capacidade de sobrevivência e desenvolvimento tem início com o próprio ato de inserção tropical: têm que enfrentar uma natureza dura e agressiva em condições muito precárias e produzir arroz, banana, coca etc. No começo, supunha-se que a vitória eco-

O poder da identidade 183

nômica residia na diversidade produtiva e, sendo assim, era preciso enfrentar a agressividade dos mercados e dos intermediários. Com o tempo, somente a coca se mostrou rentável, e foi ela que permitiu que esses camponeses sobrevivessem e às vezes acumulassem recursos e pequenos capitais, à custa da semilegalidade e de enfrentamentos com o Estado e com a DEA norte-americana. As diversas políticas alternativas promovidas pelo Estado boliviano e pelos Estados Unidos foram relativamente fracassadas. Tudo isso, como se sabe, tem relação com o poder do mercado internacional de cocaína e das sociedades desenvolvidas consumistas e em certa medida decadentes. O *American way of life* tem sérios problemas de recriação local e universal.

Contudo, queremos destacar que, a partir de todas essas experiências, formou-se um espírito estoico e astuto, uma classe rija, forjada em todo tipo de resistência; uma classe social não "líquida", mas "sólida", que se organizou em sindicatos como forma de vida local e cotidiana. A unidade na territorialidade e a criatividade diante da adversidade permitiram sua sobrevivência.

Ao contrário do sindicalismo minerador, de "massa isolada", o sindicalismo camponês colonizador, hoje autodenominado intercultural, é mais aberto e plural, suas relações com o exterior apoiam-se em relações camponesas de complementaridade com as comunidades de origem e, em alguns casos, como nos vales de Cochabamba, com economias familiares diversificadas e complementares. Suas relações com as comunidades indígenas originárias da Amazônia foram muitas vezes ambivalentes e mutuamente suspeitosas.

A presença política dos camponeses colonizadores nas ruas de Cochabamba e La Paz foi crucial nas duas últimas décadas, em especial no processo político boliviano recente. Trata-se, portanto, de uma classe e de um sindicato fortes, com orientações ideológicas campesinas, interculturalistas e revolucionárias radicalizadas, mas adotando um pragmatismo concreto flexível, com alta capacidade e habilidade para articular demandas maximalistas e resultados específicos. É possível conjecturar que neles se apoiam, embora não unicamente, a força política do MAS, as alianças sociais diversas e mutantes, a força política do governo e a do próprio presidente Morales. Quem poderia dizer que camponeses pobres migrantes estabeleceriam complexas alianças sociais, entre outras, com intelectuais de classe média, organizações vicinais da cidade de El Alto e inclusive, a partir do Estado, com empresários de Santa Cruz de la Sierra, além de fazer negócios com as empresas transnacionais do gás e do petróleo?

Contudo, e isso talvez seja o mais significativo, esse movimento produziu — junto com os demais movimentos e protestos populares e, depois de complexos confrontos, com o Estado e as várias elites regionais — uma nova Constituição e uma nova ordem institucional pluralista denominada "democracia intercultural". Institucionalmente, foi criado o Estado Plurinacional da Bolívia. As nações e os povos originários são a base do Estado da Bolívia, e isso deu início a um novo e complexo processo de mudança ao qual chamamos "neodesenvolvimentismo indigenista".[15]

Esse neodesenvolvimentismo representou, por um lado, a reinstalação de um Estado estruturador da economia e da política que tende a concentrar poder no presidencialismo carismático de Morales; por outro, o fortalecimento de uma

O *poder da identidade* 185

lógica indigenista às vezes comunitarista que redefine a ordem política institucional, implantando mudanças substantivas na democracia liberal republicana e criando novas formas de participação comunitária, como a departamental, em escalas regional e nacional. Gerou-se, assim, uma tensão dinâmica e ambivalente entre o Estado e uma lógica comunitária ou semicomunitária profundamente indigenista, a partir da qual se reestruturou o conjunto das relações sociais e políticas com o resto da sociedade boliviana e suas distintas formas de organização e poder. A questão é saber se esse ator estratégico, os camponeses interculturais com seus aliados, e a novas elites políticas no poder do Estado, com sua identidade, seus conflitos e orientações próprios, serão capazes de modelar uma democracia intercultural pluralista.[16]

O uso das TICs também foi e é muito importante nesse movimento; elas foram um recurso utilizado nas lutas, e hoje basta acessar sua página na web para compreender o peso que têm em sua sociabilidade política. Os conflitos e deliberações do movimento já estão "vivinhos e serpenteando" pela rede.

Quanto ao "modelo de desenvolvimento neodesenvolvimentista-comunitarista-indigenista", que, entre outras forças, impulsionaria esse ator, vale a pena insistir na hipótese da dinâmica de uma conjugação entre a orientação desenvolvimentista estatal e uma outra, comunitária-indigenista, dominante nos primeiros anos, que deu origem à Constituição, mas agora tende para a primazia do primeiro elemento sobre o segundo. Cada vez mais o "modelo" tem como epicentro o Estado, o Executivo e o papel carismático do presidente Morales. Suas políticas articulam-se a partir disso. Por um lado, uma gestão macro e microeconômica eficaz e eficiente, em conformidade

186   *A nova América Latina*

com as práticas internacionais, com níveis extraordinários de poupança e planos de investimento nunca antes vistos na história do país. Por outro lado, uma política econômica cada vez mais neodesenvolvimentista, que se apoia nas exportações primárias e em fortes investimentos na integração nacional, desde infraestruturas de vários tipos (estradas, equipamentos etc.) até investimentos em comunicações via satélite. Finalmente, tanto a gestão econômica quanto as políticas desenvolvimentistas são complementadas por políticas populistas de integração e legitimidade nacional com base em investimentos sociais e mobilizações políticas. Não houve apenas diminuição dos níveis de pobreza e melhora dos níveis de igualdade, mas também se produziu o empoderamento e a autoestima das maiorias indígenas e comunitárias tradicionalmente discriminadas e negadas pelo poder social e cultural imperante em longos períodos de dominação, embora nem sempre. A impressão é de que chega ao ápice uma espécie de desenvolvimento de integração nacional pendente, começado há mais de cinquenta anos pela inconclusa Revolução de 1952, além de se abrirem novos horizontes numa sociedade global.

Nesse âmbito surgem as possibilidades de inovação de uma democracia intercultural que pressupõe uma comunidade de cidadãos. Sem negar importantes avanços, e dada a diversa e complexa realidade boliviana, é preciso reconhecer também as tensões, as debilidades e ambiguidades que acompanham esse processo político-intercultural, que ficaram evidentes durante o conflito do Tipnis ou durante o processo de debate e criação da nova Constituição, entre outros momentos-chave do processo político atual.

O *poder da identidade*

Talvez valha a pena esclarecer que predomina uma visão simplista e instrumental da interculturalidade, entendida como "tolerância" limitada da heterogeneidade cultural, como uma espécie de "monoculturalismo andino plural" relacionado à fragilidade do intercâmbio entre as diversas culturas ou à busca de hegemonia de uma delas, sobretudo no plano ideológico.

A política continua com força nas ruas. A Bolívia é um dos países com maior nível de conflito social na região.[17] Hoje, tudo indica que está ocorrendo um confronto distribucionista, ligado à revolução, de expectativas geradas pelo próprio processo, e que os partidos do governo e da oposição não conseguem processar em sua plenitude, sobretudo no campo institucional.

Em síntese, parece que a interculturalidade democrática impulsionada em boa medida por esse movimento, mas não somente pelos camponeses interculturais do trópico de Cochabamba, assenta-se sobre uma espécie de contradição entre pluralismo político e hegemonia estatal. Tendo esse conflito como base, estariam aí presentes as velhas práticas e orientações políticas da chamada "democracia pactuada" do período neoliberal, cuja força eleitoral ainda se mantém fragmentada.

O pluralismo político intercultural é necessariamente conflitivo e inclusivo, mas também inconcluso, pois toda democracia precisa renovar-se constantemente. Ele não é de responsabilidade só do governo e da oposição, mas de toda a sociedade, de sua capacidade de ação e autonomia; esta última é a única garantia de uma interculturalidade democrática sustentável. Nesse sentido, a única hegemonia democrática possível num país como a Bolívia seria a do pluralismo político, que é também a melhor maneira, porém não a mais fácil, de progredir democraticamente. Nesse campo, as noções de "viver ou conviver bem", de "cidadania autônoma", de "comunidade de cidadãos" ganhariam um sentido diverso. Por outro lado, fica evidente que, assim como a sociedade boliviana registra uma notável força criativa e deliberativa entre diferentes que buscam a igualdade, ela também tem traços facciosos, clientelistas e paternalistas que limitam inclusive os processos de transformação criados.

É possível mencionar duas questões que talvez ajudem a refletir teoricamente sobre os dois movimentos indigenistas que analisamos aqui. Em primeiro lugar, embora os processos no México e na Bolívia sejam diferentes, em ambos os casos há sociedades plurais e complexas cada vez mais integradas à sociedade-rede e à economia global, com relações de interdependência cada vez mais diversas e heterogêneas em escala internacional. Seu campo comum de ação está ligado à busca cultural da igualdade: no caso do México, com ênfase no reconhecimento do Estado; no caso da Bolívia, tentando criar uma nova institucionalidade democrática. Em ambos, as lógicas e demandas comunitaristas e neocomunitaristas estão presentes.

Em segundo lugar, esses são dois movimentos que, de maneiras diversas, interrompem a visão e a prática da política em seus países. A igualdade, o reconhecimento e a inclusão com inovação parecem ser os sentidos fundamentais das orientações de ambos os movimentos, e com isso talvez um novo tipo de política esteja se afirmando. Trata-se de dois movimentos que não organizam apenas os processos políticos em seus respectivos países, mas organizam também o campo de análise da política.

O movimento mapuche

O movimento mapuche é, tanto no Chile quanto na Argentina, parte da dinâmica cultural dos povos originários e afrodescendentes que reapresentam a questão do reconhecimento de suas identidades e culturas no centro do debate acerca da democracia, do desenvolvimento, das formas do Estado e da própria política no âmbito das novas transformações globais.

No caso dos mapuches, essa nova dinâmica é parte de uma continuidade histórica de longo prazo que se remete tanto à resistência contra o Império Inca e a dominação espanhola quanto, e muito particularmente, à consolidação do Estado chileno, com a "chilenização" de territórios mapuches que permitiu a expansão das *haciendas* e empresas agrícolas ao longo do século xx. Talvez somente nos momentos progressistas dos governos da Democracia Cristã e em especial da Unidade Popular tenham sido implantadas políticas e experiências de valorização do povo mapuche. Um partido político saído da Democracia Cristã, o Mapu, fez inclusive parte da Unidade Popular do presidente Salvador Allende, sugerindo que os mapuches são atores fundamentais do processo de transformação chileno.[18]

As recentes mobilizações surgiram como respostas concretas a uma série de modificações introduzidas com o modelo de desenvolvimento adotado pelo Chile nos últimos vinte anos e organizam-se contra as transformações impostas ao meio ambiente, as consequências ecológicas e socioeconômicas do "extrativismo informacional" e a política dos imaginários nacionais transmitida pelos principais meios de comunicação.

Um ponto de referência importante das atuais mobilizações surgiu na região de Lumako, onde um grupo de mapuches, além de queimar caminhões florestais, reivindicava uma linha autonomista do povo local. Aí emergiram os valores de memória, territorialidade e identidade como base de apoio para uma proposta emancipatória.[19]

Vale a pena esclarecer que existe entre o povo mapuche uma heterogeneidade, sobretudo nas regiões vii, x e xiv, assim como há diversas interpretações e organizações em seu interior. Não se trata de um sujeito homogêneo, mas de uma variedade de atores construindo um possível projeto compartilhado. O movimento conta também com o apoio de ongs, organizações de direitos humanos e de uma rede de movimentos indigenistas no âmbito continental.

O movimento mapuche, assentado numa das regiões mais pobres do Chile,[20] reage de múltiplas formas, inclusive violentas, às empresas instaladas em seu território (várias delas dentro dos marcos da legalidade), às práticas discriminatórias, que negam sua identidade e seus direitos, mas também à radicalidade da repressão da polícia e das políticas "antiterroristas" do Estado, que legitimam a repressão sem considerar as causas históricas das reivindicações mapuches. Parece que predomina no país uma visão própria das elites históricas chilenas que, entre outras questões, construíram sua força subordinando e limitando a cultura mapuche.

Contudo, esses conflitos e oposições ocorrem num ambiente internacional "amigável" em relação às demandas dos povos originários, caracterizado por uma revalorização global muito positiva em âmbitos nacional, regional e internacional, por uma inovadora e florescente intercomunicação entre eles e sobretudo por uma crescente legitimidade internacional institucionalizada, expressa pelos novos acordos em favor dos povos originários nas Nações Unidas.

O poder da identidade

Por outro lado, a nova dinâmica mapuche também tem ligação com as dinâmicas da democracia e dos procedimentos de modernização e expansão educacional no Chile. Existe hoje no país uma "elite mapuche educada e culta", com capacidade de questionar e de refletir no mais alto nível sobre os avatares de sua história e sobre a realidade atual. Assim como os outros casos estudados, o monopólio do saber cultural das elites históricas chilenas foi rompido, e com isso criou-se na história intelectual chilena um campo de debate único, que, além disso, influencia e interage com a dinâmica mapuche da Argentina.

Dessa maneira, nos últimos anos, particularmente depois dos eventos de Lumako, em 1997, é possível apontar como eixo de sua orientação política institucional um movimento centrado em valores e práticas de maior autonomia cultural, agrupado em torno da ideia de territorialidade comunitária e da busca do exercício de soberania territorial.

O movimento também se caracterizou pelas formas variadas de luta, expressando suas tensões e perspectivas, desde a realização de práticas e atos violentos até as formas avançadas de deliberação política.

Como já se observou, as reivindicações de recuperação de terras estão vinculadas à construção de uma espécie de "comunitarismo territorial", pensado como lugar de reconstrução da identidade cultural e da memória histórica. Isso supõe uma busca constante de maior participação e consenso da comunidade, tanto nos territórios de origem quanto nos espaços urbanos e culturais específicos em outros âmbitos do Estado e da sociedade chilena, nos quais os mapuches construíram uma presença inovadora, como por exemplo em várias zonas populares de Santiago e Valparaíso, nas universidades, nos centros pedagógicos e nos novos movimentos estudantis e ecológicos registrados pela sociedade chilena desde 2011.

Ocorre, portanto, como argumenta José Bengoa,[21] uma "reemergência indígena" cujas reivindicações começam a ser legitimadas na sociedade chilena e no exterior. A questão é saber se o que predomina nessa mobilização são lógicas de identidade absolutas, de negação e destruição do outro, ou lógicas deliberativas capazes de obter consensos baseados em valores substantivos de pluralismo, dignidade humana e direitos. Isso decerto tem relação direta com as políticas e orientações do conjunto dos atores, interesses e culturas políticas da sociedade chilena. Se prevalecer a lógica autoritária e conservadora do passado, e o uso de um legalismo instrumental baseado na repressão e na condenação, é provável que isso alimente e reforce a lógica de conflitos violentos e destrutivos para uma democracia que o Chile tanto lutou para recuperar e que hoje precisa, mais que nunca, se reinventar.

O movimento afro-brasileiro

As reivindicações de igualdade e inclusão dos afro-brasileiros sempre se fizeram presentes ao longo da história do Brasil. Suas lutas e mobilizações pelo reconhecimento de seus direitos humanos e identidades culturais têm como referência a abolição tardia da escravidão, no final do século XIX, e parecem confluir hoje para uma espécie de reconhecimento de uma identidade nacional multicultural e, portanto, também africana da sociedade brasileira. Contudo, o reconhecimento dessa cultura encontra limites muito precisos na vigência de

O poder da identidade

uma matriz dominante monocultural, no caráter conservador das elites e na complexidade de uma sociedade regionalmente diferenciada, com traços semimodernos e comportamento parainstitucional.

A população afrodescendente

Em conjunto, mulatos, negros e indígenas constituem a maioria da população brasileira. Segundo a Pesquisa Nacional por Amostra de Domicílios (Pnad/ IBGE) de 2012, 53% da população reconhecia-se como afrodescendente. Contudo, as diferenças étnicas vinculadas historicamente a uma forte estratificação, em que o social e o étnico se sobrepõem, não mudaram de maneira substancial. Os processos de modernização, industrialização e democratização que o Brasil viveu não transformaram de forma intrínseca o padrão de estratificação social de origem colonial, que, ao contrário, continuou a se reproduzir e a se complexificar sob novas condições. Essas diferenças podem ser constatadas, por exemplo, no mercado de trabalho, no qual, embora tenham sido registradas melhoras na incorporação ao mercado formal, a distância entre as populações branca e afrodescendente se mantém, como mostra a Figura 8.2.

No entanto, as desigualdades não ocorrem apenas no nível socioeconômico, mas também em termos de violência e discriminação étnico-cultural. Assim, por exemplo, o racismo contra os afrodescendentes é uma das causas de linchamentos registrados durante o ano de 2014, e a taxa de homicídios entre afrodescendentes no período 2002-12 é muito alta em comparação com a da população branca.[22] Nesse mesmo âmbito, entre

Figura 8.2. Pessoas de 16 anos ou mais ocupadas em trabalhos informais, segundo pertencimento étnico
Brasil, 2004 e 2013 (%)

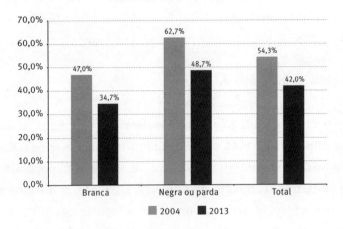

Fonte: IBGE, *Síntese de indicadores sociais*, 2014.

Figura 8.3. Distribuição do rendimento familiar per capita das pessoas de 10 anos ou mais de idade entre os 10% mais pobres e o 1% mais rico da população, segundo etnia
Brasil, 2004 e 2013 (%)

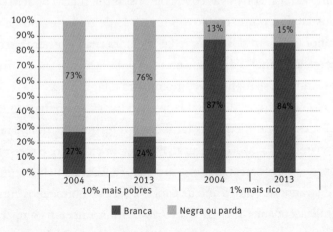

Fonte: IBGE, *Síntese de indicadores sociais*, 2014.

O poder da identidade

2009 e 2011, 61% das vítimas fatais da polícia do estado de São Paulo eram jovens afrodescendentes entre quinze e 29 anos — chama atenção o dado informando que 79% dos policiais autores dessas mortes eram brancos. Em 2012, no mesmo estado, para cada 100 mil negros, 35 foram detidos em flagrante, enquanto entre os brancos foram detidos apenas catorze para cada 100 mil.[23] Esses atos de violência praticados pelo aparato estatal e pelas forças paramilitares ligadas ao narcotráfico têm sido um dos principais motivos por trás das mobilizações sociais e dos movimentos afrodescendentes de 2005 até hoje.

Entre as políticas orientadas para o reconhecimento cultural dos afrodescendentes, foi promulgada em 2007 a Lei contra a Intolerância Religiosa. Cabe recordar que a religiões afro-americanas foram historicamente perseguidas, criminalizadas e controladas pelo Estado brasileiro. Embora a lei seja um avanço, ela encontra fortes limitações para efetivar-se, dada a persistente rejeição, de caráter racista, contra essas religiões. Por outro lado, em 2013 foi implementado o Primeiro Plano Nacional de Desenvolvimento Sustentável dos Povos e Comunidades Tradicionais de Matriz Africana, ou seja, um projeto especialmente orientado para a população afrodescendente. O plano abordava as seguintes áreas: garantia de direitos, territorialidade e cultura, inclusão social e desenvolvimento sustentável.[24]

Emergência e dinâmica dos movimentos afro-brasileiros[25]

Com o processo de democratização que teve início em 1978, o movimento afrodescendente começou a se articular, a partir de diversos grupos provenientes de distintos lugares do Brasil que reivindicavam essa identidade (Cecan, Grupo Afro-Latino-Americano, Câmara de Comércio Afro-Brasileira, jornal *Abertura*, jornal *Capoeira*, Grupo de Atletas Negros, Grupo de Artistas Negros), e foi criado o Movimento Unificado Contra a Discriminação Racial, com o objetivo de lutar contra a discriminação e defender "uma democracia racial real".[26] A primeira atividade da entidade como movimento foi um ato público de repúdio à discriminação racial sofrida por quatro jovens no Clube de Regatas Tietê (SP) e de protesto contra a morte de Robson Silveira da Luz, trabalhador e pai de família, torturado até a morte no 44º distrito de Guaianases (SP). Pouco depois, foi incorporada ao nome da entidade a palavra "negro", e ela passou a se chamar Movimento Negro Unificado contra a Discriminação Racial, e em seguida Movimento Negro Unificado (MNU), que hoje tem presença em vários estados. Dentre as manifestações que o movimento organizou destacam-se as marchas do centenário da abolição (1988), a Marcha do Tricentenário de Zumbi (1995) e a Marcha Noturna pela Democracia Racial (1997-2010).

Em sua origem, o movimento foi influenciado pelo novo sindicalismo da época, pelos movimentos políticos de esquerda e pelas manifestações estudantis. Uma parte significativa da intelectualidade negra articulou a noção marxista de classe à crítica social do racismo como fundamento ideológico do movimento.[27]

O centenário da abolição da escravatura, em 1988, foi um momento-chave da expressão nacional do movimento negro contra o racismo. A onda de manifestações que se produziu teve grande alcance e foi uma oportunidade para consolidar o movimento na cena política nacional. Foi criada então a União

O poder da identidade

de Negros pela Igualdade (Unegro), de caráter nacional, na cidade de Salvador, Bahia.

As marchas pela memória de Zumbi dos Palmares constituíram um momento significativo na formação do movimento afro-brasileiro. Na década de 1980, houve um aumento das peregrinações anuais à Serra da Barriga [local do Quilombo dos Palmares], além de atos públicos, sempre no dia 20 de novembro, nas ruas de várias capitais brasileiras. As marchas rituais culminaram com a criação do Memorial Zumbi dos Palmares, no estado de Alagoas, evidenciando uma renovação da ação de ativistas negros e o fortalecimento de sua identidade coletiva ancorada na memória da escravidão. Os membros do movimento começaram a difundir em todo o país a figura do guerreiro de Palmares como símbolo de resistência política e cultural. As mobilizações alcançaram o ponto máximo na década de 1990, com o terceiro protesto importante do movimento: no tricentenário da morte de Zumbi, em 1995. Ativistas de diversos estados colaboraram para a realização de uma manifestação nacional que unificou o movimento social composto por numerosas e diversas organizações. A marcha pela Esplanada dos Ministérios, em Brasília, teve lugar na segunda-feira 20 de novembro de 1995, sob o lema "Contra o racismo, pela cidade e pela vida". As reivindicações de caráter econômico, educativo e político, e a denúncia da desigualdade e da discriminação, foram os pontos-chave. O movimento opõe-se a uma visão mestiça do país e apela para o fortalecimento do orgulho negro, especialmente para as mulheres negras, uma identidade autônoma que foi ganhando terreno nos últimos anos e que se vincula ao movimento feminista.[28] O ato de novembro de 1995 evidenciou também um apoio maior e mais explícito ao movimento por parte de outras organizações da comunidade, sindicatos e movimentos rurais populares.

No âmbito estatal, uma conquista dos protestos do centenário foi a construção da Fundação Palmares, órgão vinculado ao Ministério da Cultura e voltado para a gestão de algumas reivindicações do movimento no campo cultural, mas sem capacidade institucional de intervir para reduzir as desigualdades. Gerou-se assim um processo de institucionalização do movimento, criado por ativistas capazes de influir na burocracia estatal, produzindo respostas para as demandas.[29]

Em 2006, ganhou forma um novo movimento composto por um grupo de mães que exigia que a Justiça esclarecesse a morte de seus filhos num episódio que ficou conhecido como "Crimes de maio", no qual foram mortos mais de quinhentos jovens, na maioria afrodescendentes e pobres. "O grupo ainda considera que grande parte de suas reivindicações não foi atendida e que as mortes foram encobertas pela estrutura política estatal. Contudo, elas atualizaram suas demandas com o passar do tempo, pedindo melhorias no sistema carcerário e manifestando-se energicamente a cada vez que consideram que houve excesso policial."[30] Um aspecto inovador desse movimento é o fato de ele exprimir forte inquietação e protesto no que diz respeito à falta de segurança, ao crime organizado e ao abuso de poder por parte das forças parapoliciais no Brasil. Além disso, o movimento apoiou outras demandas: manifestou-se contra a realização da Copa do Mundo da Fifa no Brasil em 2014, apoiou greves sindicais e articulou protestos sociais com setores marginalizados e partidos de esquerda.

Apesar dos esforços exigindo a criação de um organismo público voltado para a questão da discriminação racial, como

O *poder da identidade*

a Secretaria de Políticas da Promoção da Igualdade Racial (Seppir) e a formulação de iniciativas setoriais e específicas, o aumento da cobertura da população pelas políticas sociais nos últimos 25 anos não contribuiu de maneira significativa para a redução das desigualdades raciais.[31] É preciso reconhecer, porém, que os sucessos em termos de políticas sociais universais ampliaram as oportunidades da população afro-brasileira.

Em todo caso, os diversos protestos e lutas dos movimentos de afrodescendentes, assim como dos povos originários, estão ligados tanto à sua situação de pobreza e desigualdade quanto às demandas de reconhecimento em sua diversidade, como cidadãos e atores de seu próprio desenvolvimento.

Conclusões

Entre os processos mais significativos das transformações culturais analisadas no âmbito informacional, é possível observar, em primeiro lugar, que a cultura tem cada vez mais um caráter sistêmico na conformação da ordem e da dinâmica do conflito e da mudança na nova América Latina. As transformações multiculturais aqui analisadas ultrapassam a capacidade de gestão por parte do Estado e evidenciam os limites da institucionalidade democrática e do sistema político de tomada de decisões. Embora hoje os conflitos em torno da reprodução social, da desigualdade ou aqueles propriamente institucionais se expressem no plano cultural, são as mudanças multiculturais produzidas pela sociedade da informação, como as que estudamos aqui, que estruturam o poder e as opções políticas e de desenvolvimento na região.

Em segundo lugar, as reivindicações por uma vida digna — na enorme multiplicidade de mudanças analisadas, para além de suas especificidades estruturais ou temáticas — constituem um dos eixos articuladores do novo conflito sociocultural. Destacam-se aqui os temas ecoterritoriais, os do patriarcalismo e os temas éticos ligados aos direitos humanos.

Em terceiro lugar, a dinâmica multicultural é assincrônica, tem distintos sentidos, direções, orientações, e seus componentes apresentam uma forte diferenciação funcional nos diversos aspectos das lógicas de poder e mudança em sociedades crescentemente policêntricas.

Em quarto lugar, a nova América Latina, produto das transformações promovidas tanto pelo neoliberalismo quanto pelo neodesenvolvimentismo, inclui e integra em sua dinâmica atual um entrecruzamento de mapas societais pré-modernos, de industrialização tardia e da nova sociedade da informação e da comunicação.

Em quinto lugar, os processos analisados produziram ou fazem parte de uma face não luminosa do desenvolvimento: o desenvolvimento inumano da América Latina. É impossível entender a dinâmica institucional e política da região sem compreender o caráter "pervasivo" da violência e da economia criminal. Nesse âmbito, as mais afetadas definitivamente são essas culturas que, sem dúvida, dão às diversas sociedades latino-americanas sua identidade primordial.

Em sexto lugar, a emergência de uma nova politicidade, associada a novos movimentos socioculturais, como os analisados neste capítulo, é uma referência fundamental para entendermos as novas dinâmicas de inovação da política e do desenvolvimento. O ponto principal consistiria em fazer

O poder da identidade

com que os atores e os Estados aprendam a "navegar contra o vento", combinando produtividade com igualdade e pluralismo com institucionalidade, incrementando, assim, a capacidade de agência de um desenvolvimento humano informacional.

9. Comunicação digital e novo espaço público

O ESPAÇO PÚBLICO NA ERA DA INFORMAÇÃO é diferente do que costumava ser na era industrial. Nesta última, os limites nacionais condicionavam em boa medida o espaço público, enquanto na sociedade-rede a tecnoeconomia da informação e da comunicação e seu funcionamento em escala global ultrapassam os espaços estritamente nacionais e privilegiam uma articulação entre o global e o local. Ou, como ocorreu recentemente, esses espaços exibem fortes tensões entre o local, o nacional e o global.

Com as mudanças multiculturais produzidas pelas novas tecnologias de informação e comunicação, o espaço público típico da democracia republicana também mudou, criando inclusive questionamentos em torno da capacidade de ampliação da representação e da participação cidadã.

Em relação ao impacto dessas mudanças, a comunicação política tende a renovar-se a partir de quatro novas práticas produzidas na rede: 1) a ação em rede de movimentos socioculturais com carga subjetiva, que buscam novas formas de existência; 2) as experiências locais e horizontais de tomada de decisão política; 3) a comunicação horizontal de massas que se produz nas redes sociais; 4) a ação comunicativa direta que se produz sobretudo entre líderes carismáticos e sociedade no espaço público informacional.

Comunicação digital e novo espaço público 203

Se somarmos a isso o peso das indústrias de tecnocomunicação na rede; o mercado e a indústria cultural; a sociabilidade tecnológica; e os variados fenômenos que impactam a política, pois ocorrem nos meios massivos de comunicação, que viralizam especialmente nas redes (fenômenos como a publicidade, os escândalos, a ampliação das audiências, a visibilidade de atos de naturezas diversas com efeitos políticos imprevisíveis etc.) — se somarmos tudo isso é fácil concluir que surge um novo espaço público, e é fundamental refletir sobre ele para entender a nova realidade cultural e política da América Latina. O espaço público é cada vez mais um espaço de interação nas redes da internet, embora os meios de massa unidirecionais ainda tenham um peso predominante entre a população mais velha.

Tendo esses temas como ponto de partida, podemos perguntar: Qual é o papel da política no espaço público, na era da informação? Como as novas formas e tecnologias de comunicação e informação ampliam as possibilidades de um espaço público mais democrático, voltado para as reivindicações de maior dignidade por parte de uma diversidade de atores? Ou exatamente o contrário, como o espaço público limita cada vez mais a democracia? Quais as mudanças que estão ocorrendo no espaço público da América Latina, dado o alcance da nova plataforma comunicacional e das dinâmicas que ela viabiliza e gera? Mas, também, quais são os limites dessas possibilidades democratizantes e de gestação de uma ampliação da cidadania, e que fatores incidem hoje na construção do espaço público?

O que é o espaço público? Transformações na era da informação

A partir de uma perspectiva construtivista, o espaço público é um espaço de interação social, de comunicação e intersubjetividade que transpassa os limites do Estado e do sistema político em seu conjunto e onde se expressam conflitos e interesses diversos; um espaço de debate e confrontação de argumentos, mas também de manifestações que muitas vezes não geram discussões em termos razoáveis, e sim ficam na expressão de ideias e desacordos. À medida que os cidadãos e os atores sociais e políticos se tornam mais autônomos, o espaço público poderia ser sobretudo um espaço de formação, transmissão, intercâmbio de ideias e valores, de disputas e encontros que ajudam a debater as prioridades e aspirações de uma comunidade de cidadãos.

Hoje, o espaço público redefine-se: ele é nacional e "glocal", e é atravessado agora pelo uso das tecnologias de informação e comunicação, que promovem novas práticas de comunicação, possibilitando, entre outras coisas, intercâmbios mais rápidos e espontâneos entre os diversos atores e criando a chance de maior horizontalidade nas comunicações. Isso abre a possibilidade de uma participação ativa mais direta no espaço público, mas também de novas formas de controle e poder na própria rede.

Embora no período industrial a democracia tenha sido fundamental para a ampliação do espaço público, essa ampliação não foi consequência direta dela, nem está assegurada, pois o espaço público é atravessado por conflitos e relações de poder, por diversidade de interesses, uma história e uma cultura

Comunicação digital e novo espaço público 205

política que, em boa medida, "condicionam" e dão sentido às interações que ali se produzem.

Um exemplo do modo como a história e a cultura política incidem sobre o espaço público é o peso dos populismos ou dos regimes nacional-populares de "primeira geração" na América Latina (que em vários dos nossos países tiveram seu auge a partir de meados do século xx), com suas próprias práticas comunicativas, que, por um lado, afirmavam uma cultura com sentido nacional na produção científica e tecnológica, na educação e nas expressões culturais populares, mas que, por outro, condicionaram politicamente o debate no espaço público, distorcendo-o para conquistar uma hegemonia ideológica que limitou fortemente a expressão do pluralismo no plano das ideias e das posições políticas.

Houve, no entanto, várias experiências que reafirmaram uma orientação democrática e plural no espaço público regional, sobretudo em momentos nos quais esse espaço se viu restringido por ditaduras. Foi o caso, por exemplo, dos movimentos pelos direitos humanos em toda a região; das rádios mineiras na Bolívia, focos de resistência à ditadura; dos festivais de rock e de "teatro aberto" na Argentina, quando a democracia foi restaurada, em meados dos anos 1980; da campanha do "Não" no plebiscito de 1989, no Chile — para citar apenas algumas experiências nas quais a comunicação, através dos diversos meios, teve papel-chave na construção democrática dos espaços públicos.

No espaço público expressam-se o mercado e o Estado, mas também o político, o social, o comunitário, o cultural. Na medida em que dá lugar a uma maior pluralidade, ele se torna mais democrático, mas nem por isso menos conflitivo.

206   *A nova América Latina*

Alguns fatores que contribuem para a democratização do espaço público são: o pluralismo na produção da informação; o fortalecimento de uma cultura de liberdade de imprensa e de expressão; a ampliação do acesso à informação e, consequentemente, da participação em sua análise, e, com isso, da diversidade social, cultural e política; a deliberação e o debate público. Mas o espaço público, sobretudo na indústria cultural de massas, também é apropriado pela publicidade de mercado econômico, pelo individualismo consumista, por um comércio político das "verdades mentirosas" (inspiradas no teorema de Thomas*) e, muito particularmente, por uma cultura da violência que alimenta o medo e a negação do outro.

Pois bem, que mudanças significativas ocorreram no espaço político? Os atuais processos de globalização e o impacto das tecnologias de informação e comunicação redefinem o papel fundamental dos meios de comunicação. Hoje os meios de comunicação de massa, sobretudo a internet, desempenham uma função central em relação à política; ao peso da publicidade e do marketing; à difusão das pesquisas de opinião pública; à visibilidade dos movimentos sociais, que têm lugar tanto nos meios tradicionais quanto nas redes; e sobretudo à manifestação de conflitos na rede e na rua. Isso leva a que se pense na emergência de uma nova e complexa politicidade comunicativa, tanto em termos do sentido ético da política quanto da ampliação do campo do possível. Esses processos acontecem ao mesmo tempo, evidenciando assim os limites da democracia representativa e da autonomia do

---

* Teorema de Thomas: teoria sociológica formulada por William I. Thomas (1863-1947) segundo a qual a interpretação da situação provoca a ação. (N. T.)

Comunicação digital e novo espaço público 207

Estado, fatores que redefiniram o espaço público na era da informação.

Assistimos a uma integração vertical de grupos multimídia de comunicação globais, nacionais e locais, que em boa medida subordinam os conteúdos de comunicação, em todos os âmbitos, aos interesses das empresas proprietárias dos meios de comunicação, apesar do heroico esforço dos jornalistas para defender seu profissionalismo e sua independência.

Na América Latina, houve uma concentração oligopólica dos meios de comunicação, exemplificada por grupos empresariais multimídia como Televisa no México, Clarín na Argentina e Globo no Brasil, também conectados em alianças estratégicas segundo a lógica das redes multimídia que controlam o mundo da comunicação.[1] Na região, conglomerados midiáticos transnacionais convivem com grupos grandes e médios de alcance apenas nacional, e com outros ainda menores. A tendência é à concentração dos meios, que, aliás, visam a públicos distintos e diferenciam suas plataformas. Ou seja, um mesmo conglomerado tem jornais, canais audiovisuais ou emissoras de rádios diferenciados segundo os segmentos de público e os lugares (cidades, países etc.) que pretendem atingir. Por outro lado, esses grupos tendem a produzir conteúdos próprios para se consolidar localmente.[2]

Como garantir, nesse novo contexto midiático que impregna o espaço público, o pluralismo e a diversidade ou, em outras palavras, a ampliação da democracia e da cidadania? Trata-se de uma questão crucial para o futuro da democracia, e no entanto ainda é um campo de análise fraco. Sobre isso, John Thompson propõe, por exemplo, o princípio do "pluralismo regulado", como a necessidade de garantir um espaço institucional que assegure a expressão da diversidade — que tenderia a desaparecer em condições de livre mercado. Trata-se de garantir, de maneira institucional, que as diversas vozes possam se expressar midiaticamente por intermédio de suas organizações e de meios de comunicação independentes. Independência em relação ao Estado, mas também garantia de diversidade diante dos grandes monopólios midiáticos.

Contudo, essa proposta não implica a construção de um campo institucional vinculado somente aos Estados nacionais, pois hoje os limites nacionais são superados pelos conglomerados transnacionais de comunicação e pelo alcance da internet, que viabiliza a circulação não apenas de bens materiais, mas sobretudo de bens simbólicos. Isso modifica substancialmente os espaços públicos, que, como dissemos antes, não podem mais ser compreendidos como espaços limitados ao âmbito nacional. Também a política, e não apenas a economia, é um jogo de poder global, nacional e local.

As possibilidades de maior pluralismo nos espaços públicos nacionais não estão ligadas unicamente ao que sucede no nível local, como acontecia na era industrial. Os fluxos transnacionais de informação e comunicação atravessam os espaços públicos nacionais e, portanto, a diversidade e o pluralismo que têm lugar no plano internacional (ou, ao contrário, as restrições à diversidade e ao pluralismo nesse mesmo plano) têm efeitos nos espaços públicos nacionais. Nesse sentido, os Estados nacionais enfrentam a limitação representada pelo fato de terem somente certo grau de poder, e não "todo" o poder, em comparação com os fluxos de comunicação e informação transnacionais, transversais aos diversos públicos e politicamente imprescindíveis. Isso é particularmente visível e conflitivo hoje nos Estados Unidos.[3]

Comunicação digital e novo espaço público 209

Dado que os meios de comunicação de massa são a principal fonte de informação das pessoas, quanto mais se assegura seu caráter diverso e pluralista, maiores serão as possibilidades de desenvolvimento e fortalecimento de uma democracia deliberativa. Por isso é tão importante, na proposta de Thompson, o princípio do pluralismo regulado como espaço institucional midiático que garante a diversidade e o pluralismo. A grande questão é sua viabilidade internacional.

Novos formatos comunicacionais: a dinâmica do consumo, a frustração de expectativas, a geração da tecnossociabilidade e o poder dos meios de comunicação

No que diz respeito ao consumo cultural, a globalização dos meios de comunicação, da indústria cultural e a revolução no plano das tecnologias de informação e comunicação provocaram pelo menos duas tendências: de um lado, para a massificação do consumo cultural e tecnológico-comunicativo; de outro, para a segmentação e "elitização" dos mercados tecnológicos e culturais, cujos produtos e serviços adaptam-se ao bolso, e não somente ao gosto, dos consumidores e marcam diferenças. Essas tendências também afetam as interações nos espaços públicos, pela importância cada vez maior do papel das tecnologias de informação e comunicação nesses espaços e do impacto dos meios de massa sobre a conformação da opinião.

Além disso, contudo, como produto sobretudo das políticas de integração social e de consumo dos governos neodesenvolvimentistas ou progressistas, o nível de consumo dos meios e das tecnologias de informação e comunicação aumentou, mesmo diante da estagnação ou da diminuição recentes dos níveis salariais, e o fosso entre as expectativas de consumo e aquilo que realmente se pode consumir tem crescido. Portanto, esses mercados tecnológicos culturais abrem-se para um número cada vez maior de consumidores de tecnologia, publicidade, informação, redes etc., gerando novos desejos e aspirações de consumo que eles não podem satisfazer como gostariam, pela realidade de suas vidas, o que leva em grande medida à frustração das expectativas de grande parte da população. Esse processo já havia sido detectado na década de 1990 pela Cepal e foi ratificado com maior intensidade nas análises apresentadas por Fernando Calderón.[4]

Existe também uma outra tendência vinculada ao público e que amplia seus espaços: o alcance da internet e o aumento do uso da telefonia celular são acompanhados por uma variedade de usos comunicacionais que diversificam as alternativas de participação, difusão, opinião e expressão de múltiplos grupos, identidades e indivíduos. Aqui as redes sociais desempenham um papel-chave. Essas tecnologias permitem a construção de um novo espaço público — hoje impossível de ser negligenciado pelos canais mais formais que se expressam no espaço público tradicional — que viabiliza a manifestação de vozes alternativas, de culturas e identidades diversas, de uma multiplicidade de opiniões. Hoje, a denominada "geração da tecnossociabilidade" já se formou na América Latina.

Quanto ao tamanho dos grupos comunicacionais, os transnacionais têm alcance regional e trabalham em todas as "plataformas" (meios escritos e gráficos, meios audiovisuais, plataformas da web, aplicativos, rádios). Um exemplo disso é o Grupo Globo, no Brasil, que possui 25 meios de imprensa escrita, dez emissoras

Comunicação digital e novo espaço público

de rádio, quatro canais audiovisuais e cinco plataformas de informação na web. Alguns conglomerados não trabalham em todos esses formatos, mas também podem ser considerados grandes pela quantidade de meios que possuem — como o Grupo de Diários América, que conta com os onze jornais de maior tiragem da região, como *El Comercio* no Peru, *La Nación* na Argentina e *El Nacional* na Venezuela. No total, os jornais desse grupo têm uma tiragem diária de mais de 10 milhões de exemplares.

Os grupos grandes de alcance somente nacional são os que trabalham em diversos formatos massivamente, embora não saiam das fronteiras do país, por exemplo o Grupo Clarín, na Argentina, que possui jornais diários e hebdomadários, a principal editora do país, revistas, canais audiovisuais abertos e a cabo, rádios AM e FM, plataformas e serviços na web, internet etc., nacionais e locais. Os grupos pequenos são os que só possuem um ou dois meios de imprensa e não participam de redes globais de comunicação ou difusão, como os diários *Página/12* na Argentina, *Expreso* no Equador ou o *Jornal do Brasil*.[5]

Portanto, o que é gerado pelos meios de comunicação de massa, a partir de suas diversas plataformas e orientações, atravessa os espaços públicos mediante sua incidência na formação de opinião, na priorização de temas a serem debatidos, na informação que difundem, na "espetacularização" do cotidiano e na expansão das expectativas.

A política midiática

A política em nossas sociedades é fundamentalmente midiática, pois se faz nos e através dos meios de comunicação de diversos tipos. Hoje eles são um espaço privilegiado que cria conflito e poder. O "jogo político midiático" produz-se de acordo com uma série de regras geradas pelos meios de comunicação, regras que os distintos atores sociais e políticos aceitam para participar dos conflitos e projetos de poder na sociedade. A existência de diferentes meios viabiliza a expressão de uma diversidade de interesses e representações, mas cada um deles tenta ampliar e consolidar seu espaço e sua chegada aos diferentes públicos. Por outro lado, de maneira geral, os meios tradicionais gozam de certa credibilidade nas sociedades atuais e são a principal fonte de informação, notícias e participação política das pessoas.

A política ocupa um espaço central nos meios de comunicação, e os diferentes atores competem para aparecer neles, pois sabem que é ali que se joga a construção do poder político. Por outro lado, a relação entre meios e política apoia-se no uso da informação oferecida pelos primeiros, que serve como insumo para as diferentes estratégias de construção de poder político.

Entre os traços próprios da política midiática é possível mencionar a importância da personalização (as propostas ou orientações políticas são associadas à imagem de personagens políticos construída midiaticamente); o uso dos meios para as campanhas eleitorais como principal espaço em que os candidatos (suas propostas, mas também, com certa frequência, mais que as propostas) podem se apresentar; o processamento cotidiano da informação política. O tema do carisma midiático é central.

Os meios de comunicação são tão importantes que estabelecem agendas, priorizam temas, contextualizam ou descontextualizam informação segundo sua orientação, seus interesses e suas relações com os outros (agências de governo, corpo-

Comunicação digital e novo espaço público

rações empresariais, outros grupos comunicacionais com os quais competem e colaboram). No final, não se sabe para quem trabalham e não fica claro quem usa quem.

A política midiática supõe altos custos econômicos para os atores políticos, pois o uso das tecnologias de informação e o próprio espaço midiático são caros. Sendo assim, os partidos políticos recorrem ao financiamento empresarial e de grupos de interesse, dado que o financiamento vindo de sua própria organização não basta. Isso, por sua vez, condiciona os políticos e a política em geral, pois a regulamentação dos Estados sobre o assunto não costuma ser respeitada ou se mostra insuficiente, e muitas vezes falta transparência a respeito dos recursos que financiam as campanhas políticas e a política midiática em geral. Aí reside uma das fontes de corrupção do sistema político de tomada de decisões, conforme analisaremos no capítulo 11, assim como um dos temas fundamentais da crise de legitimidade da democracia e dos principais escândalos políticos que arrasam boa parte da América Latina. A grande questão da região é que esse tipo de ação se realiza através das formas históricas de intermediação corporativa, parainstitucionais, familiares e de redes clientelistas. Elas são partes constitutivas históricas da relação Estado-sociedade na região. As justificativas dos parlamentares brasileiros nos votos a favor da destituição de Dilma Rousseff são um exemplo extraordinário disso.

Por outro lado, a própria política experimenta uma forte diferenciação funcional, que se alimenta de novas e úteis especializações. A política é cada vez mais informacional, ou seja, desenvolve-se cada vez mais por meio de práticas profissionalizadas que exigem especialistas e assessores (técnicos profissionais) para as análises de conjuntura, os cenários prospectivos, a elaboração das propostas políticas, a construção da imagem de candidatos e a preparação geral das campanhas. A publicidade e sua complexidade desempenham aí um papel central.

Mas, além disso, a política é cada vez mais informacional porque utiliza as novas tecnologias digitais para realizar sondagens de opinião, atividades de difusão de propostas, publicidade, acompanhamento em tempo real de acontecimentos de impacto político etc. O uso das tecnologias nesse campo permite que os especialistas e assessores modifiquem mensagens e adaptem estratégias de comunicação segundo contextos que podem mudar muito depressa. Por sua vez, o uso dos "escândalos" para difamar um político rival é prática política comum na atual sociedade da informação, embora seus efeitos não sejam unidirecionais e às vezes acabem por beneficiar o rival. Contudo, a difusão de "escândalos" em geral favorece os interesses empresariais midiáticos, na medida em que se constrói como uma espécie de "entretenimento" para o grande público.[6] Também é paradigmático o caso de Donald Trump, que, com a maioria dos meios de comunicação contra ele, a criação de um *reality show* 2.0 e a utilização da estratégia do "escândalo", conseguiu saltar o cerco midiático e em seguida alimentarem-se, em conflito, mutuamente.

O caso mais complexo é a crise de legitimidade do conjunto do sistema político no Brasil, pois não afeta apenas os partidos e as instituições republicanas, mas também o mundo empresarial, estatal e a própria autoestima da sociedade.[7] A política é um fator-chave tanto na regulação das forças e atores nos mercados quanto nas comunicações. Na América Latina, o espaço público midiático é muito importante, pois

Comunicação digital e novo espaço público 215

é nos meios de comunicação que se constroem e difundem agendas e alternativas políticas, num jogo de interesses muitas vezes limitado, mas com grande influência. Ali o espaço público é configurado de um jeito novo, disputando interesses e relações de poder. Como fazer para que esse espaço midiático não seja totalmente absorvido pela lógica empresarial, para que se democratize e pluralize, transformando-se num terreno de participação ampliada para distintos atores, para que seja mais diverso e igualitário? Pensamos que os variados usos das novas tecnologias de comunicação contribuem, de fato, para gerar uma dinâmica mais horizontal e democrática, e nesse sentido são um contrapeso ao poder dos grandes grupos de comunicação, pois os espectadores deixaram de ser passivos e também interagem com eles: veem e ouvem TV ou rádio, mas ao mesmo tempo verificam o que está acontecendo nas redes sociais, nas quais também participam, ou buscam informação alternativa na internet, para dar somente um exemplo.

As redes e a construção de poder político

As redes sociais multimídia são hoje um espaço público absolutamente relevante, pois, embora as relações de poder sejam disputadas e construídas nas redes e na comunicação multimídia em geral, há lugar para a representação dos mais diversos interesses numa dinâmica comunicacional que inclua a possibilidade de comunicação em tempo real. O processo de transformação social exige a reprogramação das redes de comunicação. As redes permitem uma interação mais horizontal entre pessoas e grupos, dão espaço para uma certa espontaneidade na atuação, possibilitam a participação direta (sem intermediários institucionais) e também a construção de maior autonomia dos atores. Do mesmo modo, a defesa dessas características da comunicação em rede dependerá das pessoas e dos grupos, pois, como dissemos, a lógica de poder também está nas redes. Os movimentos socioculturais utilizam tanto as redes e outros espaços e recursos da internet quanto os meios de comunicação de massa para difundir ideias e propostas. Há uma dinâmica diversificada segundo os espaços públicos mais ou menos privatizados (como os meios massivos e as redes) para a divulgação e o debate coletivos.

Além disso, o alcance das tecnologias de comunicação sem fio nos últimos anos fez com que as comunicações se tornassem mais rápidas e as mensagens entre os usuários, mais confiáveis. As mensagens transmitidas por celular geram maior confiança por serem provenientes de pessoas e grupos de conhecidos. O individual é muito importante aqui para construir uma ação coletiva como, por exemplo, um protesto social. Como veremos mais adiante na análise de três movimentos de jovens na região, na sociedade-rede as revoltas adquirem um novo significado, aumentando sua potencialidade de influência e resistência política.

Graças às tecnologias de comunicação e informação, a comunicação pode ser instantânea, interativa e multimodal. Isso amplia sua repercussão e vem se somar à confiabilidade das mensagens que recebemos individualmente pelo celular. Com isso, toda a subjetividade se redefine. As tecnologias de comunicação livre e horizontal correspondem a tendências sociais fundamentais características da sociedade-rede.

Essas tendências são o "individualismo em rede" e o "comunalismo". A primeira refere-se a uma cultura na qual os valores

Comunicação digital e novo espaço público 217

e projetos individuais interagem entre indivíduos para alcançar reciprocamente suas metas. A segunda refere-se a identidades vulneráveis com valores mutantes. No cruzamento dessas duas tendências encontram-se os movimentos sociais,

> que reagem à opressão percebida e em seguida transformam seu protesto compartilhado numa comunidade de prática, sendo essa prática a resistência. Ou seja, as redes de indivíduos convertem-se em comunidades de insurgência. [...] [Para finalmente concluir que:] como a comunicação sem fio apoia-se em redes de práticas compartilhadas, esta é a tecnologia de comunicação adequada para a formação espontânea de comunidades de prática implicadas na resistência à dominação, ou seja, comunidades insurgentes instantâneas.[8]

Assim, essas mobilizações que surgem nas e das redes muitas vezes desafiam os modos tradicionais de fazer política e dinamizam a participação democrática, inclusive colocando limites ao poder das instituições e criando, indubitavelmente, um novo tipo de politicidade via rede.

Contudo, as redes não são instrumentos de transformação real por si mesmas, nem de experiências autênticas de comunicação. A experiência dos primeiros quinze anos das redes sociais baseadas na internet (a primeira rede social, Friendster, foi criada em 2002) mostra que, para além de seu potencial democrático, elas também constituem uma fonte de manipulação, desinformação e cada vez mais de usurpação da comunicação por parte de robôs programados por poderosos centros de poder, como as agências de inteligência russas ou americanas. A novidade da comunicação nas redes sociais é que elas são multidirecionais e interativas, e seus proprietários têm interesse em incrementar a comunicação horizontal, pois vivem de seu tráfego. Elas romperam o monopólio de informação por parte dos grandes grupos empresariais ou dos Estados. Seria ingênuo, contudo, acreditar que escapam da lógica do poder: elas igualam o terreno da comunicação a partir de sua característica de autocomunicação de massas, mas todos os tipos de interesses e poderes atuam nesse terreno, frequentemente tentando restabelecer formas de controle da autodeterminação cidadã.

Ainda assim, a expansão da livre comunicação horizontal teve importantes consequências no controle dos aparatos de poder e na democratização da informação. Um caso particularmente sugestivo é o do movimento Anonymous. Este é um movimento anarquista na rede que não visa ao poder, mas trata apenas de questioná-lo, com um impacto político e cultural às vezes notável. Eles são contra qualquer forma de censura na rede, lutam pela liberdade de expressão e questionam a censura e a privatização da informação dos núcleos de poder de sistemas políticos e corporações. Apoiam também os movimentos de direitos humanos, gênero e ecologia. Como sublinham Morales, Palmiciano e Valera,[9] trata-se de um movimento ao mesmo tempo ciberativista e hacker. O uso coletivo das redes é horizontal, sem líderes nem fins diretos de poder político. Eles penetram nos sistemas informáticos de poder usando complexas técnicas de análise e conhecimentos de engenharia para invadir nichos confidenciais de informação. Sua palavra de ordem é "Anônimos somos todos". Junto com outros movimentos, deram origem a um tipo de cultura política nodal.

Comunicação digital e novo espaço público 219

O carisma, a comunicação e a rede

Quando as bases institucionais da sociedade são relativamente fracas e a integração nacional e social é insuficiente, a demanda por líderes carismáticos é maior. E eles foram atores fundamentais ao longo da história da América Latina.

Os resultados negativos das reformas estruturais, que acentuavam os mecanismos centrais do mercado e concretizavam uma política meramente institucionalista, foram uma das principais causas para a reedição de "regimes neodesenvolvimentistas nacional-populares ou populistas" e para o surgimento de novos líderes com fortes traços carismáticos. Aí, num contexto de mudança da geopolítica global, o Estado e um modelo neodesenvolvimentista desempenharam um papel fundamental.[10]

O líder possui uma espécie de dom que lhe outorga um poder extraordinário. Ele cria uma ideia de comunidade emocional, produz ilusão e é solicitado pelas pessoas. O líder inclui, protege, faz e exige sacrifícios. Transforma os sujeitos passivos em sujeitos ativos, em movimentos.

A ideia de um passado referente é fundamental. Serge Moscovici[11] argumenta que "as impressões do passado conservam-se na vida mental das massas em forma de traços mnésicos. Em algumas condições favoráveis, é possível reconstituí-los. Conservam-se, aliás, tanto melhor quanto mais antigos forem".

Os líderes "neodesenvolvimentistas populistas" utilizam a ideia de retorno ao passado associada, em geral, ao melhor das experiências populistas vividas e com seus líderes: Zapata e Villa ou Cárdenas, no México; Perón e Evita, na Argentina; Bolívar, na Venezuela; Túpac Katari, na Bolívia.

Há na região uma combinação de traços passados e modernos, entre líderes de sociedades "semi-industrializadas", "quase modernas", e líderes da sociedade da informação e da comunicação em redes virtuais. A demanda de comunidade associa-se à inclusão na sociedade da comunicação e do consumo cultural.

A demanda por um Estado ativo e com presença forte na economia é uma explicação fundamental para a emergência de líderes com traços populistas e carismáticos, com políticas neodesenvolvimentistas baseadas na intervenção estatal na economia (segundo o índice de estatismo do Lapop, em 2014, mais de 70% dos latino-americanos reivindicavam um papel ativo do Estado; 62% na Venezuela; 82% no Paraguai; 80% no Chile).

A combinação de altos níveis de insegurança e baixa confiança na capacidade do sistema judicial de castigar os criminosos resulta num estado de vulnerabilidade das sociedades latino-americanas que incide também na demanda por esse tipo de líder.

O sentimento de vulnerabilidade é mais forte entre os setores sociais mais pobres, que são precisamente aqueles que tendem a buscar líderes com traços populistas.

A implantação de tecnologias de comunicação tem dois efeitos relevantes sobre as atitudes cidadãs e, potencialmente, sobre as preferências por essas formas de liderança. De um lado, a midiatização da política gera um processo complexo de relacionamento entre líderes e população, com a participação de atores com certa capacidade crítica. De outro, a participação dos cidadãos em esferas de tecnossociabilidade gera novos padrões de relacionamento social e de participação política que enfatizam antes o social que o Estado, e que apontam para uma cidadania autônoma.

Comunicação digital e novo espaço público 221

Contudo, é importante destacar que a política midiática, associada à crise de legitimidade das instituições políticas — particularmente os partidos —, favorece uma dinâmica personalista de intercâmbio entre líder e sociedade, deteriorando ainda mais as instituições. Hoje, os líderes fazem política global e comunicam-se com o público via múltiplos sistemas e redes de comunicação. Tuitar é a atividade preferida, em razão da "densidade teórica" das mensagens dos líderes atuais. O caso Trump é um produto particularmente importante. O carisma não tem propriedade ideológica, mas alimenta-se de crises institucionais no espaço público da rede.

Algumas tendências da reconfiguração do espaço público

A América Latina está inserida nos processos de globalização de maneira muito desigual, segundo as sub-regiões e os setores populacionais. Isso quer dizer, entre outras coisas, que existem grandes massas semiexcluídas da sociedade da informação. Contudo, podemos afirmar que a região, apesar da desigualdade e da exclusão, é atravessada por uma cultura global que tem um forte impacto, especialmente sobre os mais jovens. Hoje, o mundo "diminuiu" e o distante tornou-se próximo graças às tecnologias de informação e comunicação.

Os meios têm um impacto muito forte na construção do espaço público, pois não apenas geram e difundem informação, mas também elaboram e representam imaginários coletivos. Nesse sentido, as possibilidades atuais de participar individual e grupalmente da geração de informação e de conteúdos conseguem pelo menos penetrar, com maior ou menor eficácia, no discurso dos grandes meios. Isso permite que boa parte da população (sobretudo os mais jovens, que cresceram e socializaram-se nesse contexto tecnológico interativo) discuta, expresse, opine, rejeite ou aceite o que os meios de comunicação dizem. Os meios não enfrentam mais um público incapaz de responder ou discutir, pois agora existem tecnologias que permitem questionar os imaginários representados e expor representações alternativas. Isso não significa desconhecer o poder dos grandes meios de comunicação de atingir enormes massas da população com um discurso elaborado em função do mercado e principalmente de seus interesses particulares — isso quer dizer que hoje é possível, dado que as tecnologias viabilizam e os usuários desejam, participar de um modo diferente dos processos comunicativos de massa, em sintonia com uma orientação mais aberta dos próprios sistemas de comunicação. Em todo caso, a interação midiática tem um dinamismo voraz de transformação, e sua legitimidade entre as pessoas é relativamente importante e muito maior que a dos partidos políticos ou dos parlamentos.

Isso muda, portanto, a ideia de intervenção no espaço público, justamente porque existem novos mecanismos de ação coletiva e individual. No presente, é possível experimentar novas formas de fazer política, de participar e atuar nos conflitos e opções políticas, inclusive de maneiras diversas e complexas. À política que acontece nas instituições, assim como àquela mais ampla que se expressa nas manifestações de rua, somam-se a política nos meios de comunicação e a política que tende a ser mais democrática, nas redes sociais. Umas não excluem as outras, pois o espaço da rede complementa-se com a ida às ruas. Isso significa que há uma relação entre distintos modos de participação política, hoje em novos territórios, como o virtual, ou nos mais antigos, como o midiático.

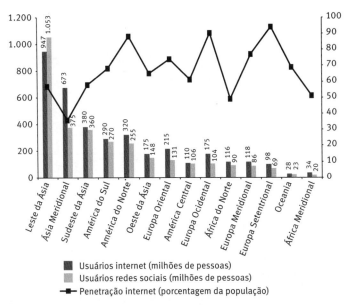

Figura 9.1. Usuários da internet, de redes sociais e penetração da internet
Regiões selecionadas, jan. 2018 (em milhões de pessoas e %)

Fonte: Elaboração própria a partir da base de dados do relatório "Digital in 2018", da wearesocial.com.

Esses novos modos de comunicar-se e participar também reconfiguram aquilo que entendemos por espaço público. Por exemplo: pode parecer que os conflitos que não têm presença midiática não existem; seus protagonistas sabem disso e sabem também que, em boa medida, o impacto que terão dependerá do fato de estarem ou não nos meios de comunicação — e não apenas na TV, mas cada vez mais na rede, da qual a TV já é uma parte.

A relação entre presença midiática e conflito é fundamental. A presença dos conflitos e dos diversos atores e movimen-

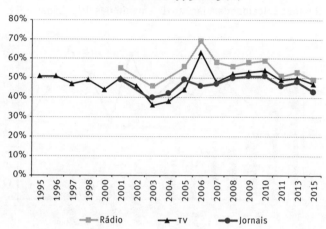

Figura 9.2. Confiança nos meios de comunicação
América Latina, 1995-2015 (%)

Fonte: Latinobarómetro, "La confianza en América Latina", 2015.

tos na mídia incide sobre os assuntos que são "discutidos" ou "tratados" no espaço público, e assim também se decide sobre a prioridade dos temas e problemas. Contudo, a possibilidade de "estourar" nas redes ou de plataformas web de amplo alcance também influi no que se pode discutir na mídia. Hoje não é tão fácil dizer "qualquer coisa". E nesse sentido os cidadãos podem ser mais ativos no espaço público sem pertencer a uma organização ou instituição e até mesmo sem ir para a rua (embora ir para a rua reforce o protesto e as reivindicações nas redes, a partir do territorial). Assim, independentemente da orientação política e ideológica, as pessoas, os atores e os movimentos têm hoje maiores possibilidades de levar a cabo uma ação direta no espaço público, como no caso dos recentes protestos de jovens no Chile, México e Brasil, que tiveram origem na web.

Comunicação digital e novo espaço público

O Estado na configuração de um novo espaço público

Parece que uma chave importante aqui é investigar a problemática articulação entre Estado, atores sociais e sistema político, como formulado por Fernando Calderón em *Tiempos de cambio*.[12] Nessa articulação, delineia-se um Estado ineficaz, que não oferece respostas para as demandas dos atores através de mecanismos de decisão, gestão e implementação de políticas públicas. Isso pressupõe, na democracia, um Estado que se comunica de diversas maneiras com os atores e a sociedade em seu conjunto, mas sobretudo por meio do sistema político. O livro de Calderón mencionava a necessidade de forjar um "Estado em função do público", ou seja, um Estado que estimule a constituição de espaços de deliberação pela geração de instrumentos e da fixação dos procedimentos necessários para que, a despeito de suas particularidades sociais, econômicas e culturais, os cidadãos possam "debater" as políticas em função das prioridades e dos valores da sociedade. O Estado deveria, ademais, garantir que as demandas específicas dos atores não levem a se perder de vista a convivência enquanto comunidade multicultural, convivência esta que implica, sobretudo na América Latina, lutar por maior justiça social e menor desigualdade, e, ao mesmo tempo, pelo reconhecimento do direito às diferenças, sejam elas nacionais, territoriais ou culturais.

Nesse sentido, o espaço público pode ser visto como espaço de expressão de conflitos, em que o estatal e o privado se entrecruzam, e no qual é possível discutir reivindicações, opções e propostas, além de deliberar sobre elas, mas também onde as questões tendem a se resolver em função do interesse comum. Por isso, defendemos que esse deve ser um espaço onde se exerce a diversidade mas também a "unidade" das sociedades. Aqui o espaço público é visto como bem comum, como espaço de debate e construção da opinião pública entre cidadãos e atores que atuam política e socialmente. A construção de um espaço público realmente capaz de gerar um debate aberto e que aceite o conflito, mas que o resolva no respeito à diversidade, coloca a liberdade, a deliberação e a democracia como entidades inseparáveis. Conseguir isso não é simples. Seria necessária uma metaideia, um metavalor que viabilize a comunicação dos diversos atores entre si e com as instituições do Estado, de modo que todos entendam que esse espaço público é construído por todos, com suas distintas responsabilidades, e que é, em si, um bem para todos. Além dos sucessos práticos, das políticas concretas conquistadas, dos conflitos resolvidos, esse espaço deveria ser considerado não apenas de um ponto de vista pragmático, mas sobretudo ético, centrado na dignidade e numa perspectiva unitária e dinâmica dos direitos humanos. A ideia seria de que é necessário preservar esse espaço, porque ele permite uma democracia melhor, a qual viabiliza melhores condições para os diferentes atores. Isso implica reaceitar regras e procedimentos para construir um espaço que, finalmente, seja benéfico para todos os atores (ainda que não satisfaça completamente as expectativas de cada um deles), mais além de suas peculiaridades. Isso resultaria numa "forma moderna de comunidade política [que] se apoia num vínculo produzido por um interesse público comum e não tem uma forma predefinida, pois está em constante construção".[13] E, sobretudo, depende dos conflitos e das capacidades dos atores inovadores da política.

Comunicação digital e novo espaço público

Desafio inovador: espaço público e democracia

À guisa de conclusão, e como resultado dos conflitos e movimentos vivenciados, é possível indagar acerca dos traços e possibilidades de um espaço público democrático renovado.

De maneiras diferentes, as diversas ações e protestos socioculturais visariam a um espaço público que contribua para uma espécie de desenvolvimento democrático libertário. Se é assim, elas teriam de conter valores que determinem procedimentos compartilhados. O funcionamento nesse espaço público permitiria, idealmente, redefinir as políticas e as metas institucionais e de desenvolvimento em cada sociedade, em função de seus interesses, valores, propósitos e prioridades. Por outro lado, este seria um espaço público democrático, plural e substantivo, na medida em que assegura institucionalidades pertinentes, liberdade de expressão e a diversidade dos diferentes atores que compõem as sociedades. Nesse sentido, o conceito de autonomia regulada de Thompson é um passo importante.

Ao constituir-se como espaço de deliberação entre atores que, embora diferentes, consideram-se iguais para dele participar, o espaço público poderia propiciar a obtenção de acordos e consensos relacionados às prioridades políticas (de acordo com valores) de um sistema político renovado. Dos intercâmbios entre os distintos atores que participam de um espaço público deliberativo poderiam surgir pelo menos algumas metas importantes partilhadas, capazes de orientar a busca de níveis maiores de liberdade e desenvolvimento centrado nas pessoas e coletividades como sujeitos autônomos. Quanto mais abrangente for o espaço público em termos de inclusão de vozes diversas, maiores serão as possibilidades de que os acordos obtidos tenham alcance mais universal.

Numa democracia, a ideia de ator vincula-se à de cidadão, pois o cidadão é entendido como parte de uma rede de relações sociais nas quais atua e com as quais compartilha responsabilidades, direitos, obrigações, compromissos. O cidadão também é parte de uma comunidade de cidadãos. Ninguém é cidadão isolado, e essa comunidade tem uma marca cultural. Mas ser cidadão implica, ademais, poder exercer seus direitos e obrigações pelos canais institucionais adequados. Nesse sentido, um Estado democrático desempenha papel-chave, pois deve garantir a participação cidadã e ampliá-la, assim como defender os direitos dos cidadãos e fiscalizar o cumprimento de seus deveres enquanto tais. Nessa estrutura, o espaço público seria um espaço-chave de expressão e exercício da cidadania.

De acordo com a presente perspectiva do desenvolvimento, o eixo está na capacidade de agência dos atores. O Estado e os mercados desempenham papéis centrais, mas são as pessoas, em sua qualidade de agentes e de atores, individual e coletivamente, a chave da inovação da democracia e do desenvolvimento. As pessoas têm vontades, objetivos, interesses, diversas capacidades de agência para alcançar suas metas, e relacionam-se com outras e com outros atores para modificar seu entorno e, nesse processo, também a si mesmas. O coletivo e o individual não são duas categorias pensadas em separado, pois o individual nasce num contexto que é histórico e coletivo, e o coletivo alimenta-se das capacidades individuais. Nessa dialética, idealmente mediada por processos de deliberação num marco democrático e de liberdades, constroem-se as sociedades e geram-se as propostas de desenvolvimento segundo as

Comunicação digital e novo espaço público 229

aspirações, culturas, histórias de cada um e em relação a um contexto mais amplo.

Nessa perspectiva, o tema da inclusão é central, não só do ponto de vista socioeconômico, mas também em termos de exercício da cidadania política.

A inclusão supõe condições de vida decentes para todos, além do reconhecimento das diferenças em muitos planos, construindo, no entanto, um plano de igualdade política e jurídica no qual as diversas liberdades possam se desenvolver. Supõe, nem mais nem menos, o exercício político, social e civil do cidadão. Por isso, em regimes democráticos, o cidadão é o sujeito e o objeto do desenvolvimento e da própria democracia.[14]

Logo, o vínculo entre cidadania, deliberação e desenvolvimento é um elemento-chave, que se fortalece e se expressa na capacidade de agência dos distintos atores (políticos, sociais, culturais) e pessoas no espaço público.

A partir de um espaço público mais democrático e, portanto, mais representativo da diversidade que compõe toda sociedade, no qual os diversos atores têm maior capacidade de fazer propostas e de decidir prioridades e políticas, é possível pensar um sistema político mais inclusivo, no contexto de um cenário global de transformações rápidas e de novos códigos.

No entanto, com que capacidades os atores socioculturais e as instituições democráticas podem contar para fazer frente aos desafios de uma política deliberativa que reconstitua o espaço público? Como ampliar a cidadania e a participação dos diversos atores mais afastados do espaço público para obter políticas sociais, econômicas e culturais mais representativas do espectro diverso de nossas sociedades? A democracia, como regime, garantiria uma estrutura, mas são os atores, sua prática deliberativa, sua representatividade, suas ações e sua capacidade de agência que dariam conteúdo a um espaço público democrático, obviamente não isento de conflitos, no qual seja possível debater e gerar políticas para o desenvolvimento democrático.

Claro está que a lógica perversa de vários atores na rede, assim como a das novas mobilizações e ações de uma direita ultranacionalista, presente em boa parte da região e fortemente vinculada à cultura autoritária das ditaduras do passado, também redesenha um espaço público relativamente restrito e instrumental, como no caso da conjuntura política na Guatemala ou de Jair Bolsonaro no Brasil, ou mesmo no caso das antimobilizações na Nicarágua. Assim, as opções autoritárias também estão presentes na rede e com muita força. Elas pretendem se transformar em alternativas diante da decomposição e do caos não somente nacional ou regional, mas também global. Essa é a outra face da moeda.

10. Conflitos e movimentos sociais

HÁ NA CONTINUIDADE HISTÓRICA da América Latina e do Caribe uma marca: o conflito social. Não é possível entender a cultura, o desenvolvimento e a política da região sem essa enorme e dramática experiência humana. Os latino-americanos, em sua diversidade de experiências, fizeram-se de protestos e movimentos contra diversas e complexas formas de dominação.

Um traço particular na região foi e ainda é a presença permanente do Estado, independentemente da orientação política e econômica, como ator em todas as esferas da vida social. O Estado foi também, embora nem sempre, um produtor de sociedade. Assim, de maneira geral, os conflitos sociais expressaram-se mais nos marcos do Estado que diretamente entre os atores sociais. As orientações políticas do desenvolvimento têm quase sempre o Estado como referência.

Desde os anos 1980, diversas formas de ação coletiva têm sido fundamentais na oposição e derrota dos autoritarismos, na oposição ao neoliberalismo, na emergência dos governos neodesenvolvimentistas e progressistas, e, mais recentemente, nos novos movimentos socioculturais — como os dos povos originários e afrodescendentes —, assim como nos movimentos de mulheres e de jovens buscando variados modos socioculturais e globais de transformação, e ao mesmo tempo novas maneiras de fazer política.[1]

A dinâmica dos conflitos sociais

A conflituosidade social recente, eixo da dinâmica e das possibilidades da política e do desenvolvimento, tem traços comuns partilhados pela maioria dos países da região: plataformas de exclusão e desigualdade crônicas, questionadas em sua maioria pela cidadania; conflitos complexos que associam tais desigualdades à sua quantidade e intensidade; combinação de protestos sociais que se expressam tanto no plano social nacional quanto no cultural-global; racionalidades práticas nos conflitos pela reprodução social convivendo com demandas de maior eficácia e legitimidade institucional e com conflitos culturais de caráter sistêmico. Da mesma forma, Estados onipresentes aparecem em todas as esferas dos conflitos com sérias limitações para processá-los. Concomitantemente, as sociedades enfrentam conflitos cada vez mais fragmentados, novos espaços públicos vinculados a sistemas de comunicação nos quais os conflitos são representados de maneira contraditória. Por sua vez, esses conflitos tendem a se deslocar cada vez mais para as redes de informação e comunicação, com efeitos multiplicadores nos novos cenários de poder.

A análise apresentada a seguir exemplifica essa dinâmica. Baseia-se em algumas conclusões do estudo sobre os protestos sociais na América Latina que examina os conflitos registrados em 54 jornais de dezessete países entre outubro de 2009 e setembro de 2010. No total, foram detectados e analisados 2318 conflitos.[2]

A lógica desses campos de conflito é relativamente diferenciada. Os conflitos de reprodução social compreendem principalmente as demandas que têm por objetivo satisfazer as

Conflitos e movimentos sociais

Figura 10.1. Quantidade de conflitos e média para cada 100 mil habitantes América Latina, out. 2009-set. 2010 (em quantidades e %)

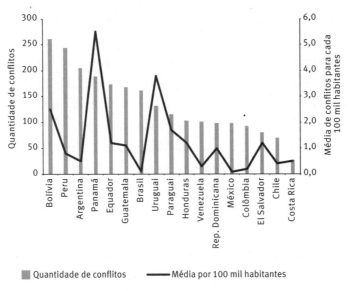

Fonte: Elaboração própria a partir da base em F. Calderón, *La protesta social en América Latina. Cuaderno de prospectiva política 1*, 2012.

necessidades básicas de bem-estar referentes a um mínimo de vida digna, trabalho, saúde, educação e moradia, que permitam a reprodução dos indivíduos e das coletividades humanas; sua lógica é essencialmente pragmática. Os conflitos do campo institucional miram a maior eficácia no funcionamento do Estado; sua lógica é vinculada sobretudo à legitimidade, à eficiência e eficácia na gestão institucional. Os conflitos culturais buscam obter mudanças dos modos de vida; são ideológicos e têm uma lógica mais estratégica.

Os conflitos associados à reprodução social

Como "reprodução social" compreendem-se as áreas básicas do desenvolvimento humano (trabalho-renda, saúde, educação e moradia, entre outros) e os aspectos relativos ao bem-estar geral de uma sociedade e à qualidade de vida. Os conflitos nesse campo, segundo o estudo, têm sobretudo uma lógica prática, pois estão ligados a demandas concretas relacionadas às condições de vida cotidianas das pessoas (como melhorias salariais e da situação geral de emprego, assistência na área de saúde, mais qualidade de educação e moradias dignas, entre outras), e constituem o primeiro campo de conflito na região em termos de importância numérica.

Vale a pena sublinhar que os conflitos ligados à reprodução social surgem principalmente por questões de índole socio-econômica e estão associados em especial ao emprego e ao consumo coletivo. Outros assuntos que levam à mobilização das pessoas são a discussão e/ou aplicação de medidas percebidas como desestabilizadoras ou prejudiciais à situação de trabalho conquistada e, em geral, à situação econômica, ou questões relacionadas à propriedade e à produção da terra. No campo da reprodução social, 59% dos conflitos relacionam-se a demandas trabalhistas e salariais; isso dá uma ideia do grande significado que tem o trabalho nas sociedades latino-americanas. Em nove dos dezessete países abarcados pelo estudo citado, os conflitos ligados ao trabalho e à situação econômica superavam 50% do total.

A informação sobre os conflitos associados à reprodução social mostra que os problemas socioeconômicos ocupam um lugar central na preocupação das pessoas. No âmbito regional, esses conflitos representam 47% do total, sendo os mais numerosos em doze dos dezessete países estudados. Analisando a situação por sub-regiões, nas zonas andina e centro-americana os conflitos associados à reprodução social representam aproximadamente 42% do total. Contudo, é digno de nota que essa porcentagem suba para 58,7% no Cone Sul.

Essa situação coloca sobre a mesa o tema da qualidade do desenvolvimento. A diminuição da desigualdade e da pobreza só será sólida e sustentável quando tiver como base a qualidade do emprego das pessoas e níveis ótimos de bem-estar social.

Embora os conflitos de terra representem apenas 5,3% do total na América Latina, são eles os que mais tendem a se ra-

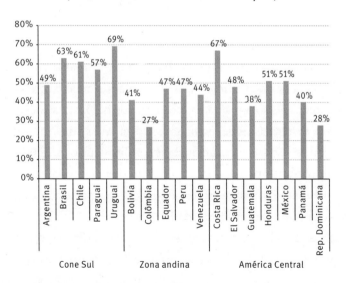

Figura 10.2. **Conflitos de reprodução social**
América Latina, out. 2009-set. 2010
(% sobre o total de conflitos em cada país)

Fonte: Elaboração própria a partir da base em F. Calderón, *La protesta social en América Latina. Cuaderno de prospectiva política 1*, 2012.

dicalizar, o que ocorreu em 53% dos casos durante o período analisado. Contudo, os conflitos por questões trabalhistas e/ou salariais e aqueles associados a medidas consideradas economicamente negativas pela população também apresentaram alto nível de radicalização: 49% e 42%, respectivamente. A tendência à radicalização dos conflitos associados a problemas de terra parece vinculada tanto à falta de espaços e/ou mecanismos institucionais para processar esse tipo de problema quanto à complexidade, que muitas vezes implica "cruzamentos" com demandas de grupos étnicos particulares e interesses políticos e econômicos locais. Por outro lado, muitos dos países analisados apresentam um atraso histórico quanto à realização de reformas agrárias que permitam romper as relações sociais tradicionais vinculadas ao regime de *hacienda*.

Os conflitos institucionais

Esses conflitos expressam as demandas por maior eficácia e eficiência das instituições e destacam a distância entre essas demandas pessoais e a escassa capacidade das instituições estatais de respondê-las de forma satisfatória. Mais que uma crítica formal ao sistema institucional, os conflitos que ocorrem nesse campo questionam o funcionamento das instituições, ainda que em muitos casos a crítica ao sistema faça parte do discurso nesse âmbito de conflituosidade.

As demandas expressas nesse campo conectam-se com uma reivindicação de melhoria da gestão e da administração públicas, de aumento da prestação e da qualidade dos serviços públicos, da agilização e transparência do sistema de Justiça e de

Conflitos e movimentos sociais 237

maior legitimidade das autoridades. São conflitos que incidem negativamente na qualidade da reprodução social; demandas que em geral têm mais a ver com institucionalidade frágil e falhas na aplicação de normas em muitos países da região do que com a ausência de instituições. Podemos dizer que, nesse terreno, o Estado é um "produtor" de conflitos, questão que já vinha se acelerando extremamente nos últimos anos.

Os conflitos institucionais ocupam o segundo lugar em termos numéricos na América Latina, com 38% do total. Os assuntos registrados com maior frequência são reclamações por ineficiência na gestão administrativa e protestos contra a prestação de serviços insatisfatória (geralmente por carências ou déficits de obras públicas em determinadas localidades ou por limitações na oferta de serviços básicos que o Estado deveria garantir).

No âmbito sub-regional, tanto na região andina quanto na América Central, México e República Dominicana, esses conflitos representam, em média, 41% do total. Em contrapartida, no Cone Sul, eles são 29% do total, e no Uruguai, especificamente, apenas 20%.

Os conflitos que atingem o maior nível de radicalização são aqueles ligados a problemas de limites político-administrativos (56%), ao descumprimento de convênios (53%) e ao questionamento ou falta de reconhecimento das autoridades (49%). Da mesma forma, cerca de 40% dos conflitos vinculados à ineficiência da gestão administrativa e da prestação de serviços públicos atinge níveis de radicalização importantes. O fato de que uma alta porcentagem dos conflitos institucionais se radicalize evidencia a debilidade estrutural das instituições de governo na região.

Nesse campo de conflitos existe um lado "parainstitucional", que marca a relação entre Estado e atores sociais. Essa "parainstitucionalidade" pressupõe um fluxo de jogos de interesses entre espaços e mecanismos formais e informais de processamento e solução de conflitos que é relevante na região. Uma hipótese que explicaria o fenômeno é a coexistência de relações sociais baseadas em redes e hierarquias — "legado" do passado colonial — com instituições modernas. Exemplo disso é o clientelismo. Relações informais desse tipo ocorrem em todos os espaços de interação social, inclusive nos âmbitos formais. São igualmente uma base para os esquemas de corrupção do sistema político e do Estado e para o impacto das economias criminais.

Os conflitos culturais

Os conflitos culturais questionam formas de vida e organização das sociedades e pretendem estabelecer novos modos de convivência e de interação social entre culturas, pessoas, grupos e instituições; eles enfatizam a qualidade da vida cotidiana com base não apenas em questões objetivas e práticas, mas também subjetivas e de valor. Por isso, são considerados estratégicos, pois buscam mudanças profundas no modo de convivência de nossas sociedades. Os altos níveis de desigualdade, sobretudo socioeconômica, mas também cultural, e a debilidade institucional são, na América Latina, fatores importantes que se encontram na base desse tipo de conflito. Destacam-se na região os conflitos de segurança cidadã, os político-ideológicos e, com ênfase cada vez maior, os ecológicos. Nestes últimos prevalece a oposição a um

Conflitos e movimentos sociais

modelo de desenvolvimento vinculado à exploração, redução e contaminação dos recursos naturais. Outro tipo de conflito que cresceu nos últimos anos foi o das relações de gênero, produto dos questionamentos ao patriarcado. Assim, muitos desses conflitos pretendem redefinir relações sociais para conquistar convivência cidadã melhor e maior segurança.

Embora os conflitos culturais tenham menor peso em termos relativos, pois configuram somente 15% do total na região, seu impacto é considerável, graças às redes sociais viabilizadas pelas novas tecnologias de informação e ao fato de eles não questionarem apenas as práticas de sentido econômico, mas principalmente os valores que fundamentam as sociedades. Costumam conter perguntas sobre que tipo de sociedade queremos e que desenvolvimento é possível. Por seu impacto cultural, podem ser considerados conflitos estratégicos, que afetam os vínculos de nossas sociedades com o Estado e com os processos de globalização, e, inclusive, é possível que cheguem a questionar a democracia.

O horizonte de 28% dos conflitos culturais é a luta por mais segurança cidadã diante da delinquência. Deles, 26% ocorrem no plano da luta político-ideológica, geralmente em virtude de posições opostas dos partidos políticos, que podem levar a um enfrentamento de tipo amigo/inimigo. São também os conflitos culturais que mais se radicalizam, seguidos pelos que demandam mais segurança.[3] Já 24% dos conflitos culturais, por sua vez, têm conteúdo ecológico e questionam o manejo dos recursos naturais pelos organismos públicos e privados, ou lançam a demanda de controle desses recursos. Por seu conteúdo universal, pois que afetam o meio ambiente em âmbito global e questionam o desenvolvimento baseado na exploração dos recursos naturais, os temas ecológicos têm grande repercussão, e é muito difícil debater suas razões. Encontram-se aí, por exemplo, conflitos associados ao extrativismo informacional, que cresceram em toda a região, como também os ligados à construção de infraestruturas, sobretudo na Amazônia.

Dois atores destacam-se pela posição-chave que ocupam nesse campo de conflito. De um lado os jovens, por sua participação em espaços de mobilização e pela proposta de novas reivindicações; tecnossociabilidade, conflitos em rede e nova politicidade são os traços específicos dos jovens nesse espaço. De outro lado, as mulheres, por seu caráter propositivo e seu potencial de transformação cultural, político e social.[4]

Em suma, existe maior complexidade do conflito social ligado a sistemas políticos e Estados com capacidade cada vez mais limitada de administrá-la.

Os jovens protestam[5]

As novas formas de comunicação envolvem o uso intensivo das tecnologias de informação e comunicação no espaço público. Este é entendido como um lugar de "encontro", onde as ideias e os valores são formados, transmitidos, intercambiados, respaldados e combatidos. As TICS permitem uma interação mais ágil, flexível e espontânea entre os atores, que graças a elas podem ter uma participação mais ativa na política. Ampliam-se assim as possibilidades de ação coletiva em virtude do fácil acesso e dos baixos custos de uso tanto da internet como das telefonias móveis.[6] Participar de um fórum, de um blog ou de

Conflitos e movimentos sociais 241

um grupo numa rede social é mais fácil que outras formas de participação política.

Os conflitos caracterizam-se cada vez mais por nascer a partir da rede, pois, quando surge uma insatisfação ou reivindicação generalizada, ela é transmitida espontaneamente por milhares de pessoas num prazo relativamente curto, sobretudo hoje, via redes sociais, mas também em blogs, fóruns, e-mails ou mensagens de texto. Com esses instrumentos, os cidadãos podem se organizar numa situação de conflito e trocar informações. Um "ciberativismo" que promove deliberação e ação concertada na rede e nas ruas já é um dado da realidade política latino-americana e mundial.

A globalização não produziu apenas concentração de poder e consumo de mercado; também trouxe como consequência o fortalecimento das capacidades individuais e coletivas nas quais primam a espontaneidade, o voluntarismo do ativismo político e a auto-organização. Portanto, as demandas começam a se redefinir individualmente, e os projetos coletivos na rede propõem, de diversas maneiras, a valorização da liberdade e da dignidade das pessoas. "Redes de indignação e esperança" foi como Manuel Castells denominou essas novas formas de atuar coletivamente nos âmbitos multicultural e global.

Trata-se de protestos — conforme analisamos no caso dos movimentos dos povos originários e dos afrodescendentes — de gênero e ecológicos, com forte conteúdo ético e subjetivo, e que ocorrem praticamente em todas as sociedades e culturas. Eles colocam no centro do debate a questão ética da política, dos direitos humanos e ecológicos e da dignidade das pessoas. Tendem a ser espontâneos, horizontais, deliberativos, práticos, virais (alternância em diversos espaços), multiculturais, poli-

242 *A nova América Latina*

cêntricos. Em suma, exigem canais de expansão democrática e produzem uma crítica ética, mas prática, do poder.

Algumas características dos protestos na rede protagonizados por jovens no Chile, México e Brasil fazem parte de novas dinâmicas que também operam em escala global, envolvendo, por exemplo, Portugal, Tunísia, Egito, Islândia, Espanha, Estados Unidos, Grécia etc.[7]

Os jovens chilenos

Recuperando a memória de Salvador Allende em La Alameda ("Se sente, se sente, Allende está presente"), os jovens chilenos tentavam projetar um novo tipo de vida, de educação e de política: suas múltiplas demandas tinham como centro, nem mais nem menos, o papel estratégico de uma educação inclusiva e de qualidade numa sociedade inovadora e democrática.

Em maio de 2011, jovens estudantes universitários chilenos começaram a se manifestar a favor da educação pública de qualidade e gratuita. Suas reivindicações pontuais eram aumento e pagamento das bolsas estudantis, diminuição dos juros dos empréstimos educacionais, participação estudantil no desenho e na gestão das políticas educativas e nas universidades e maior controle do Estado sobre as universidades privadas.

Embora o movimento tivesse como centro a área educacional, ele gerou reflexão e debate na sociedade e foi ganhando legitimidade (de acordo com dados da Adimark, em agosto de 2011, 76% dos chilenos concordavam "com as demandas que os estudantes universitários e secundários apresentaram recentemente").[8] Com isso, ele começou a questionar também

Conflitos e movimentos sociais

outros âmbitos de poder na esfera pública (sistema de saúde, problemas de moradia, sistema de pensões), articulados em torno de um novo modo de vida mais "latino-americano", que rejeita a perspectiva neoliberal em matéria de políticas públicas e busca inclusão e justiça social, ampliação da participação cidadã e aprofundamento da democracia em termos de extensão e reconhecimento de direitos (questiona, por exemplo, a ação do Estado em relação às minorias étnicas, especialmente os mapuches; mas também critica a deterioração do meio ambiente, o racismo e o sexismo vigentes na sociedade chilena). A participação que gerou o movimento também rebaixava os limites do sistema de partidos, além de questioná-lo.

O movimento teve início nas redes sociais, mas foi ganhando espaço nas ruas e abriu um processo de negociação com o governo. Com uma composição ideológica diversa, incluiu correntes de esquerda (comunistas, anarquistas) e estudantes independentes desejosos de participar na construção de outro tipo de universidade e de uma sociedade diferente daquela pautada pelos mercados. O caráter democrático do movimento pode ser constatado nos debates públicos e nas decisões tomadas por maioria nas assembleias.

Embora o movimento ainda não tenha alcançado suas metas, as mudanças que gerou na agenda política e cultural chilena são evidentes. Conseguirá o sistema absorver essas demandas, ou os protestos recomeçarão, construindo uma nova dinâmica do conflito e da mudança?

Um fato recente de particular importância foi a última eleição nacional, de 2017, quando o movimento optou por transformar-se numa nova força política autônoma que chegou a obter uma porcentagem superior a 20% dos votos. Como nenhum de seus dirigentes tinha completado 35 anos, condição institucional para ocupar a presidência, eles tiveram de recorrer à jornalista feminista Beatriz Sánchez, candidata independente, para participar da disputa. Essa situação, a despeito dos méritos de Beatriz Sánchez, reflete a distância entre a velha dinâmica política do Chile e a realidade das novas lideranças.

Movimento YoSoy132

No contexto das eleições nacionais de 2012, no México, o Movimento YoSoy132 surgiu como resposta de um grupo de estudantes da Universidade Ibero-Americana da Cidade do México quando, no mês de maio, numa conferência ali de Enrique Peña Nieto, então candidato à presidência pelo PRI, ocorreram incidentes em protestos por ele ter aprovado a repressão de uma manifestação de jovens em 2006, quando era governador do estado do México. Os incidentes haviam sido filmados por celular e divulgados via internet.

Depois desses fatos, que obrigaram Peña Nieto a refugiar-se no banheiro antes de conseguir sair da universidade, sob forte esquema de segurança, os meios de comunicação e as autoridades universitárias desqualificaram o acontecido dizendo que não era uma expressão genuína nem representava a opinião dos estudantes, e que os incidentes teriam sido promovidos por pessoas estranhas à instituição.

Diante dessas manifestações, estudantes da própria universidade postaram um vídeo na internet assumindo sua participação nos incidentes e reafirmando sua posição. Eles assinaram como "131 estudantes", incluindo nome e sobrenome, número

Conflitos e movimentos sociais 245

de matrícula e faculdade a que pertenciam. Imediatamente o vídeo foi reproduzido por milhares de pessoas no YouTube e viralizou nas redes sociais, com a etiqueta "YoSoy132", para manifestar apoio ao grupo de jovens universitários.[9]

Dias depois, o movimento gerado nas redes virtuais ampliou-se em manifestações de rua e múltiplas assembleias. As principais reivindicações eram o aprofundamento democrático, a transparência e a defesa da liberdade de expressão, além de exprimir um grande descontentamento com a classe política e com a corrupção e questionar a manipulação da informação nos meios de comunicação de massas. O movimento definiu-se como estudantil, apartidário, plural, laico, antineoliberal, de oposição a Peña Nieto, pacífico e com orientação social, política e humanista. Surgido numa universidade privada, logo construiu pontes com os estudantes das universidades públicas, o que era um reflexo do crescente descontentamento dos jovens com o sistema político mexicano. Tratava-se de um movimento criado por uma nova geração de jovens que questionava tanto a cultura política liderada pelos tradicionais partidos mexicanos quanto os dois monopólios televisivos do país, a Televisa e a Televisión Azteca, e que buscava novos caminhos para participar e defender seus direitos humanos e de cidadãos. O futuro dessa mobilização é incerto, mas o que se sabe é que teve destacada aceitação entre a juventude e nos centros educativos de setores médios e populares, e que, em grande medida, essa acolhida se transformou numa referência para a política mexicana.

Movimento Passe Livre

No Brasil, no começo de junho de 2013, teve início uma série de protestos contra os aumentos nas tarifas de transporte público, que foram num crescente até o dia 14, quando a polícia passou a reprimi-los com violência. Na cidade de São Paulo, as manifestações convocadas pelas redes sociais bloquearam as principais avenidas e foram encabeçadas, entre outras organizações, pelo Movimento Passe Livre, que luta desde 2005 pela diminuição do custo do transporte público e se organiza através das redes sociais.[10] O movimento era constituído por jovens independentes, partidos políticos de esquerda e anarquistas, em sua maioria estudantes universitários e setores profissionais; setores populares da periferia também participavam. O movimento organizou-se de maneira descentralizada, em rede, e tinha um caráter horizontal.

Embora o estopim das manifestações tenha sido o aumento das tarifas dos transportes públicos, que tem grande impacto entre os setores médios e baixos da população, as reivindicações logo se multiplicaram nas ruas, sobretudo aquelas que se opunham aos gastos relacionados aos megaeventos desportivos com sede no Brasil (Copa das Confederações Fifa 2013, Copa do Mundo Fifa 2014 e Jogos Olímpicos de 2016), enquanto os serviços públicos continuavam ineficientes e caros. Mas também reivindicavam melhor acesso à saúde e à educação, transparência das instituições públicas, luta contra a corrupção, desmilitarização da polícia e os direitos dos povos indígenas. E avançavam demandas de ampliação do papel do Estado no âmbito público, de participação cidadã e sobretudo para que a sociedade fosse ouvida fora do sistema

Conflitos e movimentos sociais 247

político tradicional, o que também constitui um questionamento desse sistema.

Os protestos iniciais — que tiveram origem nas redes sociais, nas quais o debate prosseguiu — alcançaram o objetivo de reverter o aumento das tarifas. Mas novas demandas e reivindicações cidadãs foram geradas nos meses seguintes, embora de forma mais segmentada e setorial.

Contudo, os incidentes registrados durante algumas mobilizações — repressão policial, de um lado, saques e depredação do patrimônio por uma minoria radicalizada, de outro — dividiram a opinião pública e afetaram a legitimidade do movimento. A grande maioria da população brasileira opunha-se à violência.

Alguns analistas sustentam que esses protestos constituiriam uma revalorização da vida política e da rua como lugar de expressão política e espaço público a partir do qual seria possível obter resultados concretos. Da mesma forma, parecia que o que se questionava era um modelo econômico e social que, apesar de alguns avanços quanto à diminuição da pobreza nos últimos dez anos, não conseguira responder às múltiplas demandas que foram crescendo em conjunto com as melhorias conquistadas. Ou seja, percebia-se uma insatisfação generalizada, especialmente nos setores médios, que precisavam se esforçar muito para se manter médios. Outros viram um questionamento do exercício do poder político: por trás das reivindicações concretas haveria uma demanda ética de mudanças substantivas em termos de participação política nas tomadas de decisão e de ampliação do sistema político, de maior cidadania. Isso foi reconhecido até no discurso da então presidente Dilma Rousseff.[11]

Esses movimentos nas ruas, que combinam reivindicações pontuais e demandas de ampliação cidadã, mostram que existe muita gente que não aprova a "privatização" das cidades nem sua segmentação. Fazem pensar em novos modelos de desenvolvimento e convivência urbana, e evidenciam a exclusão ou a inclusão parcial de amplos setores que vivem nas cidades e em seus arredores, e que também querem fazer parte delas, para dar a esses setores sentidos diferentes daquele do consumo promovido pela economia de mercado. Havia nas manifestações cartazes que diziam: "Desculpe o transtorno, estamos mudando o país". O sentido principal parece ser tanto a busca de uma mudança a partir do descontentamento gerado pela evolução da vida urbana e por seus custos desiguais, quanto uma crítica à ética dos políticos.

Contudo, no Brasil e em outros lugares da região, também emergiram movimentos sociais conservadores de extrema direita, que serviram de base para candidaturas políticas como a de Jair Bolsonaro. As intervenções de corte autoritário e até mesmo fascistas nas redes sociais estão revivendo culturas autoritárias ancestrais que são reforçadas pela referência ao neofascismo na Europa e à liderança de Donald Trump. A política da extrema direita também está mobilizada nas ruas e nas redes, constituindo novas forças que disputam o poder e defendem o retorno a uma cultura estamental de tipo colonial. E, assim, a rede e a rua são parte de um novo espaço público ideologicamente diverso.

As demandas das mulheres e sua capacidade de agência

Os antecedentes mais significativos no que diz respeito às mudanças na subjetividade e na capacidade de ação das mulheres

Conflitos e movimentos sociais

estão ligados ao movimento de direitos humanos, ao longo de toda a região, nas últimas décadas. Desde a mobilização e as greves de fome das mães mineiras bolivianas nos anos 1970 — que culminaram com a instauração da democracia na Bolívia —, o peso cultural e político dos movimentos pela paz e pelos direitos humanos das Mães e Avós da Praça de Maio, na Argentina, das Mães de Maio, no Brasil, das mulheres colombianas e guatemaltecas, assim como os recentes movimentos de mães e mulheres pelos direitos humanos em toda a América Latina, estão mudando o papel da mulher na sociedade.

Também foi muito importante a força simbólica dos movimentos feministas entre as classes médias educadas, com fortes críticas ao androcentrismo e com reivindicações de mudanças na vida cotidiana. Foram fundamentais também suas reivindicações junto ao Estado e aos organismos internacionais, sobretudo as Nações Unidas, para favorecer a participação da mulher nas diversas esferas da vida pública, fortalecendo assim seus direitos humanos.

Com esses antecedentes, começaram a ser gestadas uma nova lógica e uma série de novas demandas e lutas das mulheres nos âmbitos mais diversos das esferas públicas e privadas, questionando cada vez mais o regime patriarcal de poder e dominação. Assim, as mulheres e outros movimentos de gênero politizaram os âmbitos privados de dominação, colocando-os na cena pública e modificando as relações de poder públicas e privadas.

Um movimento fundamental é a mobilização das mulheres pelo direito ao aborto. Em 69,5% dos países do mundo o aborto não é prática legal, e, segundo informes da Anistia Internacional, a América Latina é a região mais desigual do mundo em matéria de acesso aos serviços de saúde sexual e reprodutiva. As políticas restritivas do aborto, junto com as concepções sociais a respeito do tema, obrigam milhões de mulheres a sofrer abortos clandestinos. Segundo estimativas da OMS, presume-se que mais de 25 milhões de mulheres e meninas recorrem a abortos em condições de risco na região.[12]

Nesse âmbito, o site Women on Web é uma comunidade digital de mulheres que facilita o acesso das mulheres a informações sobre modos de realizar abortos usando medicamentos que integram a lista de remédios essenciais da OMS:[13] mifepristone e misoprostol.[14] Na América Latina, o mifepristone só pode ser obtido de forma legal no Uruguai, onde a legalização do aborto até a 12ª semana de gravidez foi aprovada em 2012, pela lei n. 18 987. Na Argentina, no Peru e na Colômbia é possível adquirir misoprostol nas farmácias, embora seu custo varie significativamente entre os países.[15] Women on Web é, além disso, uma rede de encontro e apoio para mulheres que interrompem voluntariamente a gravidez, com base no pleno gozo de seus direitos, no propósito de romper com a desigualdade de fato, a discriminação e a violência que sofrem.

Outra experiência muito criativa e cada vez mais generalizada no âmbito internacional é o Movimento Ni una Menos. "Nem uma a menos, nem uma morta a mais" era o lema original, que remete a um poema-denúncia dos assassinatos de mulheres na cidade de Juárez, no México. Trata-se da luta de mulheres urbanas que teve início na Argentina, com presença crescente no Chile, Bolívia, Uruguai, México, Guatemala, Espanha e França. Seu principal objetivo é eliminar a violência de gênero e aumentar a participação e o reconhecimento das mulheres como sujeitos com direito a questionar o imaginário

Conflitos e movimentos sociais 251

machista e de violência de gênero nos meios de comunicação, além de promover leis contra todo tipo de violência. Entre 2015 e 2017, foram realizadas três grandes mobilizações convocadas pelas redes de informação e comunicação, com considerável impacto social, questionando o poder patriarcal e a classe política e reivindicando leis que previnam a dominação e a violência contra as mulheres.

Esse movimento goza, ademais, de amplo reconhecimento na opinião pública e tem também o apoio declarado de artistas, intelectuais, jornalistas, ONGs e empresários culturais, entre outros.[16]

Uma consequência fundamental da enorme mudança nas relações de gênero é a tendência não apenas para o surgimento de formas inovadoras e diversas de protesto de atores e movimentos em todos os países da região, mas também para que a capacidade de transformação das metas e dos projetos dessas ações seja acompanhada pela busca de resultados concretos e por uma pedagogia de comunicação intercultural e democrática entre seus diversos protagonistas. Assim, talvez uma das mudanças mais extraordinárias que a sociedade ou as sociedades latino-americanas começam a viver seja o aumento da capacidade de agência da mulher.

Um exemplo empírico importante são as descobertas do *Relatório de desenvolvimento humano sobre juventude no Mercosul*,[17] particularmente nas grandes cidades. O relatório levantou uma série de indicadores quantitativos da capacidade de agência objetiva, subjetiva e democrática, e em praticamente todos os casos nacionais, assim como em todos os níveis sociais e etários, entre jovens de diferentes idades, demonstrou a destacada capacidade de agência das mulheres. Assim, por um lado, as mulheres tinham maior capacidade de articular demandas de cidadania vinculadas a uma maior eficácia, demandas de distribuição, participação e reconhecimento. O eixo das demandas entre as mais pobres era a distribuição; entre as mais educadas e com renda mais alta era a participação; e entre as mais jovens, o reconhecimento como pessoa.

Quanto aos índices subjetivos e objetivos de capacidade de agência, esta se mostrou alta em sete a cada dez mulheres. No caso dos homens, cinco em cada dez tinham alta capacidade.[18]

Assim, considerando, de um lado, os novos movimentos de mulheres que lutam por seus direitos e reivindicam políticas que questionam as bases mais profundas do poder cultural, e, de outro, a tendência para o crescimento de sua capacidade de agência na administração dos problemas concretos na vida cotidiana, é possível confirmar que um novo sujeito histórico está emergindo na região. Falamos aqui de um sujeito que busca uma mudança cultural e um novo sentido da vida e da política, e que em sua busca encontra a dignidade como referência para a vida humana no cotidiano. Pretende mudar a ordem patriarcal e a violência sexista nessas sociedades, e quer, com isso, redefinir o que é possível mudar na política e no campo histórico.

Por último, vale a pena mencionar um tema central: os movimentos dos gays, transexuais e lésbicas, diretamente associados às mudanças na família e à desintegração do patriarcado. Trata-se de novas subjetividades e de protestos em torno da autodefinição cada vez mais ampla da orientação e da identidade sexuais, e de formas culturais de vida centradas na formação de casais e relações que escapam das normas e dos costumes baseados na família e nos valores religiosos tradicionais. Está surgindo uma nova cultura das relações sexuais e

Conflitos e movimentos sociais

afetivas como rejeição ao patriarcado heterossexual, à cultura milenar de dominação das pessoas que determina quem podemos e quem não podemos amar.

Os protestos ecológicos

A opinião pública mundial e boa parte dos países vêm reconhecendo uma mudança climática global com efeitos perversos para a natureza e para as diversas realidades humanas, sem exceção; com isso, reconhecem também, de maneira crescente e constante, o impacto do modo de desenvolvimento capitalista industrial em praticamente todas as esferas da produção e de um consumo individualista que legitima e incentiva a crise ambiental crescente que o mundo está vivendo. Segundo o *Relatório Latinobarómetro 2017*, 83% dos latino-americanos consideram que as pessoas são as principais responsáveis pela mudança climática, e 71%, que se deve priorizar a luta contra a mudança climática, mesmo que ela tenha consequências negativas sobre o crescimento econômico.

Os processos de degradação e destruição ambiental foram impulsionados pelos países e empresas mais desenvolvidos industrialmente, enquanto os países que sofrem as consequências disso sobre seu desenvolvimento são precisamente os mais contaminados e os que têm menos possibilidades de enfrentar a mudança climática e a deterioração ambiental. Os dados dos índices de desenvolvimento humano e outros no âmbito global são conclusivos, pois os países com maiores índices de desenvolvimento humano são os que produzem mais contaminação, enquanto os que detêm índices baixos ou muito baixos são os que mais sofrem as consequências disso, verificando-se assim que o desenvolvimento inumano também é global. De fato, segundo o *Relatório de desenvolvimento humano de 2007-08*, as emissões de CO_2 per capita dos países-membros da Organização para a Cooperação e o Desenvolvimento Econômicos (OCDE) eram, em 2004, de 11,5 toneladas, enquanto nos países da África subsaariana e da América Latina e do Caribe eram de 1,0 e 2,6 toneladas, respectivamente.[19] Dados do Banco Mundial para 2014 mostram uma tendência decrescente nas emissões de CO_2 nos países da OCDE, mas as disparidades entre as regiões mencionadas se mantêm.[20]

Esse fenômeno e, especialmente, as novas formas do "extrativismo informacional" (ver capítulo 2) produziram importantes transformações subjetivas na opinião pública latino-americana, uma notável expansão de redes de ONGS globais, sobretudo de caráter setorial, e uma significativa multiplicação de protestos de resistência ecológica, em particular nos territórios onde os novos empreendimentos extrativistas estão se expandindo. Tudo isso gera importantes problemas políticos para os Estados e as empresas. Nesse contexto, destacam-se a emergência das culturas ecológicas dos povos originários e a revalorização de formas de vida em consonância com uma reprodução saudável da natureza. O direito à vida é também da própria natureza, e, assim, aqui também estaria se conformando um novo campo de conflito histórico.[21]

Alguns exemplos na região andina

Um caso emblemático na América Latina é a mobilização em defesa do Tipnis boliviano (região andino-amazônica de 1,2

Conflitos e movimentos sociais 255

milhão de hectares), promovida por comunidades de t'simanes, yuracarés e mojenhos. Existem ali três microssistemas de biodiversidade ecológica que precisam se autorreproduzir em condições ambientais naturais para que o equilíbrio ecológico não seja rompido. O governo, de orientação neodesenvolvimentista e indigenista andina, apoiou a construção de uma estrada cruzando o território do Tipnis para gerar maior integração territorial e criar condições para ampliar o crescimento econômico.

A reação foi a organização, em 2011, de uma importante marcha comunitária a partir do Norte da Bolívia, no departamento de Pando, até a cidade de La Paz, a mais de mil quilômetros de distância. O protesto começou com cerca de seiscentos manifestantes, mas, ao chegar a La Paz, recebeu o apoio mobilizado de mais de meio milhão de pessoas. A relação entre a marcha, a opinião pública e o apoio de redes ecológicas globais estabeleceu-se a partir de redes de informação e comunicação.

Constituiu-se assim um espaço de conflito territorial entre um governo neodesenvolvimentista e as comunidades do Tipnis, que defendiam a reprodução cultural baseada num ecoterritório sustentável. No conflito estavam em jogo, de um lado, a defesa do território do Tipnis e, de outro, um complicado sistema de interesses de empresas petrolíferas, como Total e Petrobras, de expansão da economia da soja, de empresários madeireiros do Norte e, em termos mais estratégicos, do fortalecimento do processo de integração com o Brasil, a Ásia e o Pacífico. No final, a via comunitária conseguiu se impor e foram introduzidas algumas mudanças na Constituição a favor do Tipnis, embora em termos reais a resolução do projeto favorável ao poder do Estado continue pendente.[22]

Anthony Bebbington, no estudo que coordenou sobre conflitos sociais e indústrias extrativas, ressalta alguns dos perfis e conflitos políticos institucionais de várias empresas e territorialidades na Bolívia, no Equador e no Peru. A tese, centrada na perspectiva da governança, afirma que "o fortalecimento institucional é um processo político no qual o conflito socioambiental pode desempenhar papel potencialmente construtivo", e destaca numa de suas conclusões que,

> por meio dos estudos de caso, fica evidente que a dinâmica e os resultados do conflito são determinados pela interação entre, de um lado, esses fatores relacionais e estruturais e, de outro, os fatores locais. As histórias sociais e político-econômicas locais são cruciais para determinar a forma como as indústrias extrativas são interpretadas, a probabilidade e a natureza do conflito e as formas como o conflito — se surgir — é administrado.[23]

Na maioria dos casos, trata-se da defesa, por parte das populações, de seus territórios diante de megaprojetos extrativos que geram incerteza na sociedade quanto a seus meios de subsistência (água, terra) e ao controle de seus territórios. Em todos os casos, trata-se de "regiões da América Latina que são pobres em capital financeiro e ricas em diversidade biológica e cultural, [e] as arraigadas desigualdades sociais e econômicas colocam desafios muito específicos para o desenho e a aplicação de políticas".[24]

O estudo ainda aponta: "A despeito das diversas inclinações políticas dos presidentes da Bolívia, do Equador e do Peru, eles seguem modelos de desenvolvimento econômico baseados na

Conflitos e movimentos sociais

extração e exportação de recursos minerais e de hidrocarboneto". Debates polarizados sobre a "maldição dos recursos" convergem na ideia da "importância da qualidade institucional e do contexto na hora de determinar os efeitos das indústrias extrativas sobre o desenvolvimento".[25]

Nos conflitos, combinam-se dinâmicas locais, nacionais e internacionais capazes de conectá-los através de governos, mercados e sociedade civil. Os conflitos ecológicos estudados foram os de Bagua e Camisea, no Peru, os do Chaco e Pilcomayo, na Bolívia, e os de Mandato Minero e Amazonia, no Equador.

Outro caso particularmente complexo foi o conflito ambiental entre os habitantes de Gualeguaychú, a fábrica finlandesa Botnia, os Estados do Uruguai e da Argentina e um complexo sistema de interesses privados e políticos locais. Foi um conflito de longa duração sobre os efeitos de contaminação do rio por empresas processadoras de celulose. A instalação da processadora de celulose produziu uma mudança ambiental que afetou a vida política e a convivência entre Uruguai e Argentina, e tornou evidentes as dificuldades das políticas nacionais para resolver as demandas ecológicas de uma sociedade local. Estudo de Vicente Palermo e outros, "El gobernador pasó en helicóptero", mostra com detalhes a complexidade desse tipo de conflito ambiental, os limites da política e dos próprios Estados.

Para finalizar, se adotarmos uma visão integrada desses novos tipos de conflitos e movimentos é possível concluir que um novo campo histórico emergiu, e talvez tenha passado a reorganizar a nova América Latina na era da informação. Uma nova politicidade, que redefine os campos da política e do poder, estaria sendo gestada de maneira não sincronizada.

São mudanças culturais associadas a problemas crônicos de desigualdade, insegurança, contaminação, sexismo, pobreza e desenvolvimento inumano vividos na região, e sua evolução é permeável e intrinsecamente vinculada a essas crônicas realidades. No entanto, até o momento, embora os novos tipos de conflito tenham se multiplicado, eles permanecem fragmentados entre si, e sua dinâmica associa-se em grande medida não somente a novas formas de diferenciação social, mas também, em particular, a novos e complexos mecanismos de diferença funcional nos diversos processos tecnoinformacionais, comunicacionais e de redes de informação quase infinitas, mas nem sempre interconectadas.

11. A corrupção do Estado

Nas duas primeiras décadas do século xxi, quase todos os países da América Latina viveram uma sucessão de graves crises sociopolíticas que abalaram a estabilidade do Estado, afetando o processo de desenvolvimento em seu conjunto. Na raiz de praticamente todas as crises havia um fator desencadeante: a corrupção. O que os golpes militares foram no século xx como fator perturbador do Estado e da sociedade é no século xxi a corrupção sistêmica, que caracteriza todos os regimes políticos e destrói o vínculo de confiança entre cidadãos e Estado, fundamento psicológico e cultural que embasa a legitimidade da democracia. Por isso a corrupção é grave — porque, quando a América Latina parecia enfim ter alcançado o ideal de democracia liberal pelo qual tanto sangue, suor e lágrimas haviam sido derramados, um novo espectro começa a corroer a institucionalidade sobre a qual o cotidiano das pessoas repousa: a corrupção do Estado.

Na realidade, a centralidade política da corrupção é um enigma, pois sempre houve corrupção — política, empresarial e social — na América Latina, e não necessariamente mais que no resto do mundo (Europa, Ásia, Estados Unidos ou África), sob formas mais ou menos disfarçadas e sofisticadas segundo a história diferencial, as culturas e os contextos legais. Portanto, a verdadeira pergunta não é por que existe corrupção, mas por que ela é muito mais decisiva em termos políticos do que foi em tempos passados, e por que os cidadãos se mostram tão sensibilizados pela corrupção que saem às ruas e contribuem para derrubar presidentes. Existem várias hipóteses possíveis: haveria hoje muito mais corrupção em termos quantitativos, alcançando uma massa crítica que a torna disfuncional para o sistema e insuportável para as pessoas; seria uma corrupção sistêmica, que impede a confiança nas instituições, simplesmente porque funciona segundo regras de jogo às quais a maioria não tem acesso; haveria hoje muito mais informação nos meios de comunicação, que entenderam que corrupção vende, ou sobretudo nas redes sociais ubíquas, que ninguém controla, o que resulta na incapacidade dos meios de ocultar informações; ou talvez seja parte da nova forma de fazer política, a política midiática que analisamos antes, baseada na personalização dos líderes como encarnações da confiança delegada, e de seu correlato, a política do escândalo, em que os adversários políticos infiltram informação fidedigna, parcialmente falsa ou falseada, para destruir a imagem do outro (como todos, ou quase todos, fazem isso, fazer política transforma-se em determinar quem é mais corrupto). E talvez seja tudo isso ao mesmo tempo. O resultado é que a corrupção e sua imagem determinam a política e corroem o Estado. Mas por que o Estado é ao mesmo tempo tão decisivo e tão vulnerável?

Na realidade, o Estado sempre foi o núcleo estruturante das sociedades latino-americanas, qualquer que fosse sua autonomia ou sua dependência em relação aos grupos econômicos nacionais ou estrangeiros, e aos atores sociais mobilizados a partir de projetos de controle dos recursos públicos e da capacidade de intervenção do Estado.[1] Inclusive, nos casos de pre-

A corrupção do Estado

domínio de políticas liberais, a desregulamentação e a privatização foram políticas públicas efetuadas a partir das relações de poder estabelecidas no Estado. Isso não significa que o Estado seja sempre forte. Há países nos quais foi historicamente fraco, ou seja, com pouca capacidade de impor-se aos grupos de poder na sociedade. Este é, por exemplo, o caso da Colômbia, onde o Estado central sempre foi dependente do jogo das elites regionais com respeito às instituições. Com frequência se aponta esta como uma das razões da extrema fragmentação do Estado colombiano e de sua limitada capacidade repressiva para impor a ordem, abrindo caminho, assim, à violência generalizada como forma de dirimir conflitos entre as elites em luta pelo controle do Estado central.[2]

Outros países, ao contrário, tiveram Estados fortes, tais como o Estado resultante da Revolução Mexicana a partir da presidência de Lázaro Cárdemas; ou o Estado chileno, respaldado por Forças Armadas institucionais até o golpe de Pinochet, que paradoxalmente enfraqueceu o Estado ao politizar a hierarquia militar; ou o Estado brasileiro, cujo governo federal foi o mecanismo essencial de construção da nação acima da diversidade corporativa das elites regionais, que lutavam pelo controle das instituições descentralizadas do Estado como forma de aumentar sua capacidade de negociação; ou o Estado argentino a partir de Juan Domingo Perón, ainda que numa perigosa bicefalia conflitiva entre o peronismo e as Forças Armadas, sempre autoproclamadas garantidoras da nação. No entanto, nosso propósito aqui não é proceder à análise histórica comparada da relação entre Estado e grupos de poder, mas sublinhar a continuidade, do século XIX ao XXI, da centralidade do Estado e dos conflitos em torno dele como núcleo da dinâmica social e das estratégias de desenvolvimento de praticamente todas as sociedades latino-americanas. O processo de globalização, que modificou profundamente as economias regionais e nacionais na América Latina no final do século xx, implicou a abertura dos conflitos em torno do Estado para um sistema mais diversificado e complexo de atores. Consequentemente, a inserção forçosa nas redes multinacionais de produção, comércio, tecnologia e finanças limitou a pertinência da distinção histórica entre os circuitos internos e externos da economia. O conector desses dois circuitos foi o Estado, assim como aconteceu no processo de desenvolvimento da região Ásia-Pacífico. O grau de intervenção estatal direta foi e é muito variável, mas, em qualquer caso, a direção estratégica do processo de integração global dependeu do que o Estado fez ou deixou de fazer a partir da correlação de forças econômicas e sociais que competiram e negociaram através do Estado.[3]

Os modelos de desenvolvimento que consideramos sucessivamente dominantes nas duas primeiras décadas do século — neoliberalismo e neodesenvolvimentismo — não expressaram estratégias empresariais nacionais ou multinacionais, mas sim políticas de Estado que articularam interesses diversos em função de dois modelos de integração na globalização, algo que era comum a ambos os modelos. Não houve veleidades de desenvolvimento nacional semiautárquico de matriz "cepalina". A realidade da globalização, iniciada por Estados Unidos e Reino Unido, também por meio de políticas de Estado, e reforçada definitivamente pelo apoio decidido da China, só deixou margem de escolha entre formas diversas de inserção do local e do nacional no global.

A corrupção do Estado 263

Claro que essa síntese de tendências que configuraram a América Latina no alvorecer do século xxi é uma simplificação excessiva. Se definirmos o neoliberalismo como a dominação do mercado não apenas na economia, mas também na sociedade e na ideologia, não podemos dizer que o Chile de Ricardo Lagos e o Brasil de Fernando Henrique Cardoso foram neoliberais stricto sensu. Em seu livro sobre o Chile, Manuel Castells documentou como as políticas sociais e de desenvolvimento humano do país, sob impulso do Estado, foram essenciais para criar a base social, de estabilidade institucional e de capital humano, a partir da qual o Chile empresarial conseguiu competir na economia global, corrigindo a estratégia unidimensional (tudo ao capital) de corte neoliberal da ditadura de Pinochet.[4] E a presidência de Fernando Henrique Cardoso no Brasil, além de operar a modernização da infraestrutura do país e superar as travas protecionistas, implantou programas substanciais de reforma nas áreas de educação, saúde e na coesão social, exemplificado — embora fosse um programa menor e não estatal — no programa Comunidade Solidária, desenhado e liderado por Ruth Cardoso, feminista e de esquerda. Em outras situações, as políticas neoliberais foram explícitas, particularmente na Colômbia, no México, no Peru e no Equador, mas sobretudo na Argentina de Menem, que implantou um esquema de conversibilidade cambial.

Em seu conjunto, a referência ao chamado Consenso de Washington (na realidade, imposto pelo fmi) foi dominante nas políticas latino-americanas na última década do século xx e nos primeiros anos do século xxi. As consequências sobre a economia e sobre a sociedade desse modelo definido ideologicamente como neoliberal foram expostas previamente neste livro: inserção parcial na globalização à custa do aumento substancial da desigualdade e da pobreza em todos os países, e exclusão social na maioria deles. Isso gerou protestos sociais generalizados em toda a região, além de mudanças políticas decisivas que entronizaram um novo modelo: o neodesenvolvimentismo, também já aqui exposto. Ambos os modelos, originados num novo vínculo entre sociedade e Estado a partir da globalização, tiveram por sua vez uma influência decisiva nessa relação. O resultado último e relativamente novo foi a corrupção sistêmica do Estado, fonte de uma crise institucional de consequências imprevisíveis. Vejamos como e por quê.

Determinantes da corrupção do Estado

Quando usamos o termo "corrupção do Estado", estamos falando da tomada de decisões políticas (seja no governo, seja na administração pública ou em qualquer dos mecanismos de governança) por parte de funcionários públicos, isto é, pagos pelos contribuintes, em benefício de determinadas pessoas ou organizações, infringindo a legalidade estabelecida e pondo interesses privados na frente do interesse geral, em troca de uma doação de valor, seja monetário ou em capacidade de influência em outros âmbitos de decisão (por exemplo, financeiro ou geopolítico), seja por compra e venda ou troca.

A importância estratégica crescente da corrupção nos Estados latino-americanos parece ser resultado de transformações profundas na economia, na política e na sociedade. As formas de corrupção política que surgiram são comuns aos modelos

A corrupção do Estado 265

neoliberal e neodesenvolvimentista, embora esses modelos ancorados no Estado tenham um efeito diferencial na intensidade e nas modalidades da corrupção e em suas consequências para a dinâmica estatal.

A mudança substancial na economia provém da necessária articulação de finanças, produção, mercado e tecnologia com as redes globais nas quais se realizam as atividades econômicas, seja direta ou indiretamente. Tanto o extrativismo informacional quanto a economia criminal, para citar os setores de maior dinamismo na América Latina do século XXI, baseiam-se numa inserção vantajosa nessas redes. E não vale apenas para as empresas de cada país, mas também para os fluxos de capital, produção e venda de bens e serviços originados nos circuitos externos a cada país. Conforme dissemos, o principal conector entre o externo e o interno é o Estado, com seu poder de regulação em todos os âmbitos da economia e com sua capacidade de intervenção como ator econômico, tanto por meio de empresas estatais quanto na geração de demanda em importantes mercados públicos. A tradicional influência hegemônica das grandes multinacionais foi substituída por inúmeras formas de investimento, exportação e importação através de redes globais. Obter um favorecimento do Estado é um dos mecanismos essenciais da nova economia global, a ponto de ser contemplado nos pressupostos de investimento das grandes empresas. Em alguns casos, trata-se de transferir tecnologia ou acesso a mercados globais para empresas nacionais em troca de uma conexão favorável global-local. Mas com frequência o mais simples é o pagamento de propina a organizações políticas e a pessoas com capacidade decisória na administração.

A conexão tendenciosa também se estende aos casos de concessão de licenças de importação e exportação, assim como às autorizações necessárias para investir ou repatriar capitais. Todos esses são mecanismos que existem desde sempre, com suas correspondentes corruptelas. A diferença é que a amplidão e aceleração dos processos de globalização, bem como a competição extremada nas redes globais, incrementam exponencialmente os recursos investidos na perversão das regras legais de jogo; e, como todo mundo faz isso, o sistema em seu conjunto funciona com base na competição selvagem em termos de quem dá mais e com menores riscos de exposição.

A segunda grande transformação produtiva refere-se ao que Fernando Calderón identificou como "extrativismo funcional", analisado em outro capítulo deste livro. Essas atividades agrícolas, mineradoras e energéticas compõem o setor exportador mais dinâmico em bom número de países — como Argentina, Brasil, México, Bolívia, Peru, Equador, Uruguai, Paraguai —, determinando em grande medida a inserção da América Latina na economia global. É óbvio que, embora o dinamismo do setor, incluindo uma considerável inovação tecnológica, seja obra de empresas em sua maioria privadas, o Estado desempenha uma função estratégica no conjunto, tanto pela presença de importantes empresas públicas, como Pemex, Petrobras, YPF, Codelco, Boliviana etc., quanto pela regulação e concessão de licenças de exportação e produção em negociações com empresas e governos do mundo todo, em particular a China. Há inúmeros casos de intervenção de mediadores que influenciaram muitas dessas negociações concedendo favores a líderes políticos do mais alto nível. Talvez o caso mais conhecido seja

A corrupção do Estado

o da "Casa Blanca", da primeira-dama do México durante a presidência de Enrique Peña Nieto.*

Com certeza, levando em conta a importância econômica da economia criminal em vários países, tanto na produção e transporte ilegal de drogas quanto na lavagem de dinheiro, consideramos que a permissividade ou não do Estado também é um mecanismo regulador de uma certa forma de extrativismo informacional. É informacional porque se baseia num sofisticado sistema de produção (cada vez mais drogas sintéticas, precursores químicos), assim como de transporte, de informação sobre mercados específicos e de transferência digital de capitais no processo de integração final do capital lavado no sistema financeiro global. E, como se sabe, a economia criminal só funciona mediante penetração profunda no Estado, no sistema político e nas instituições judiciárias e policiais, penetração esta que supõe um imenso caudal de recursos destinados à corrupção ou intimidação de milhares de funcionários públicos em toda a região.

A terceira grande transformação de caráter econômico-estrutural, como já analisamos no capítulo 4, é a explosão urbana na América Latina (o continente mais urbanizado do mundo, em torno de 80% da população), particularmente com a formação de imensas regiões metropolitanas, várias das quais superam os 10 milhões e até os 20 milhões de habitantes, quando se contabiliza a unidade real megametropolitana, além das fronteiras municipais. Essa metropolização ocorreu de ma-

---

* Em 2015, a primeira-dama do México, Angelica Rivera, foi acusada de receber uma mansão milionária, a Casa Blanca, do dono de importante empreiteira, Hinojosa Cantú, em troca de benefícios em licitações de obras públicas. (N. T.)

neira selvagem, sem nenhum controle senão o dos corretores e especuladores imobiliários. As indústrias da construção e imobiliária tornaram-se dominantes, com um processo de concentração de capitais e capacidade construtiva que gera algumas das mais altas taxas de lucro. Essas são atividades que dependem de regulações administrativas, em particular de planos de urbanização, desenhados por urbanistas e planejadores territoriais com a melhor das intenções, mas sem capacidade real de controlar a execução. A potência de construtoras, empresas de obras públicas, de transporte e engenharia é tão grande que não tiveram maiores dificuldades para corromper quem bem queriam, tanto no setor privado quanto funcionários públicos ou políticos, inclusive nos níveis mais altos do Estado. O mercado de obras públicas é tão grande que, nessas condições de urbanização acelerada, formaram-se em torno dele imensos complexos de negócios, que na América Latina são muitos mais importantes e influentes que as empresas de tecnologia — esse é o caso da megaempresa de construção e engenharia Odebrecht, corruptora fundamental no Brasil, Peru e outros países. Os mercados de obras públicas gerados pelo processo de urbanização constituem uma das principais fontes de corrupção do Estado e do sistema político.

No âmbito do processo político, são dois os fatores determinantes na generalização da corrupção. Em primeiro lugar, a fragmentação crescente das expressões político-partidárias, como resultado da crise de legitimidade dos grandes partidos tradicionais, provoca a formação de alianças instáveis entre múltiplos grupos, assim como a generalização do chamado "presidencialismo de coalizão".[5] Isso significa que a eleição presidencial entroniza um poder centralizado que, para governar,

A corrupção do Estado

precisa contar com coalizões parlamentares instáveis. Uma forma legal de fazer isso é o intercâmbio de favores políticos: trocar um voto favorável por um investimento público no território que o deputado representa é prática corrente em todas as democracias, o que não é ilegal, embora seja má política. No entanto, em inúmeras ocasiões e em todos os sistemas latino-americanos, procede-se diretamente à compra personalizada do voto por baixo do pano. Essas práticas são antigas. O novo, porém, é que a fragmentação crescente das opções políticas faz com que elas se tornem sistêmicas: dificilmente se poderia governar sem comprar votos de representantes eleitos, e como todos os presidentes e partidos o fazem, eles acobertam uns aos outros, pois sabem que é uma necessidade tornada virtude nos duros tempos vividos pelas presidências.

O segundo fator relaciona-se mais diretamente com as transformações tecnológico-organizativas do processo político. Trata-se do modelo — analisado por Castells em seu livro *Comunicação e poder* — a que nos referimos no capítulo anterior. Recordemos que se trata do domínio da política midiática na prática política. A personalização da política, derivada da mercadologia eleitoral, transforma a imagem dos líderes transmitida pelos meios de comunicação no elemento fundamental das vitórias políticas. O que não está na mídia não existe. Mas a dominação da política midiática faz com que a forma de luta política passe pela destruição da imagem do adversário, mediante a revelação (ou falseamento) de práticas de corrupção ou de conduta condenável em geral: é a chamada política do escândalo, que domina todos os sistemas políticos. E, sendo uma prática de todos os partidos, todos eles se preparam para isso. Especialistas em "investigação oposicionista" pesquisam e editam informações destrutivas que contaminam as campanhas eleitorais e as políticas de governo; a principal informação transmitida aos cidadãos é a falta de honestidade dos políticos.

A questão é que esse tipo de política informacional (que inclui o midiático, mas não se limita a esse aspecto) é extremamente cara, requer enormes recursos econômicos. Para obtê-los, os candidatos têm de prometer favores futuros, partilhando o butim da vitória com seus financiadores, o que alimenta a corrupção, que por sua vez incrementa a política do escândalo, desde que haja recursos suficientes para expor a corrupção do outro e minimizar a própria. Se acrescentarmos a isso as novas dimensões da política informacional, tais como os bancos de dados informatizados dos eleitores para a propaganda dirigida, a manipulação de informações em redes sociais ou os caríssimos consultores políticos (nome elegante para a manipulação da democracia), podemos concluir que existe um fosso crescente entre os recursos necessários para chegar ao poder, o financiamento legal das campanhas e os partidos. O resultado é que quase todos os partidos e coalizões se financiam ilegalmente, e aqueles que chegam ao Estado têm de devolver o que receberam sob a forma de decisões administrativas favoráveis a seus doadores. O financiamento ilegal conduz a que a política também se torne ilegal.

Por fim, na fonte da corrupção sistêmica da política encontram-se igualmente as transformações da sociedade, a começar pela ideologia da competitividade entre as pessoas. A dissolução de estruturas tradicionais comunitárias e familiares aumentou a individualização da sociedade, e cada pessoa trabalha para si mesma como única referência, incluindo, às vezes, a família próxima, mais como ponto de apoio que

A corrupção do Estado

como referência de comportamento. As causas dessa tendência à individualização se encontram em processos estruturantes da sociedade, como a fragmentação do hábitat metropolitano; a individualização das relações trabalhistas; a emergência de uma sociabilidade em rede a partir da conexão de pessoas nas redes digitais; a crise das referências morais a partir do desencanto popular com a Igreja católica; a falta de legitimidade de partidos políticos, assim como a fragmentação da mídia e a falta de credibilidade daqueles meios que não coincidem com as opiniões enraizadas em cada indivíduo.

Essa atomização social crescente é reforçada por duas ideologias que moldam poderosamente os padrões de comportamento. Por um lado, a ideologia neoliberal, que legitima o mercado e a lógica do lucro e da acumulação pessoal acima de qualquer valor coletivo. Nesse sentido, podemos dizer que a hegemonia neoliberal como ideologia transcende a existência do modelo neoliberal no âmbito das políticas públicas, o que, de certa forma, contribui para a deslegitimação dos modelos estatistas de desenvolvimento. Por outro lado, o consumismo, que é a tradução concreta da dominação do mercado sobre a sociedade, mas que acrescenta um elemento verificável de satisfação de aspirações pessoais, na medida em que o êxito na vida se materializa no acesso aos bens e serviços desejados, numa espiral infinita.

A competitividade a serviço do consumismo como padrão de comportamento tem uma derivação de extraordinária importância: a violência cotidiana, pois existe uma contradição entre o desejo expansivo de consumir e a realidade da escassez dos recursos com os quais a maioria da população pode contar. E, como a desigualdade social aumentou, colocam-se em marcha mecanismos de apoderamento, por expropriação violenta, dos recursos de quem os tem, processo frequentemente amparado pelas polícias, que, compartilhando a condição de pobreza, participam dessa extração de recursos alheios utilizando sua capacidade de intimidação, embasada no seu pertencimento ao Estado. A violência cotidiana e seu correlato, o medo, são vistos como o principal problema em todas as sociedades latino-americanas.

Não podendo contar com o Estado, as pessoas se autoprotegem e vão dissolvendo gradualmente os laços de convivência social. Alguns seres humanos são transformados no "outro", ou seja, num inumano com o qual só é possível estabelecer uma relação defensiva e de sobrevivência. Nesse contexto social e cultural, a corrupção, vale dizer, a compra de serviços à margem da lei, aparece como o mecanismo mais confiável para satisfazer os interesses de cada um, desde as grandes empresas fugindo da regulação e da tributação até o vizinho que precisa de um conserto do serviço elétrico ou de proteção contra os bandos armados que se multiplicam nas metrópoles. A proteção através das práticas corruptas verticaliza-se, atingindo com frequência desde os mais altos níveis do Estado até o local ou o regional. Isso tem como resultado a normalização da corrupção. Na construção cultural da sociedade, pressupõe-se a presença da corrupção em todos os estamentos institucionais. O que varia é quanto, para quem e em benefício de quem.

Tipologia da corrupção política

As fontes de corrupção que aparecem na prática do Estado são de diversos tipos:

A corrupção do Estado

1. Pagamento de empresas aos agentes políticos, sejam eles partidos, pessoas ou a administração, em troca de decisões políticas e administrativas, a fim de obter decisões favoráveis ou para estabelecer uma dívida, que elas cobrarão um dia, quando tiverem necessidade.

2. Utilização, por parte do Estado, dos recursos de empresas públicas sob seu controle, como forma de financiamento da atividade política dos partidos de governo ou de seus aliados, em função de estratégias de colaboração.

3. Utilização, pelo Estado, dos mercados públicos para favorecer determinadas empresas ou provedores de serviços em troca de financiamento de atores políticos, tanto partidos, quanto pessoas. Essas práticas são muito amplas e vão desde obras de infraestrutura até a compra de material militar de determinado país, fontes de alguns dos maiores casos de corrupção no mundo e na América Latina.

4. Compra de concessões legais ou financeiras dos governos por parte de governos estrangeiros ou de empresas por eles protegidas.

5. Compra de tolerância ou cumplicidade de atores ou instituições do Estado (incluindo o Judiciário em sentido amplo) por parte de redes criminosas de tráfico de drogas, lavagem de capitais, extorsão ou intimidação.

6. Designação para cargos estratégicos, pela cúpula do Estado, de pessoas concretas indicadas por agentes econômicos ou sociais como forma de estabelecer uma relação privilegiada entre o Estado e esses atores.

7. Compra de votos de deputados e senadores por parte de interesses privados ou do Poder Executivo.

8. Intimidação ou imposição a membros do Poder Judiciário de decisões jurídicas por parte das autoridades do Estado.

Em particular, por meio da prática de facilitação de nomeação para posições mais elevadas na magistratura, embora se recorra também à ameaça pessoal a juízes independentes e suas famílias.

9. Compra pelos atores políticos de um tratamento favorável por parte dos meios de comunicação. Essa compra pode ocorrer tanto em relação às empresas de comunicação quanto através do pagamento direto a editores ou jornalistas. Outras práticas incluem a concessão de licenças para o estabelecimento de meios de comunicação, sobretudo em rádio e TV.

10. Ameaça direta a editores e jornalistas independentes quando suas críticas não são do agrado dos poderes estabelecidos. Ou seja, tanto a mídia quanto o Poder Judiciário operam num mundo de sombras, no qual seu papel decisivo na condução dos assuntos do Estado está sujeito a um sistema de incentivos ou desincentivos que, na prática, condiciona sua independência em relação ao poder político e aos interesses econômicos.

Os mecanismos de corrupção operam em toda a estrutura do Estado, do nacional ao regional e, mais ainda, no local. Nada nem ninguém escapa desse ambiente. Ainda que a corrupção não seja a prática inevitável da política e dos políticos, ela está presente de uma forma ou de outra no conjunto da paisagem da gestão dos assuntos públicos. A identificação dos mecanismos que operam em cada âmbito depende da organização e da história de cada Estado, assim como de sua relação diferencial com o âmbito global, no qual ocorrem os macroprocessos de corrupção mediante lavagem de dinheiro nos mercados financeiros globais. A resistência de inúmeros políticos e administradores honestos às pressões ou sugestões que recebem periodicamente permite manter certa autono-

A corrupção do Estado 275

mia do Estado em relação às sombras que o rodeiam, mas não as afasta, porque essas sombras surgem constantemente no tipo de sociedade que se constituiu na América Latina e no mundo em geral.

Neoliberalismo, neodesenvolvimentismo e política da corrupção

As raízes da corrupção sistemática encontram-se na transformação das sociedades latino-americanas tal como as analisamos anteriormente. Por conseguinte, elas não dependem dos modelos de desenvolvimento que, sucessiva e sobrepostamente, caracterizaram a economia política da região no início do século XXI. Contudo, os traços próprios de cada modelo determinaram formas distintas e específicas de corrupção do Estado. No que diz respeito ao neoliberalismo, a fonte dos múltiplos processos de corrupção foi a desregulamentação e privatização das atividades. O desmantelamento parcial do setor público realizou-se em benefício de grupos empresariais nacionais e multinacionais em troca de prestações, legais ou ilegais, aos atores políticos com capacidade de decisão. Por outro lado, a ideologia neoliberal legitimou as privatizações, equiparando mercado e eficiência, favorecendo uma cultura antiestatista baseada na identificação entre setor público e burocracia. Mais ainda: o neoliberalismo colocou o indivíduo no centro da ação social e transformou a competitividade entre pessoas, entre empresas e entre países na régua para medir o sucesso na vida pessoal ou empresarial, deixando que o mercado decidisse a utilização de recursos em todos os setores, incluindo aqueles em que há valores humanos prioritários que o mercado não pode garantir num ambiente de extrema desigualdade social, como saúde, educação, segurança e proteção ambiental.

Nesse contexto, as práticas de corrupção encontraram um caldo de cultura e uma certa legitimidade no âmbito dessa competição, na qual o essencial é a acumulação primitiva de patrimônio para pessoas e empresas, não importa quais sejam os meios utilizados. De modo que a principal contribuição do modelo neoliberal para o aumento da corrupção foi sua legitimação. No entanto, essa legitimação limitou-se aos setores sociais que se beneficiaram diretamente do dinamismo do mercado, da inserção nas redes globais e da apropriação privada de serviços públicos, setores caracterizados essencialmente pelo alto nível de educação e pela origem social de classe média-alta. Em contrapartida, para a maioria das camadas populares, a ideologia neoliberal entrou em choque com sua experiência de vida. A suposta liberdade do indivíduo transformou-se em estratégia de sobrevivência. A perda parcial da cobertura social do Estado foi sentida como injusta especialmente diante da percepção de uma sociedade em que os mais fortes fazem suas próprias regras acima da lei. Daí surgiu uma forte contestação social e política ao neoliberalismo do Estado, que centrou sua crítica na corrupção descontrolada dos grupos e pessoas com acesso ao poder. Dessa contestação surgiram os regimes nacional-populares e as políticas de defesa do setor público com um duplo projeto de afirmação da nação como comunidade cultural e de políticas sociais que priorizavam os mais desfavorecidos.

O modelo neodesenvolvimentista aprofundou, no plano socioeconômico, a inserção na economia global, incremen-

A corrupção do Estado 277

tou o crescimento e realizou uma redistribuição de recursos que melhorou a condição dos pobres. No entanto, paradoxalmente, no plano político ele desembocou numa deslegitimação do Estado que teve origem, em grande parte, na corrupção estatal. É difícil estabelecer empiricamente qual dos modelos de desenvolvimento teve menos ou mais corrupção, mas é possível supor que no neodesenvolvimentismo a corrupção foi mais sistêmica, mais visível e sobretudo deu lugar a graves crises políticas.

A princípio, parece lógico que, na ausência de políticas explícitas e duráveis de correção institucional da corrupção, ela aumentasse à medida que o Estado aumentava substancialmente sua intervenção na economia. Em particular, a acumulação de capital que se produziu nas empresas públicas associadas ao extrativismo informacional proporcionou aos governos e aos partidos de esquerda no poder uma massa de recursos que permitiu que eles elaborassem uma estratégia para se manter no poder e aprofundar a mudança social planejada, comprando, de um lado, a colaboração de outras forças políticas, legal ou ilegalmente, numa versão ampliada do presidencialismo de coalizão, e, de outro, captando recursos para os próprios partidos (sem excluir a vantagem pessoal de alguns políticos) para financiar suas contendas políticas diante dos poderosos interesses mobilizados contra suas intenções reformistas (agricultores na Argentina, elites financeiras e industriais no Brasil, empresas multinacionais na Bolívia, oligarquia tradicional no Equador). Por fim, quando sua política de redistribuição encontrou limites fiscais, e o crescimento transformou-se em recessão, houve tentativas de seguir financiando os programas sociais a partir das empresas públicas, evitando passar por um

278 *A nova América Latina*

Congresso hostil, o que levou, no Brasil, ao impeachment de Dilma Rousseff, embora a causa última dessa destituição tenha sido a hostilidade de um Congresso corrupto à reforma constitucional que a presidente defendia para romper o conluio entre caciques regionais e representantes do poder econômico, temerosos de perder o poder.

O paradoxo, no entanto, é que as contrarreformas que ocorreram na América Latina, ainda que apoiadas pela direita tradicional e por grupos de interesses dos Estados Unidos no Brasil, no Equador e na Argentina, só tiveram êxito porque resultaram da mobilização das novas classes médias criadas em parte pelo neodesenvolvimentismo, fonte de crescimento e emprego durante uma década. Mais ainda: os direitos políticos e a liberdade de expressão que foram impulsionados pelas elites políticas reformistas, tanto neoliberais quanto neodesenvolvimentistas, fixaram na mente dos cidadãos a convicção de seus direitos e de suas aspirações a uma vida melhor, superando a condição de dependentes que tinham na pobreza da qual conseguiram sair.

Juntaram-se assim a antiga classe média, apoio do neoliberalismo, com a nova classe média, que, sem se referir a um modelo concreto, se posicionou contra o estatismo dominante, apostando numa vida independente da política. Nesse contexto, a questão da corrupção estatal mostrou-se nuclear, pois estabelecia o poder de um Estado que alimenta suas políticas com a utilização oculta dos recursos públicos. O paradoxo, no Brasil, é que a corrupção estatal revelada pela operação Lava Jato foi atribuída à administração do PT, quando é notória a utilização da Petrobras e de outras empresas públicas pelos partidos em todos os governos brasileiros.

A corrupção do Estado

No Brasil, na mobilização contra a corrupção convergiram a demanda da nova classe média por regras democráticas — e sua decepção moral com os que falam em nome da Justiça — e a demanda da antiga classe média, defensora dos próprios privilégios, que começou inclusive a cultivar uma nostalgia da ditadura, embora, na realidade, a profissionalização das Forças Armadas, durante as presidências de Fernando Henrique Cardoso e de Lula, tenha descartado a volta ao regime militar. Na Argentina, a corrupção tradicional do peronismo voltou a se mobilizar contra a classe média, enfraquecendo a outra grande experiência reformista latino-americana: o kirchnerismo. Pouco a pouco, os regimes bolivarianos e neodesenvolvimentistas foram perdendo apoio popular, degenerando em alguns casos (Venezuela, Nicarágua) em regimes sustentados pela repressão.

A exceção foi a Bolívia, onde Evo Morales assegurou crescimento econômico, modernização, redistribuição da renda, dignidade dos povos originários e manutenção das liberdades, com um nível de corrupção menor que o tradicional ou não confirmado até o momento. A forte oposição da classe média boliviana, embora tenha usado a questão da corrupção, baseou-se também em preconceitos étnicos diante da majoritária presença indígena, sobretudo de *cholas*, nos centros de poder, uma afronta que mostrou a profundidade do preconceito étnico, inclusive no estamento universitário. Cabe considerar também a hostilidade de alguns setores indígenas urbanos, sobretudo em El Alto, críticos do autoritarismo do governo e das novas elites emergentes. No Equador, a coalizão nacional-popular sobreviveu eleitoralmente ao assalto anticorrupção liderado pelos setores empresariais de Guayaquil, embora tenha perdido seu líder carismático, Rafael Correa, acusado de corrupção pessoal. Essa foi, no entanto, uma vitória de Pirro: Lenín Moreno, eleito presidente com o apoio de Correa, mudou a orientação estratégica do movimento reformista para se afastar de qualquer identificação com o chavismo, epíteto letal com o qual foram marginalizados todos os projetos bolivarianos.

Como mostra a Figura 11.1, segundo dados da Latinobarómetro, 62% dos latino-americanos perceberam um aumento da corrupção em seus respectivos países entre 2015 e 2016. As maiores porcentagens ocorrem em Venezuela, Chile, Brasil e Peru. Nesses quatro países, mais de 78% dos habitantes consideram

Figura 11.1 Percepção do aumento da corrupção em relação ao ano anterior
América Latina, 2016 (%)

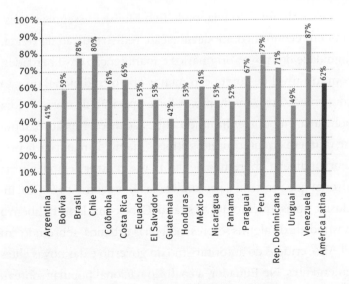

Nota: Soma de respostas "Aumentou muito" e "Aumento um tanto".
Fonte: Elaboração própria a partir da base de dados de Latinobarómetro, Análise on-line, 2018, ‹www.latinobarometro.org/latOnline.jsp›.

A *corrupção do Estado* 281

que a corrupção aumentou. As porcentagens mais baixas ocorrem na Argentina e na Guatemala: 41% e 42%, respectivamente.

A corrupção como fator estrutural

A perspectiva metodológica utilizada neste livro evita entrar na casuística detalhada de cada país, pois a nossa hipótese é de que, acima da diversidade social e cultural, existem elementos estruturais que definem a nova América Latina. Um deles é a corrupção do Estado, presente em quase todos os regimes e governos. De certo modo, o fenômeno transcende a especificidade dos modelos de desenvolvimento. É essa autonomia da corrupção do Estado em relação aos modelos que pretendemos ilustrar com a referência a dois países cujo dinamismo econômico segue padrões neoliberais, sem que a corrupção tenha afetado seu ritmo de crescimento: Peru e Colômbia.

O Peru do século XXI exemplifica a autonomia entre economia e política. A política peruana caracterizou-se pela corrupção de todos os presidentes e presidências que se sucederam desde fins do século passado e que, em todos os casos, desembocou na acusação judicial contra o presidente, que acabou na prisão ou no exílio: Alberto Fujimori, Alan García, Alejandro Toledo, Ollanta Humala e Pedro Pablo Kuczynski. Também em todos os casos ocorreu uma forte manifestação popular centrada na crítica à corrupção. Contudo, a contínua instabilidade política, amplamente ligada à corrupção sistêmica, não afetou o ritmo acelerado de crescimento sustentado da economia peruana, o maior da região, sob controle de uma oligarquia de origem mineiro-financeira que garantiu a ligação do Peru com as redes globais de exportação e investimento e que corrompeu, sem estardalhaços ideológicos, todos os presidentes que passaram pelo governo.[6]

Algo semelhante aconteceu na Colômbia, onde, com menos sucesso que no Peru, se produziu uma dissociação entre a profunda crise do sistema político, envolta numa guerra atroz contra a narcoinsurgência, combatida por narcoparamilitares e por assessores americanos, e o crescimento econômico estável, controlado diretamente pelo empresariado colombiano, herdeiro da oligarquia tradicional, reconvertida a tempo para prosperar na globalização.

O objetivo analítico dessas breves referências ao Peru e à Colômbia é mostrar que, quando o Estado é fraco, como é o caso, e as oligarquias fortes, a corrupção ocorre por iniciativa dos grupos econômicos imperantes, sem que importe a orientação das políticas dominantes no Estado. Qualquer que seja o seu discurso, os circuitos de poder funcionam unilateralmente. Do neoliberalismo extremo de Fujimori à bravata nacional-popular indigenista de Humala, todos acabaram do mesmo modo: como instrumentos diretos do poder econômico, numa estratégia de usar e descartar presidentes, solapando a legitimidade da democracia. De maneira similar, conservadores e liberais colombianos mantiveram os mesmos parâmetros de políticas econômicas e sociais e também acabaram mergulhados na corrupção, embora nesse caso a situação de guerra civil e possível desintegração do Estado não tenha dado margem para a perseguição judicial do estamento presidencial.

Há dois fatores comuns que parecem decisivos tanto no Peru quanto na Colômbia. Por um lado, esses países são os dois principais produtores de drogas do hemisfério (o México opera so-

A corrupção do Estado

bretudo na distribuição), com um impacto reconhecido, mas dificilmente quantificável, na geração de capital na economia. Por outro lado, são países onde uma guerrilha ativa colocou o Estado em xeque. No Peru, o Sendero Luminoso foi exterminado por Fujimori, que construiu sua legitimidade em torno desse êxito. Na Colômbia, o uribismo, cuja herança política perdura apesar de sua cumplicidade na violação de direitos humanos, recebeu o apoio de uma parte da sociedade e também dos Estados Unidos, por seu brutal enfrentamento das guerrilhas, que terminou por obter uma paz relativa baseada na derrota militar dos insurgentes e o realismo político de Juan Manuel Santos, sucessor de Álvaro Uribe. Em ambos os casos, a debilidade do Estado foi corrigida pela decisiva influência do Exército, armado e treinado pelos Estados Unidos, favorecida pelo sucesso na luta contra as guerrilhas e reforçada pela formação de grupos paramilitares a seu serviço. Foi a aliança entre as oligarquias empresariais e as Forças Armadas que permitiu manter a estabilidade econômica e o controle do Estado, fazendo do sistema político um apêndice a soldo das oligarquias.

A corrupção do Estado adota diversas modalidades segundo a dinâmica sociopolítica de cada país, chegando inclusive a ser funcional naqueles casos em que os poderes efetivos assumem diretamente o comando sem necessidade de golpes militares, ou seja, mediante o sobe e desce sucessivo dos líderes políticos, sempre vulneráveis, pois sua ascensão ao governo depende em geral de sua corrupção pelos poderes econômicos, que, de passagem, ainda financiaram diretamente a hierarquia militar sem passar pelos prepostos públicos.

Essa breve resenha da interação entre Estado, poder econômico e dinâmica social é um novo argumento a favor da centralidade da corrupção, cujo papel estratégico verifica-se, para além do neoliberalismo ou do neodesenvolvimentismo, em outra variante da estruturação social caracterizada pela diminuição do sistema político como agente do Estado: a fusão de poder econômico e poder militar gera um Estado corrupto à margem da institucionalidade legal.

Narcotráfico e Estado

A importância da economia criminal na América Latina, analisada no capítulo 3, reflete-se numa das mais decisivas modalidades de corrupção do Estado. Embora se fale frequentemente em narcoestado, consideramos mais adequado diferençar a multiplicidade de relações entre o narcotráfico e o Estado, com diversas intensidades e formas de penetração nas instituições estatais. Não existe uma absorção do Estado na economia criminal, mas uma influência substancial do narcotráfico como ator econômico e social nos processos políticos estatais, influência que varia no espaço e no tempo, adotando modos específicos de penetrar no Estado. Em qualquer caso, não é possível entender o Estado na América Latina do século xxi sem fazer referência à sua inter-relação com o narcotráfico como ator coletivo.[7]

Na raiz dessa relação estão dois fatores principais. De um lado, a ação ou inação das instituições do Estado em seu conjunto é intrínseca à operação do narcotráfico. Sem a colaboração ou conivência delas, o negócio não poderia cultivar, processar, transportar e distribuir um produto ilegal no conjunto dos países, nem lavar os capitais resultantes do negócio, nem

A corrupção do Estado

dispor dos mecanismo coercitivos, ou seja, de exércitos de capangas e serviços de informação e intimidação sem os quais a indústria não poderia impor o respeito às suas regras, o que inclui anular com extrema violência a concorrência interna. A penetração sistêmica do Estado é um requisito fundamental para o funcionamento da economia da droga e das atividades criminais articuladas em torno dela, por meio da corrupção, intimidação ou eliminação de forças de segurança, funcionários do Estado, empregados de alfândega e transportes, bancos e instituições financeiras, juízes, políticos, partidos, prefeitos, governadores, parlamentares, presidentes e demais cargos do governo. Cada âmbito de penetração protege um setor de atividade, e o conjunto desses mecanismos exige seu encaixe numa lógica coordenada fundamentada, em última instância, nas práticas de violência extrema e irreversível. A corrupção do Estado é consubstancial à expansão da economia criminal.

O segundo fator a ser considerado é a extraordinária acumulação de capital, em volume e em velocidade, que ocorre no narcotráfico. Algumas fontes tendem a avaliar em cerca de 8% a fatia do narcotráfico no total do comércio mundial, e em 5% sua participação no PIB global, um peso relativo superior ao valor das indústrias eletrônicas e automobilísticas juntas. A posse dessa massa de recursos e a capacidade de utilizá-los sem limitações legais proporciona imenso poder aos principais consórcios criminais. Justo por isso, houve originalmente, nas duas últimas décadas do século XX, uma tendência à cartelização oligopólica e uma concorrência feroz entre cartéis que, nessa violenta disputa, utilizaram os diversos segmentos do Estado que conseguiram colocar a seu serviço. Assim se produziu a acumulação de poder e de capital nas grandes economias mais profundamente infiltradas pelos narcotraficantes: Colômbia primeiro, México em seguida. Bolívia e Peru articularam-se à rede global da indústria, situando-se na posição subordinada de produtores de matéria-prima. Países menores da América Central e do Caribe, com exceção da Costa Rica, passaram em muitos casos a ser dominados pelos narcotraficantes ou pela economia da lavagem de dinheiro. Somente nessas últimas situações pode ser apropriado utilizar o termo narcoestado.

No entanto, à medida que aumentava o poder dos narcotraficantes e diminuía a capacidade do Estado de exercer sua autoridade, as formas de relação entre as duas instâncias foram se modificando. De fato, quando se sentiram suficientemente poderosos, em particular na Colômbia, os narcotraficantes tentaram se legalizar e se integrar ao jogo institucional como setor empresarial e ator político. Mais que isso, criaram uma base social nas regiões e cidades que dominavam, com programas sociais e de moradia que garantissem sua legitimidade social entre os setores mais pobres, como a Colônia 13, em Medellín (ainda em 2018 era frequente encontrar flores frescas no túmulo de Pablo Escobar). Mas o projeto fracassou. Deputado eleito, Escobar foi expulso do Parlamento colombiano, e a negociação que teve lugar entre representantes do cartel de Cali e o presidente Belisario Betancur — com quem se encontraram no Panamá, oferecendo-se para pagar em dinheiro o total da dívida externa da Colômbia — foi bloqueada pelos Estados Unidos. Nem tanto por moralidade, mas porque a penetração dos cartéis na DEA e na CIA transformou-se num instrumento útil de ação encoberta numa América Latina sempre em efervescência. Quando a Colômbia, instigada pelos Estados Unidos, deu início a alguns processos de extradição para esse

A *corrupção do Estado*

país (contrariando a legalidade colombiana), Escobar, à frente dos "Extraditáveis", declarou uma guerra frontal ao Estado que levou sangue e destruição às cidades até a perseguição e morte do narcotraficante em 1993. Embora o cartel de Cali tenha tentado formas mais tradicionais de corrupção, como o financiamento da campanha do presidente Ernesto Samper, foi ceifado pela intervenção da DEA. Rodríguez Orejuela, chefe do cartel, foi extraditado para os Estados Unidos.

Mas a história não acabou por aí. De um lado, os grandes cartéis transformaram-se em redes com múltiplos núcleos de atividade, muito mais difíceis de reprimir e mais adequados a uma penetração capilar no Estado. Produziu-se uma articulação crescente entre a geopolítica e o narcotráfico. As Farc, Forças Armadas Revolucionárias da Colômbia, perceberam a possibilidade de financiar sua longa marcha revolucionária entrando num mercado no qual não tinham mais que competir com os cartéis colombianos e podiam apropriar-se das redes de conexão com o mundo, através dos cartéis mexicanos em processo de formação. E, durante a presidência de Álvaro Uribe, o Estado colombiano e a DEA decidiram combater o narcotráfico insurgente com o narcotráfico de grupos paramilitares formados, armados e financiados por agentes dos Estados Unidos, protegidos pelo Exército colombiano. E assim a violência, a insegurança e a criminalidade generalizaram-se em todas as suas dimensões, particularmente os sequestros e as extorsões. Até que o presidente Juan Manuel Santos, com a colaboração de Cuba e do papa e o beneplácito da administração de Barack Obama, obteve um acordo de paz que abriu novas perspectivas — sempre incertas, pois os poderes fáticos ainda são fontes de influência.

Processo semelhante teve lugar no México, mas numa escala ainda maior e por meios que fornecem lições significativas para a análise da dinâmica do Estado. Com os cartéis colombianos sob pressão, as redes de distribuição mexicanas, beneficiadas por sua fronteira terrestre com os Estados Unidos, procederam a uma rápida acumulação de capital nos anos 1990 e acabaram por substituir os colombianos como atores principais, rebaixando-os ao papel de provedores, tal como analisamos no capítulo anterior. Essa foi a época dos cartéis de Sinaloa, de Ciudad Juárez (com o lendário Amado Carrillo), do Golfo, de Tamaulipas e mais tarde de Chapo Gusmán, também em Sinaloa. Os cartéis oscilaram entre uma guerra intermitente pelo controle dos mercados locais e de rotas de exportação e acordos pontuais quando as perdas eram excessivas. O Estado mexicano entrou nessa estratégia competitiva, com alguns de seus estamentos abrindo-se para a corrupção dos cartéis, enquanto outros utilizaram os capangas do narcotráfico para dirimir suas próprias contradições políticas.

O caso extremo, analisado por Castells em seu livro *O poder da identidade*, foi o assassinato do candidato presidencial Luís Donaldo Colosio, em 1994, pelo cartel de Sinaloa, com a provável conivência de alguns setores do PRI, cujo secretário-geral, José Francisco Ruiz Massieu, também foi assassinado, talvez para encobrir o rastro da conspiração. Essa intervenção inédita dos cartéis no nível mais alto da política mexicana — com a qual o presidente Ernesto Zedillo nada teve a ver (os assassinatos ocorreram no final do mandato de Carlos Salinas de Gortari; Zedillo só assumiu em 1º de dezembro de 1994), ao contrário de seu partido — marcou uma mudança fundamental nas relações entre os narcotraficantes e o Estado. En-

A corrupção do Estado

corajados, e uma vez reduzida a competição colombiana, os cartéis, especialmente o de Sinaloa, usaram seu poder econômico para corromper o Estado em todos os níveis, incluindo o "czar antidrogas", o general Jesús Gutiérrez Rebollo, protetor de Carrillo. Rebollo foi preso em 1997 e condenado a quarenta anos, mas não cumpriu a sentença porque morreu de câncer na prisão; o general e sua família sempre alegaram que ele cumpria ordens superiores de assessores da presidência a soldo dos narcotraficantes.

O PRI perdeu o poder em 2000, e a presidência do conservador Vicente Fox tentou uma nova estratégia, estabelecendo um pacto implícito com o cartel de Sinaloa e concentrando a repressão nos outros cartéis, de modo a ter um interlocutor hegemônico, com a concordância da DEA. A reação dos outros cartéis foi violenta. Paradoxalmente, eles cobraram uma certa imparcialidade do Estado na repressão, e para isso multiplicaram a violência em todos os seus territórios. Novos cartéis de ex-militares e capangas especializados, como os Zetas, que surgiram no Golfo, acirraram o confronto com o Exército e os cartéis rivais.

A fase seguinte da relação com o Estado foi protagonizada pelo presidente Felipe Calderón, eleito em 2006 com a promessa de acabar com o narcotráfico com o uso da força, aconselhado por George W. Bush e José Maria Aznar, incentivadores da "guerra contra o terror". Essa foi aparentemente a tentativa mais intensa de derrotar o poder dos narcotraficantes pela força. Houve um aumento de 100% do orçamento militar e de 120% dos salários da tropa, e foram criadas unidades especializadas, sobretudo na Marinha, a instituição menos corrupta e menos diretamente relacionada com os

Estados Unidos. O contingente do Exército recebeu mais 270 mil soldados, ou seja, um para cada 451 habitantes, proporção maior que a da China. A guerra que se seguiu foi um dos conflitos mais violentos da América Latina, posto que os narcotraficantes lançaram mão de todos os recursos, intimidaram a população com extrema crueldade, assassinaram jornalistas, juízes e políticos. As forças de segurança, por sua vez, cometeram inúmeras violações dos direitos humanos, segundo denúncias de organismo nacionais e internacionais.

O resultado foram 135 mil mortos e 25 mil desaparecidos para nada. É bem verdade que os chefes do tráfico foram assassinados ou extraditados para os Estados Unidos, e os cartéis mais sanguinários, como os Zetas, foram duramente golpeados, embora não tenham desaparecido e sim se transformado. Mas a indústria criminal continuou a florescer, as atrocidades prosseguiram e, no final dos seis anos de mandato de Felipe Calderón, o conflito tinha se agravado, e o Estado mexicano caminhava para a violência sem controle. Diante disso, a volta do PRI ao poder, em 2012, com Enrique Peña Nieto, reviveu os velhos hábitos do partido: abrir as portas para a corrupção negociada, ao mesmo tempo que, como acontecera na Colômbia, os cartéis se diluíam em múltiplas organizações criminosas locais e regionais em todo o território mexicano. Sobretudo em Guerrero; em Michoacán, com La Familia; em Jalisco, com o extremamente violento Jalisco Nova Geração (liderado por El Mencho); e em Quintana Roo, ameaçando o turismo mexicano, que se concentra nesse estado. Pela primeira vez a Cidade do México foi seriamente afetada pela presença de bandos que não se limitavam mais ao narcotráfico, mas entravam em todos os mercados: extorsão, sequestro, roubo de combustível

A corrupção do Estado

e de automóveis. Com esse novo modelo de criminalidade, a corrupção do Estado também se estendeu territorialmente e em diversos âmbitos institucionais. Governadores, prefeitos e polícias locais misturaram-se com as mais de duzentas organizações criminosas importantes, que passaram a ser um poder distribuído em todo o México.

O assassinato, em 2013, de estudantes normalistas em Ayotzinapa, em Guerrero, com a conivência do prefeito local (do Partido da Revolução Democrática, o PRD!) e o posterior encobrimento do crime pelo Estado federal fizeram explodir a indignação da sociedade mexicana. A violência criminal tinha se tornado cotidiana e onipresente em todo o país. O ano de 2017 bateu um recorde de violência na história do México, com mais de 31 mil pessoas assassinadas. Diante disso, o presidente Andrés Manuel López Obrador, eleito por clamor popular em julho de 2018, propôs, com amplo apoio social, a criação de uma lei de anistia limitada aos cargos subordinados do narcotráfico e a retirada do Exército em troca da paz, rejeitando qualquer intromissão da DEA, que só tinha servido para aumentar o conflito. O que há de mais significativo nessa proposta, cuja sorte ainda está para ser decidida enquanto escrevemos estas páginas, pois depende do Congresso e da colaboração das forças de segurança, é sua ênfase na remoralização da sociedade mexicana, na busca de uma oportunidade de pacificação interna, de dar um basta na espiral de destruição em que o México entrou com a relação errática e amplamente corrupta entre o Estado e os narcotraficantes. Num país de símbolos, ganhou destaque o nome escolhido por López Obrador para seu novo partido, que tenta acertar o rumo da política mexicana: Morena, Movimento de Regeneração Nacional. Porque não se trata, efetivamente, apenas de governar, mas antes de regenerar o tecido social e ético de uma sociedade que se recusa a morrer; e porque o nome do partido tem uma óbvia conotação de referência à Virgem Morena, um dos poucos focos de conforto e confiança com que milhões de mexicanos ainda podem contar. Portanto, a relação entre narcotraficantes e Estado depende em boa parte da destruição ou reconstrução dos laços entre sociedade e Estado.

Em sociedades nas quais se configurou um Estado predatório e excludente, afundado em retóricas ocas e demagógicas que alimentaram o cinismo e a desesperança da população, os abutres da criminalidade organizada representaram uma saída para jovens fartos de humilhação e de falta de perspectivas, para os quais morrer não era um problema, pois o problema era a vida que sofriam dia após dia. Por isso, a relação com os narcotraficantes, expressão da decomposição da sociedade, depende da transformação do Estado, um Estado que, em grande parte, vive da corrupção e está mergulhado numa luta interna contra a própria corrupção.

Estado revolucionário e corrupção

Se entendemos por revolução a transformação institucional das relações de poder no Estado, poderíamos pensar num imaginário de renovação das regras de governança a partir de um projeto revolucionário em defesa dos oprimidos e excluídos da sociedade.

Ao menos era isso que pensava Castells quando, em 1980-81, orientou um programa da Universidade da Califórnia, Ber-

A corrupção do Estado 293

keley, para assessorar o governo sandinista da Nicarágua, recém-saído de uma revolução, na construção de um novo sistema municipal, democrático e participativo. Um programa patrocinado pelo então vice-presidente Sergio Ramírez e elogiado pelo presidente Daniel Ortega num ato televisionado para toda a nação. Tanto Ramírez quanto Castells romperam com Daniel Ortega, há muito anos, ao constatar um processo de degeneração política do sandinismo que culminou na sangrenta repressão do movimento cívico democrático iniciado em 18 de abril de 2018. Mas a questão que essa nova revolução "traída" em seus ideais impõe à análise é saber por que o sandinismo se perverteu e que mecanismos permitiram sua sobrevivência no poder a partir de 2006, após três eleições perdidas por Daniel Ortega. Sergio Ramírez, num artigo de junho de 2018, relaciona a ditadura de Ortega com um sinistro padrão de caudilhismo violento que atravessa toda a história da Nicarágua. Um padrão que todos acreditavam derrotado após a derrubada revolucionária da dinastia de Anastasio Somoza pelos guerrilheiros sandinistas e de sua posterior vitória sobre os "Contras" de Ronald Reagan, mas que ressurgiu com força na primeira década do século XXI.

A organização institucional da corrupção do Estado a partir do governo parece ter sido o método por excelência da preservação do poder sandinista, num contexto de crise econômica, com o país amparado pela Venezuela bolivariana. De fato, a vitória eleitoral de Daniel Ortega em 2006 só foi possível graças à reforma constitucional pactuada com o corrupto presidente liberal Arnoldo Alemán, em troca de sua imunidade. A reforma tornou possível a eleição para presidente de um candidato que chegasse a 35% dos votos no primeiro turno,

294 A nova América Latina

teto máximo de apoio popular alcançado por Ortega. Uma vez assentado novamente na presidência, o sandinismo sistematizou a corrupção, com a conivência dos principais empresários, criando redes clientelistas em todos os setores estratégicos do Estado, a começar pelas Forças Armadas e estendendo-se até a organização de grupos paramilitares entre os setores mais militantes da Frente Sandinista.

Como em todo sistema baseado no autoritarismo sem concessões, aos incentivos dos lucros da corrupção para os partidários somou-se a intimidação dos opositores, sobretudo jornalistas e ativistas defensores dos direitos humanos.

O desenvolvimento de uma nova classe média e o fortalecimento de uma sociedade civil conectada com o mundo, com o apoio da influente Conferencia Episcopal de Nicarágua, acabaram por desestabilizar o regime com uma mobilização firme, sobretudo dos jovens, que teve sua expressão mais direta na massiva desobediência civil em Masaya, justamente a cidade heroica da Revolução Sandinista contra Somoza. Mas ainda assim Ortega foi presidente durante 21 anos, somando-se os seus diversos mandatos, o mais longo período de qualquer presidente em toda a história da Nicarágua. A instauração de um regime paralelo de regras do jogo, controlado pelo partido e excluindo todos os demais cidadãos, constituiu a forma privilegiada de manutenção do controle do Estado por trás de uma fachada de sistema democrático.

Embora o processo de mudança política da Venezuela chavista seja muito mais complexo e feito de fases diferenciadas, também é possível encontrar o eixo das formas de conservação do poder, em meio ao caos econômico e à deslegitimação política, na prática de uma corrupção sistêmica que obteve

A *corrupção do Estado* 295

a aprovação das Forças Armadas e dividiu administração e população entre os beneficiários dessas sinecuras e os que viviam sujeitos ao arbítrio do sistema. Contudo, no caso da Venezuela, é preciso distinguir claramente as diversas fases do processo revolucionário, que coincidem em parte com o governo de Hugo Chávez e a presidência de Nicolás Maduro, depois da morte de Chávez. Na origem do chavismo situa-se também a reação popular contra uma das democracias mais corruptas da América Latina, exemplificada pelo presidente Carlos Andrés Pérez, seu partido, a Ação Democrática, e, muito particularmente, pela repressão de fevereiro de 1989 para implantar ajustes estruturais, com o apoio das classes médias e altas. O nacionalismo militar de Chávez e de seu grupo de oficiais patriotas foi detido em sua aventura golpista, mas incendiou o imaginário revolucionário da maioria de pobres do país.

É importante recordar que Chávez ganhou sete eleições e referendos, em votações que, naquele momento, não apresentavam margens significativas de fraude. Essa é a origem legítima do bolivarianismo que, auxiliado pela bonança dos preços de petróleo, passou a subvencionar projetos políticos similares no conjunto da América Latina, ligando-se a Cuba e praticando uma política social generosa, mas sem base econômica sustentável. Sendo assim, quando a conjuntura mundial mudou, e sem a presença carismática de Hugo Chávez (o passarinho não pôde substituí-lo*), a legitimidade do regime foi se desfazendo, e a oposição da classe média radicalizou-se.

---

* Metáfora usada por Maduro para se referir a uma comunicação *post mortem* com o ex-presidente Hugo Chaves.

À medida que os recursos diminuíam, o patrimonialismo do Estado bolivariano reduzia-se às suas redes clientelistas, de modo que apenas o uso da força e o apoio de setores populares com memória histórica do que fora para eles a pseudodemocracia anterior mantiveram durante certo tempo a margem de negociação para uma transição pactuada para instituições democráticas reconhecidas.

No entanto, mais uma vez a corrupção deliberada e voltada para a obtenção de apoios políticos foi uma forma de controle do poder, mais até que uma vantagem pessoal dos dirigentes, por mais que eles não hesitassem em tratar de enriquecer em meio ao sofrimento de seu povo. Como sempre fizeram os governantes da Venezuela.

Com essa rápida descrição dos processos políticos significativos na Nicarágua e na Venezuela podemos identificar um novo tipo de corrupção: a corrupção organizada a partir do Estado como forma de cooptar atores políticos e institucionais (a começar pelas Forças Armadas) para viabilizar a permanência no poder através de manobras paralegais que beneficiem o partido dominante em competições eleitorais ou em decisões judiciais que escondam sua arbitrariedade. Trata-se de uma corrupção setorizada e politizada que desorganiza a gestão pública, porque deixa de seguir uma lógica funcional para adquirir formas específicas de controle do poder à margem da institucionalidade. Sofre a economia, sofre a legitimidade e sofre a coesão social quando a sociedade é dividida em quadrilhas confrontadas, tendo a violência como cenário. Há, ademais, um fator que influi poderosamente nos conflitos em torno da corrupção em processos revolucionários e contrarrevolucionários: a influência das agências de inteligência estrangeiras,

A *corrupção do Estado* 297

sobretudo americana e cubana, que manipulam atores sociais e meios de comunicação em função de suas estratégias geopolíticas. A corrupção transforma-se então numa arma lançada por todos contra todos, numa batalha sem trégua que vai dilacerando as sociedades. Invertendo a clássica definição de Carl von Clausewitz da guerra como política, poderíamos dizer que se trata da prática da guerra por meio da política. Da política da corrupção.

É possível um Estado não corrupto?

Se consideramos que a corrupção do Estado é um traço sistêmico característico da América Latina do século XXI, devemos examinar, de um ponto de vista analítico, aqueles países onde não se verifica empiricamente o mesmo grau de sistematicidade da corrupção dos demais aqui comentados — e explicar o porquê disso. Pensamos concretamente em Chile, Costa Rica e Uruguai, países que, segundo a Transparência Internacional, apresentam nível baixo de corrupção quando comparados com outros cenários mundiais, como se pode observar na Figura 11.2, que mostra as posições ocupadas pelos países da América Latina no ranking liderado, no período 2009-17, por Nova Zelândia, Finlândia e Dinamarca. Vejamos os fatores possíveis dessa excepcionalidade para indagar se existe um fator comum que permita identificar outra espécie de Estado, não tanto em termos normativos, mas da situação observada.

No caso do Chile, é preciso recordar que a ditadura de Pinochet foi, entre outras coisas, um caso especial de Estado semipredador, em que benefícios e recursos públicos foram apropriados

Figura 11.2. Evolução no ranking do índice de percepção da corrupção
América Latina, 2016-17 (posições no ranking)

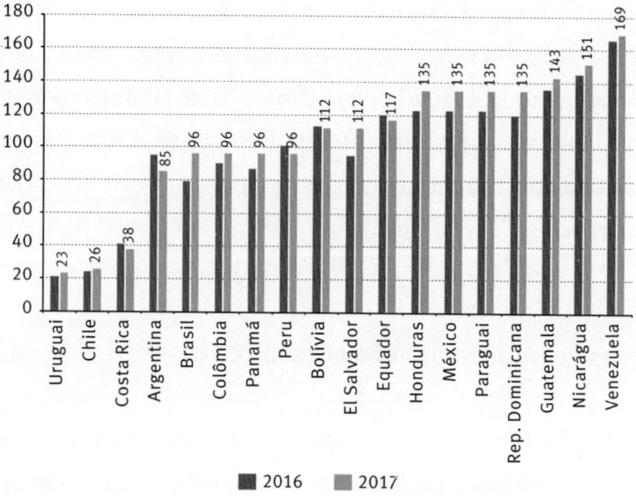

■ 2016 ■ 2017

Fonte: Elaboração própria a partir da base de dados da Transparência Internacional, 2018.

e distribuídos entre o ditador e seus círculos próximos. Basta recordar suas contas no exterior e os catorze passaportes falsos que preparavam a fuga do país. A questão é que, junto a esse Estado puramente parasitário e repressivo, desenvolveu-se uma burguesia empreendedora que soube utilizar em termos capitalistas as condições excepcionais criadas pela ditadura ao anular direitos sociais e proteção ambiental. Mas, a partir de 1990, os governos da Concertação Democrática realizaram um controle das práticas corruptas, com a instauração da institucionalidade na magistratura e profissionalismo na administração pública. O Chile até inovou organizando licitações de compras públicas através de uma web aberta e transparente para as diversas ofertas. As administrações de Patricio Aylwin e Ricardo Lagos

A corrupção do Estado 299

apresentaram uma diminuição drástica da corrupção. Podemos chamar isso de "efeito democrático", ou seja, a reconstrução da democracia com o apoio majoritário da sociedade transformou-se no principal projeto dos atores da mudança política, que limitaram inclusive a competição entre os diversos partidos mediante a formação de uma frente democrática. A situação foi mudando com a normalização institucional.

Em sua análise empírica sobre a transformação do modelo chileno de desenvolvimento, Fernando Calderón e Manuel Castells[8] caracterizaram o Chile democrático como um eficiente modelo de crescimento a partir de uma variante do neoliberalismo: o neoliberalismo com rosto humano. Ou seja, o Estado continuou assegurando a primazia do mercado como mecanismo de desenvolvimento, centrado na exportação, mas com a introdução de direitos sociais, aumento salarial acordado com os sindicatos e sobretudo a criação de uma rede de segurança em educação, saúde e aposentadoria (embora com serviços parcialmente privatizados). O movimento estudantil centrado na igualdade do ensino forçou uma virada social que deu maior protagonismo ao Estado, mas foi precisamente nessa conjuntura que começou a ganhar corpo a corrupção (caso Soquimich) nos partidos, tanto da direita quanto da Concertação, corrupção que chegou a respingar na família presidencial, apesar da impecável honestidade da presidente Michelle Bachelet.

A volta da direita ao poder, representada por um empresário de sucesso e de ideologia neoliberal, Sebastián Piñera, aliado a setores ultraconservadores católicos, abriu as portas do Estado a todo tipo de influência. O que houve? Nossa hipótese é de que a ideologia se infiltra pelas paredes do Estado, e é difícil ser neoliberal na economia e consumista na sociedade e ao mesmo tempo deter os modelos de sucesso social e político no interior da administração. A corrupção de boa parte dos partidos, sobretudo da direita, mas também da centro-esquerda, ganhou continuidade numa versão atenuada das influências empresariais e midiáticas em setores decisivos do Estado, particularmente na gestão da economia. O Chile não é mais uma exceção na questão da corrupção, apesar das resistências na sociedade com memória histórica, representadas com peso crescente por movimentos sociais oriundos do movimento estudantil e que também encontraram na luta contra a corrupção a sua bandeira.

O modelo de desenvolvimento costarriquenho é em si mesmo uma exceção em relação a todos os padrões conhecidos: uma espécie de social-democracia tropical, historicamente representada pelo Partido de Liberação Nacional (PLN) e baseada num pacifismo estrutural após a supressão das Forças Armadas em 1948, numa decisão histórica do então presidente José María Figueres, no final da guerra civil. A Costa Rica, sociedade de agricultores modestos desde a origem e sem riquezas extrativas que despertassem o apetite de empresas multinacionais, conseguiu manter-se à margem da violência da América Central, assumindo um papel de neutralidade e uma aliança estratégica com os Estados Unidos. Com base num bom sistema de educação e saúde públicas, construiu um modelo de desenvolvimento moderno baseado em microeletrônica, turismo ecológico, agricultura orgânica e exportações especiais (em particular flores frescas), além de manter o tradicional setor cafeeiro. Isso é o suficiente para satisfazer as necessidades de um país pequeno que valoriza sobretudo a paz e a democracia. Contudo, a conexão global deu origem a casos

A corrupção do Estado 301

de corrupção nos altos níveis do Estado (iniciativa da France Telecom), casos que foram controlados por uma magistratura independente e ativa, que não hesitou em encarcerar o ex-presidente Miguel Ángel Rodríguez.

A desestabilização do sistema político veio na realidade da oposição das novas classes médias, críticas à burocratização do tradicional PLN, e sobretudo da atividade de grupos religiosos fundamentalistas, numa curiosa aliança entre evangélicos e Igreja católica que esteve bem perto de ganhar a presidência em 2018. Em todo caso, a referência à corrupção como tema de oposição foi pontual e secundária. O grande tema da insatisfação cidadã, que por duas vezes elegeu um partido novo para a presidência (o Partido de Ação Cidadã), foi a insegurança gerada pela penetração de redes criminais de outros países. É possível, portanto, falar de exceção no caso da Costa Rica, pois não houve corrupção sistêmica do Estado. A excepcionalidade provém de sua história política, da consolidação da democracia mediante a eliminação dos perigos de golpe militar, do reforço da independência das instituições judiciais e da não existência de grupos econômicos nacionais ou internacionais suficientemente poderosos para subjugar o Estado. Mas há algo mais: o nível médio de desigualdade e o alto nível de educação ligados estruturalmente a uma profunda convicção democrática. Nesse sentido, a Costa Rica pode, efetivamente, oferecer uma fórmula para limitar a corrupção do Estado: políticas históricas que favoreçam igualdade, legitimidade e estabilidade das instituições democráticas, sobre a base da eliminação do perigo de golpe militar.

A outra possível exceção é o Uruguai, por longo tempo considerado a "Suíça da América Latina", até que a feroz ditadura militar, em associação com a Argentina, tomou como pretexto

302 *A nova América Latina*

a intentona revolucionária tupamara para semear o terror no país. Mas talvez venha da superação desse período sombrio da história uruguaia o novo ímpeto democrático que transformou o Uruguai, em particular depois da presidência carismática e tranquila de José Mujica (o Mandela local), numa sociedade relativamente coesa, com um Estado no qual a corrupção se reduziu a corruptelas e com um modelo de desenvolvimento sui generis, baseado no extrativismo informacional agropecuário, mas acompanhado de um Estado de bem-estar com forte apoio social. Pontos-chave dessa limpeza democrática são uma população com alto nível educacional e uma firme consciência democrática. Qualquer tentativa de corrupção do Estado em grande escala poderia enfrentar uma ativa mobilização contra os corruptos e contra os corruptores.

Paz, democracia, educação, diminuição da desigualdade social, estado de bem-estar social, antimilitarismo: esses parecem ser os antídotos contra a corrupção do Estado na América Latina. Eles estão presentes em dois pequenos países que parecem relativamente imunes ao fenômeno que caracteriza o Estado em quase toda a região. A questão é saber se essa fórmula anticorrupção é escalável.

Conclusão: Quais são as consequências da corrupção do Estado?

A primeira e mais importante é a destruição do vínculo de confiança entre governantes e governados sobre o qual repousa a legitimidade democrática. E isso transcende as posições ideológicas: não é mais direita contra esquerda, nem ditadura ou

A *corrupção do Estado* 303

democracia. Simplesmente, a maioria dos cidadãos desconfia de qualquer um que esteja no poder. Como resultado, há uma tendência ao individualismo, a estratégias de salve-se quem puder, e uma perda da noção de bem comum, pois o comum foi apropriado por uma sequência de atores cuja legitimidade não é reconhecida pelos demais, porque chegaram ao poder destruindo os oponentes e mirando o benefício próprio. Assim, a destruição da confiança rompe a comunidade nacional, separa o Estado da nação e abre a era da dominação das redes globais sem mediação e das estratégias individuais de competição relacionadas às redes.

A segunda característica que se torna dominante é a consagração da política do escândalo como fórmula de conflito político. As oposições não se resolvem nas instituições, mas no espaço público, sempre tendencioso, dos meios de comunicação e das redes sociais, frequentemente manipuladas. A política midiática consiste na destruição da imagem do oponente expondo sua corrupção; quem é mais corrupto e em quem cada um acredita transformaram-se no critério de seleção política, independentemente de programas e ideologias.

Nesse contexto, a judicialização da política instaura se como instância suprema para decidir o conflito, porque fora da aceitação da decisão judicial resta apenas a violência pura e dura do confronto. Mas, se não acreditamos no caráter angelical da magistratura e aceitamos o viés pessoal, político e ideológico do sistema judicial, então a nomeação de juízes e instâncias judiciais e constitucionais transforma-se no verdadeiro controle dos aparatos de poder. O que, de certo modo, nos faz voltar ao ponto de partida, pois a corrupção possível do Poder Judiciário bloqueia qualquer via de escape da corrupção do Estado em seu conjunto.

12. Na *kamanchaka*

NA HISTÓRIA POLÍTICA RECENTE da América Latina, apesar dos enormes esforços e de sacrifícios não menores, as sociedades e seus atores ainda não conseguiram resolver questões cruciais da democracia. Trata-se aqui não apenas dos problemas gerais da institucionalidade, da representação e da participação cidadã, comuns às sociedades contemporâneas e sublinhados por Alain Touraine e Manuel Castells em seus respectivos livros sobre a democracia.[1] Trata-se também da persistência de limites duros para a evolução democrática, da permanência de uma lógica e de uma cultura egocêntricas das elites do poder — que aumentaram não somente sua riqueza, mas também sua miséria humana —, ou a continuidade de práticas institucionais clientelistas e burocráticas corruptas na relação entre Estado e sociedade, independentemente da orientação política do regime. Parece tão difícil apenas cumprir a lei... Outro limite resistente é a crônica falta de justiça e de liberdade genuína, sobretudo em relação aos despossuídos. Por fim, destaca-se a manutenção, quando não o crescimento em momentos de crise, dos poderes ocultos e paralelos, como os aparatos de informação, os diversos lobbies e os opacos sistemas financeiros. Todos esses fatores constituem fortes limitações da democracia na América Latina, que ficaram mais evidentes hoje, com a crise global multidimensional e com as novas conjunturas re-

Na kamanchaka

gressivas no que diz respeito à democracia, acompanhadas pela emergência de orientações conservadoras ultranacionalistas com importantes níveis de apoio social.

Em 28 de outubro de 2018, Jair Bolsonaro foi eleito presidente do Brasil por ampla maioria. Consumava-se assim a crise política do maior país da América Latina, que começou com as manifestações massivas de jovens contra a corrupção e por seus direitos, em 2013, prosseguiu com a eleição do Congresso mais direitista da história do Brasil e culminou com a destituição da presidente Dilma Rousseff, decidida por esse mesmo Congresso, no qual metade dos deputados era acusada de corrupção pela Justiça. Mas a eleição do capitão Bolsonaro teve um significado mais profundo: em seus 27 anos de vida política após deixar o Exército, ele nunca escondeu suas preferências pela ditadura militar contra a qual lutaram milhares de cidadãos brasileiros, tampouco ocultou suas opiniões sexistas, racistas, homofóbicas, fascistas e antidemocráticas, favoráveis à tortura e ao controle militar da sociedade, usando os termos mais grosseiros e brutais para não deixar nenhuma dúvida. O fato de a maioria dos brasileiros, e entre eles muitos jovens, mobilizados sobretudo via WhatsApp, ter votado num personagem como esse mostra a transformação mental e política do Brasil, solapando a legitimidade da democracia, tão ansiada durante décadas. O entusiasmo com que as grandes empresas nacionais e estrangeiras saudaram sua eleição também é indício da superficialidade dos princípios democráticos que elas propugnam quando comparados a seus interesses econômicos, pois o que Bolsonaro prometeu foi simplesmente um modelo neoliberal sob orientação ideológica autoritária: privatização do setor público e liberalização dos mercados. Ou seja, voltar ao chamado Consenso de Washington, que já tinha fracassado na década de 1990 no conjunto da América Latina.

A promessa de Bolsonaro, partindo de sua ideologia militarista, é um retorno neoliberal ditatorial idealizado, à moda de Pinochet, a um passado neoliberal que está deixando de funcionar economicamente em todas as partes do mundo, como analisou Castells em seus livros *Ruptura* e *As crises da Europa* (ambos de 2017). Trata-se também de um alinhamento à ideologia de Trump e à redefinição dos interesses dos Estados Unidos em relação à América Latina. Prevalece a ilusão de regressar a um passado na verdade nefasto, que não funcionou nem sequer para os ideólogos do fim da história. Contudo, vale a pena esclarecer que, ao contrário das ditaduras latino-americanas dos anos 1970 e 1980, que ocultavam as atrocidades e os genocídios que estavam cometendo, Bolsonaro os apregoa abertamente. Claro que esse pesadelo, que se tornou viável graças à democracia, é inseparável da desestruturação do Estado e de fenômenos estruturais de corrupção, como o caso Lava Jato e em particular da Odebrecht, que envolveu vários países da região através do financiamento de partidos políticos de todo o espectro ideológico.

Embora encabeçados por líderes diferentes do estereótipo de Bolsonaro, processos políticos conservadores têm ocorrido na maioria dos países do continente, com a volta ao poder de uma direita mais retrógrada e a devolução do controle econômico às oligarquias nacionais e aos mercados globais, como na Argentina e no Chile.

Na Argentina, a despeito dos consideráveis progressos na luta pelos direitos humanos, os limites do kirchnerismo dos governos anteriores são indissociáveis da incapacidade do Es-

Na kamanchaka 307

tado de resolver as questões básicas de sua própria constituição, como os atos terroristas na embaixada de Israel e na Asociación Mutual Israelita Argentina (Amia), nos anos 1990, a corrupção histórico-estrutural de boa parte das elites e da classe política e a ineficiência de um Judiciário intrinsecamente lento e permeável aos jogos do poder. O resultado é uma confusa mixórdia em que o amálgama de corrupção, complôs de agências de informação e espetáculos judiciais promovidos pelos meios de comunicação geram mais confusão e angústia. E assim se consome o potencial de um país criativo como a Argentina.

No Peru, a judicialização da política e a corrupção do Estado, associadas, por exemplo, ao escândalo da Odebrecht, além dos limites do modelo neoliberal, alimentam o jogo da decomposição da democracia na região. O fujimorismo, depois de um fim dramático e lento, ainda não encontrou substituto político. De fato, quatro presidentes sucessivos acabaram presos ou no exílio.

No Chile, a crise de um modelo de desenvolvimento e de um sistema político implantado pela Concertação e bem-sucedido durante vinte anos culminou com o retorno a um neoliberalismo com aportes ultraconservadores como as propostas da União Democrática Independente (UDI), especialmente do senador José Antonio Kast, muito identificado com Bolsonaro.

Na Colômbia, embora o presidente Juan Manuel Santos, sucessor de Uribe, o protetor dos paramilitares, tenha conseguido firmar o acordo de paz com as Farc e o Exército de Libertação Nacional (ELN) após décadas de guerra civil, as feridas continuam abertas na população, a tal ponto que a maioria dos cidadãos votou contra o acordo. Sem paz nem perdão: guerra e morte, numa mescla de sentimentos de vingança e justiça.

Entre as experiências progressistas do Sul ainda é possível constatar a mudança social e cultural trazida pelo modelo neodesenvolvimentista e indigenista da Bolívia, embora em meio a uma forte polarização política, acusações de corrupção e autoritarismo estatal, e uma crise institucional tanto do Poder Judiciário quanto da Corte Eleitoral. Já as experiências revolucionárias da Venezuela e da Nicarágua degeneram em governos autoritários que por um tempo resistiram a ferro e fogo à oposição interna e às conspirações externas, mergulhando seus países no caos econômico, na miséria e na fome. Os caminhos da América Latina encheram-se de refugiados, muitas vezes rechaçados e discriminados por seus irmãos latino-americanos, enquanto um êxodo quase bíblico levava milhares de hondurenhos a tentar alcançar a terra prometida do Norte, embora suas portas estivessem fechadas por uma desmesurada operação militar. Talvez somente a Costa Rica e o Uruguai consigam continuar navegando contra o vento.

No México, numa situação-limite de desintegração social e institucional, houve um suspiro de sobrevivência com a eleição de Andrés Manuel López Obrador (conhecido como AMLO), veterano político que vinha desafiando há muito tempo a podridão institucional. Nesse sentido, compartilhamos a esperança de muitos mexicanos numa transformação política profunda, embora estejamos todos conscientes, e AMLO em primeiro lugar, das dificuldades e dos perigos que ele terá de enfrentar em seu projeto de regeneração do país.

A crise foi muito além do colapso dos processos de mudança sociopolítica depois dos fracassos sucessivos do neoliberalismo e do neodesenvolvimentismo. Ela está ligada à quebra da confiança nas instituições e entre as pessoas. Foi e é uma crise de

Na kamanchaka

convivência, de percepção do "outro", qualquer outro, como ameaça potencial. Nas paredes de El Alto, periferia de La Paz, lia-se "Bandido pego, bandido queimado". E assim foi em várias ocasiões, como os linchamentos de assassinos de crianças em Chichicastenango, a bela cidade guatemalteca, e em inúmeros pontos da geografia do medo em todo o continente.

Medo alimentado pela realidade de uma criminalidade descontrolada, em parte pela conivência ou passividade da polícia. Assim, em 2018, no México, foram registradas 10 mil ligações de extorsão por dia, detectando-se que a maioria delas, feitas em celulares, partia de sete prisões, numa prova clara da desproteção dos cidadãos, vítimas de funcionários corruptos em todos os âmbitos do Estado. Aliás, 2018 acabou sendo o ano mais violento na história do México, tanto pelos homicídios quanto pelos desaparecimentos — e aqueles que tentaram deter essa epidemia de violência foram as primeiras vítimas, sobretudo os jornalistas que se arriscaram investigando e denunciando os crimes. Risco que fez, de fato, com que muitos perdessem a vida, como Sergio Martínez González, diretor do hebdomadário on-line *Enfoque*, assassinado em Tuxtla Gutiérrez, na fronteira com a Guatemala, em 3 de outubro de 2018. Não há nada de especial em relação a esse jornalista, ele foi um entre tantos, menos visível que muitos outros, e por isso citamos seu nome como homenagem ao jornalista desconhecido.

No Brasil, os nomes por trás do assassinato da vereadora Marielle Franco, morta em 15 de março de 2018, seguem desconhecidos. Marielle era uma carismática líder negra, defensora dos favelados e crítica da atuação da polícia militar, do Rio de Janeiro, de onde se suspeita que tenha saído sua sentença de morte.

A economia criminal expandiu-se em inúmeras atividades, rivalizando e comandando por meio dos diversos bandos de capangas que se multiplicam pelos bairros das metrópoles. A derrocada dos cartéis, alvo da repressão politicamente rentável, estilhaçou a estrutura da violência em centenas de grupos, milhares em toda a América Latina, cada vez mais violentos. É o que se chama no México de "efeito *cucaracha*".

Sob as ruínas de todos os projetos políticos e de uma democracia pouco confiável, restaram sociedades fragmentadas, nas quais as pessoas só podiam contar consigo mesmas e às vezes com suas famílias, porque parte da Igreja católica, tradicional amparo espiritual de grande parcela da população da região, afundou num mar de escândalos e arrogância, apesar de muitos religiosos e religiosas que praticam diariamente sua opção pelos pobres e pelos mais desfavorecidos. Ao mesmo tempo que a Igreja entrava em crise, inúmeras congregações evangélicas prosperaram, muitas delas de caráter ultraconservador, "negociando" com a desesperança dos setores mais desvalidos, para quem elas servem de refúgio. Contudo, dos escombros das instituições surgiram novos projetos e novas vivências, embora essas buscas e projetos de reconstrução enfrentem condições extremamente difíceis, na escuridão e na incerteza. De fato, tentando encontrar um termo que, como resultado de nossa análise, comunicasse o que a América Latina vive atualmente, arriscamos uma palavra: *kamanchaka*.

Kamanchaka é a palavra aimará que designa uma névoa espessa que de vez em quando envolve os acampamentos mineiros e os vales andinos. Não é uma névoa como as outras: é escura (é seu significado em aimará, "obscuridade"), bloqueia totalmente a visão, penetra nos pulmões, oprime e angustia.

Na kamanchaka

Está associada a lendas e mitos que denotam desorientação, perda de rumo, ausência de caminhos visíveis. Talvez seja essa a situação que se vive na América Latina após as duas primeiras décadas do terceiro milênio. Claro que os seres humanos sempre acabam encontrando caminhos, apesar de não sabermos para onde vão, ou pensarmos não saber. No entanto, para encontrá-los, é preciso partir do lugar onde estamos, ou seja, de não saber onde estamos e nem como sair da névoa, com paciência histórica e consciência de nossas crises, até vislumbrarmos alguma luz que brilhe com a cor da esperança.

Inconclusão: A cor da esperança

Apesar da *kamanchaka* como resultado circunstancial da história latino-americana recente, também é possível reconhecer a força dos atores sociais para produzir uma nova sociedade capaz de lutar e inovar a vida. Há, em particular, duas dinâmicas que vale a pena destacar num contexto de crise institucional e vivencial: as dinâmicas criativas, sobretudo no mundo do trabalho, e a resistência dos movimentos socioculturais. Um traço especialmente promissor no mundo dos trabalhadores e das trabalhadoras, em sua maioria informais, é a existência de um duplo código que permite que suportem e recriem uma dinâmica produtiva na comunidade, no sindicato, no bairro, na oficina artesanal, no comércio varejista e especialmente na família, para construir práticas, habilidades e estratégias de produção, reprodução e autoestima a partir das quais conseguem refazer cotidianamente a sua própria dignidade. E há sua capacidade de resistência, organização e criação social em diferentes e cruciais momentos políticos da história do continente.

Desde o início, a luta pela democracia apresenta uma característica que vale a pena destacar, considerando a variedade temporal e política dos diversos países da região: de um jeito ou de outro, e apesar dos diferentes conflitos e orientações político-ideológicas, os movimentos sociais colocaram a questão da dignidade e dos direitos humanos como traço básico de sua própria constituição. Trata-se de buscar uma autonomia do ator vinculada ao desafio de propor horizontes libertários e igualitários e à imaginação criativa para mudar a vida e as formas de convivência entre diferentes.

Nessa perspectiva, destacam-se os movimentos de direitos humanos desde o período pré-democrático, como o caso das mulheres mineiras na Bolívia, nos anos 1970, dos movimentos pelos direitos humanos na Guatemala ou dos célebres movimentos da Mães e Avós da Praça de Maio, na Argentina, que com seu exemplo ético construíram uma cultura humanista crítica do poder. E emergiu ainda ao longo da região uma enorme variedade de novos movimentos que não reivindicavam apenas democracia, mas também uma nova forma de vida. Eles tentavam construir uma prática política e cultural nascente, com base em princípios fundamentais relativos ao valor da vida humana, à justiça e à já mencionada crítica ao poder, independentemente do selo ideológico. Definitivamente, não se tratava apenas de novas formas de fazer política, mas de novas formas de fazer sociedade. Esses movimentos não buscavam o poder político, mas antes outras formas de sociabilidade baseadas no cotidiano. O exemplo de vários de seus líderes foi fundamental. Nesse sentido, cumpre recordar Domitila Chungara, líder das mães mineiras da Bolívia, que exigia a palavra

Na kamanchaka

em meio à repressão e a duras greves de fome e ensinava que contra a *kamanchaka* só nos resta a resistência e a paciência. Seu papel na queda da ditadura de Hugo Banzer e na restauração da democracia foi central.

Essas experiências perderam força durante o longo período neoliberal, mas deixaram uma herança fundamental para os novos movimentos que retomaram seu curso no final do século xx. O início do século xxi foi um momento de inflexão histórica que permitiu um longo período progressista de matizes variados em toda a região. Os diversos movimentos, embora dispersos e isolados, colocaram na mesa a necessidade de articular a participação cidadã deliberativa com a institucionalidade democrática, sobretudo no nível territorial. A experiência do "orçamento participativo" em Porto Alegre e sua reprodução em várias cidades do Brasil e em outros países da região, como Peru, Colômbia e Argentina foi importante. O Fórum Social de Porto Alegre foi uma referência não somente regional, mas também mundial, que permitiu estabelecer debates entre diferentes líderes sociais e políticos no âmbito latino-americano. O papel desempenhado no Brasil pelo movimento dos trabalhadores e pelas experiências de lutas camponesas dos sem-terra foi particularmente significativo a esse respeito. Contudo, fundamental foi a integração e participação desses atores e movimentos nos projetos neodesenvolvimentistas em vários países, nos quais se destacou sua vinculação com fortes líderes carismáticos, que organizaram os projetos políticos de poder concentrado, hoje desaparecidos em praticamente toda a região. Nesses momentos de inflexão, surgiu também uma espécie de "cidadão autônomo", cuja decisão política baseava-se na reflexão analítica para conjugar diversas opções na construção de sua autonomia individual. Por isso cresceu o voto cruzado.

No entanto, não podemos esquecer que um segmento importante da sociedade legitimava opções autoritárias ou simplesmente não votava. Em 2002, por exemplo, segundo um estudo promovido pelo Pnud, *A democracia na América Latina*, 54,7% dos cidadãos afirmaram que apoiariam um governo autoritário se ele resolvesse os problemas econômicos.[2] Na eleição presidencial de 2017, no Chile, somente 50% da população votou, enquanto os outros 50% incluíam muitos jovens, evidenciando uma apatia crescente em relação ao sistema político, tendência que vem sendo detectada desde o início do milênio. Ou seja, a *kamanchaka* atual tem suas raízes no passado.

Durante a segunda década do presente século, seja sob orientações desenvolvimentistas ou liberais, num contexto de mudança e crise global multidimensional, novos movimentos socioculturais renasceram, entre os quais destacam-se os das mulheres, os de gênero, os étnico-culturais, os ecológicos e os movimentos de jovens ligados à educação e à ética na política, todos eles fortemente vinculados à mudança informacional que se produziu nos últimos vinte anos. São os novos atores emergentes da era da informação, cuja ação assenta-se também na cultura e na experiência, o *habitus*, das lutas passadas. Ou seja, para eles o desafio é a ressignificação dos direitos humanos e da ética na sociedade e na política, porém nos marcos de uma nova sociedade de redes e de uma nova tecnoeconomia da informação e da comunicação. Mais que isso, eles são parte constitutiva delas.

Os movimentos de mulheres atuam em meio a uma crise de legitimidade do patriarcado e da estrutura da família nuclear,

Na kamanchaka 315

e reforçam-se com o papel proativo que elas desempenham no mundo da informação. Os jovens de diversas idades e diferentes estratos sociais revelam sua capacidade de agência, de transformar metas em realidades; essas capacidades são maiores entre as mulheres do que entre os homens, e sua participação política, ainda fraca, cresce a cada dia. Várias mulheres assumiram-se finalmente como protagonistas de seu destino, muitas vezes em reação aos feminicídios: a vida é o limite. E são incontáveis as que rejeitaram o mundo que lhes era oferecido, questionando a hipocrisia de valores ultrapassados e das ideologias obsoletas de seus antepassados e mesmo de seus contemporâneos. Seguramente, essa mudança de poder cultural das sociedades latino-americanas é uma das mais fortes que o continente está experimentando, e numa perspectiva de intercâmbio global em diversas redes de comunicação feministas. É algo que está apenas começando.

Os movimentos dos povos originários e afrodescendentes são históricos, de longa data na região, mas estão se redefinindo a partir da reivindicação de identidade e autonomia política. A construção do Estado plurinacional da Bolívia, que pretende articular as identidades culturais e as diversidades regionais num sistema de convivência institucionalizado, é uma experiência recém-iniciada.

Os movimentos ecológicos, identificados frequentemente com os povos originários, são respostas comunitárias e pessoais aos impactos do novo extrativismo informacional. São atores glocais que se desenvolvem em seu território e articulam ações e comunicações no âmbito global. Um fator que joga a seu favor é a alta legitimidade e o apoio de boa parte da opinião pública nacional e internacional. Por exemplo, a capacidade de ação informacional dos líderes mapuches na região de Vaca Muerta, na Argentina, que questionam um dos projetos extrativos de gás e petróleo mais importantes do mundo, articula-se com redes regionais e internacionais. Boa parte desses movimentos, embora mais reativos que propositivos, trouxe à baila uma série de valores e sentimentos que valorizam a terra e a vida animal, incluindo a vida humana, em sua relação com a natureza. Outro caso inovador é o das mulheres produtoras de café na Colômbia, que combinam formas criativas de trabalho com sustentabilidade ambiental e alta qualidade de seu produto.

A dinâmica política dos jovens oscila em partes iguais entre os que desejam participar, sobretudo no nível local, da construção de soluções para os problemas que afligem sua sociedade e aqueles que afundam no pessimismo e na hiperindividualização. Os jovens foram e são fundamentais, principalmente por manejarem perfeitamente os códigos da informação que permitem atuar no mundo moderno; por sugerirem questões relacionadas ao valor estratégico de educação, ciência e tecnologia no desenvolvimento; e por questionarem a corrupção política e empresarial. Há neles a busca de uma nova ética na política e de desenvolvimento.

A questão que se coloca é se esses novos movimentos terão capacidade de crescer e de construir opções em meio à *kamanchaka*, às crises e mutações globais, e diante do enorme poder de destruição que impera ao redor do mundo.

Não sabemos. O futuro está sendo construído por eles num presente difícil.

Notas

Introdução (pp. 17-21)

1. F. Calderón (Org.), *¿Es sostenible la globalización en América Latina? Debates con Manuel Castells.*

1. A globalização da América Latina: da crise do neoliberalismo à crise do neodesenvolvimentismo (pp. 23-57)

1. Cepal, *Estadísticas e indicadores.*
2. Ibid.
3. M. Cohen et al. (Orgs.), *The Political Culture of Democracy in The Americas 2016-2017: A Comparative Study of Democracy and Governance.*
4. Cepal, *Panorama social da América Latina, 2017,* p. 88.
5. Cepal, *Panorama social da América Latina, 2016,* p. 52; *Panorama social da América Latina, 2017,* p. 44.
6. Cepal, *Panorama social da América Latina, 2017.*
7. Para mais detalhes, ver Banco Interamericano de Desenvolvimento, *Síntese do programa Bolsa Família no Brasil.*
8. F. Fajnzylber (Org.), *Transformación productiva con equidad: La tarea prioritaria del desarrollo de América Latina y el Caribe en los años noventa.*
9. Pnud, *La democracia en América Latina: Hacia una democracia de ciudadanas y ciudadanos.*
10. Banco Mundial, *DataBank,* 2018.
11. F. Calderón, *Escenarios políticos en América Latina. Cuaderno de gobernabilidad democrática 2.*
12. *El País,* "Año 11 de la guerra contra el narco". Disponível em: <https://elpais.com/especiales/2016/guerra-narcotrafico-mexico/>.
13. M. Castells, *Globalización, desarrollo y democracia: Chile en el contexto mundial.*
14. A. Araníbar et al., "Perú: la hora de la inclusión", p. 293.

318   *A nova América Latina*

15. Ibid., p. 302.

16. Ibid.

17. F. H. Cardoso e. Faletto, *Dependencia y desarrollo en América Latina*, p. 166.

18. Corporación Latinobarómetro, *Relatório Latinobarómetro 2010*, p. 19.

19. F. Calderón, *La protesta social en América Latina. Cuaderno de prospectiva política 1.*

20. F. Calderón e D. Moreno, "Carisma, sociedad y política".

21. "Pervasivo": castelhanização e aportuguesamento da palavra inglesa *pervasive* ("espalhável"), traduzível, em relação a uma influência não desejada, como aquilo que se alastra amplamente numa área ou entre um grupo de pessoas.

22. Cepal, *Estadísticas e indicadores.*

23. Ver Fundação Astrogildo Pereira: <http://www.fundacaoastrojildo.com.br/revista-pd3/>.

24. Ver: <www.nytimes.com/2018/12/24/world/americas/nicaragua-protests-daniel-ortega.html>.

25. Ciudadanía, Comunidad de Estudios Sociales y Acción Pública, *Encuesta Mundial de Valores en Bolivia 2017*. Ver: <www.ciudadaniabolivia.org/es/node/813>.

2. Um novo sistema produtivo: extrativismo informacional e mundialização dos mercados (pp. 58-78)

1. F. Calderón (Org.), *Navegar contra el viento: América Latina en la era de la información.*

2. J. V. Murra, *El mundo andino: Población, medio ambiente y economia.*

3. J. Wahren, "Territorios insurgentes: La dimensión territorial de los movimientos sociales en América Latina", pp. 12-3.

4. Pnud, *Human Development Report, 2007/8. Fighting Climate Change: Human Solidarity in a Divided World* e *Human Development Report, 2006. Beyond Scarcity: Power, Poverty and the Global Water Crisis.*

5. A pesquisa *Extractivismo informacional y territorialidades* (Pidem, Unsam, 2018) é a principal referência desta seção. O estudo foi realizado por Deborah Pragier, Juan Pablo Deluca, Ignacio Cretini e Juan Wahren, sob a direção de Fernando Calderón. A seção baseia-se fundamentalmente nos estudos de caso do lítio, da soja e do gás de petróleo não convencional. Os estudos específicos são "El extractivismo agrícola

Notas 319

informacional en la Argentina: el caso de Los Grobo y las disputas territoriales socioambientales en la era de la información", elaborado por J. Wahren; "Extrativismo informacional, territorio y desarollo: el caso de YPF S.A. en Vaca Muerta", de I. Cretini; e "Minería del litio en el Salar de Olaroz", de D. Pragier e J. P. Deluca.

6. D. Pragier e J. P. Deluca, "Minería del litio en el Salar de Olaroz", p. 37.

7. Leila Guerriero, "El rey de la soja".

8. Para mais detalhes, ver seção Recursos e Mineralogia em: <salesdejujuy.com/espanol/proyectos/>.

9. A. M. Giuliani et al., "La explotación de Vaca Muerta y el impacto socioeconómico em la Província de Neuquén: el caso de Añelo. Efectos de la reforma de la Ley Nacional de Hidrocarburos (2014)".

10. M. Svampa e E. Viale, *Maldesarrollo: La Argentina del extractivismo y el despojo*, p. 150.

11. C. Gras e V. Hernández (Orgs.), *El agro como negocio: Producción, sociedad y territorios en la globalización.*

12. D. Pragier e J. P. Deluca, "Minería del litio em el Salar de Olaroz", p. 45.

13. Ibid.

14. I. Cretini, "Extractivismo informacional, territorio y desarrollo: el caso de YPF S.A. en Vaca Muerta", p. 83. Cabe mencionar que uma fração das comunidades conseguiu dar visibilidade a suas reivindicações durante sua aproximação de outros atores, como a Multissetorial contra o Fracking (formada por estudantes, Assembleia pela Água [APCA] e operários de Zanón, entre outros), nos protestos contra o acordo entre a YPF e a Chevron em 2013.

15. Por um lado, os membros da CTA e as comunidades informam sobre os diferentes focos de contaminação petrolífera e, por outro, representantes das empresas e setores dentro da universidade afirmam que não existe contaminação de águas superficiais e, provavelmente, tampouco dos lençóis. Ver I. Cretini, "Extractivismo informacional, territorio y desarrollo: el caso de YPF S.A. en Vaca Muerta".

16. J. Wahren, "El extractivismo agrícola informacional en la Argentina: el caso de Los Grobo y las disputas territoriales socioambientales en la era de la información", p. 149.

17. Ibid.

18. I. Cretini, "Extractivismo informacional, territorio y desarrollo: el caso de YPF S.A. en Vaca Muerta".

3. A economia criminal "glocal" (pp. 79-103)

1. Para mais detalhes sobre o narcotráfico na América Latina, ver D. Escobar, "Una ruta de trabajo para abordar la economía y dinámica criminal en América Latina".
2. J. Haken, *Transnational Crime in the Developing World*.
3. OEA, *El informe de drogas de la OEA: 16 meses de debates y consensos*.
4. UNODC, UNODC *Statistics Online*.
5. UNODC, *Global Study on Homicide: Trends, Context, Data*, p. 43.
6. Para mais detalhes, ver *El País*: <https://elpais.com/especiales/2016/guerra-narcotrafico-mexico/>.
7. J. Sullivan, *Mexico's Drug War: Cartels, Gangs, Sovereignty and the Network State*.
8. M. Sherman, *How it Hurts: Culture, Markets, and Pain in the U.S. Opioid Epidemic*.
9. Para mais detalhes, ver Infobae: <www.infobae.com/sociedad/policiales/2018/01/09/con-la-caida-de-los-monos-dos-familias-narco-se-disputan-el-poder-en-rosario-a-sangre-y-fuego/>.
10. L. Jaitman (Org.), *Los costos del crimen y la violência: Nueva evidencia y hallazgos en América Latina y el Caribe*, p. 29.

4. Desenvolvimento humano, urbanização e desenvolvimento inumano (pp. 104-119)

1. UN Habitat, *World Cities Report 2016. Urbanization and Development: Emerging Futures*.
2. Cepal, "Horizontes, 2030. La igualdad en el centro del desarrollo sostenible".
3. Banco Mundial, *DataBank*.
4. R. Jordán, L. Riffo e A. Prado (Orgs.). *Desarrollo sostenible, urbanización y desigualdad en América Latina y el Caribe*, pp. 83-92.
5. Para mais detalhes sobre o IDH dos países da América Latina, ver o capítulo 1 deste livro.
6. R. Jordán, L. Riffo e A. Prado, *Desarrollo sostenible, urbanización y desigualdad en América Latina y el Caribe*.
7. Ibid., p. 43.

Notas   321

8. I. Guerrero, L. F. Walton e M. López-Calva, "The Inequality Trap and its Links to Low Growth in Mexico".

9. Ibid., p. 8.

10. Ver, por exemplo, M. Svampa, *Los que ganaron: La vida en los countries y barrios privados* e *La brecha urbana. Countries y barrios privados en Argentina*, para uma análise do surgimento de distritos e residenciais exclusivos na Argentina.

11. R. Jordán, L. Riffo e A. Prado, *Desarrollo sostenible, urbanización y desigualdad en América Latina y el Caribe.*

12. Ibid., pp. 258-69.

13. A região está exposta a uma grande variedade de perigos naturais, inclusive terremotos, vulcões, tormentas, temperaturas extremas, secas, inundações e deslizamentos de terra, entre outros, muitos dos quais se agravam regularmente com o fenômeno Oscilação Sul-El Niño (Osen). É provável que a tendência mundial a uma crescente variabilidade climática exacerbe muitos desses perigos. De fato, diversas das principais cidades da região estão situadas perto de ou sobre falhas sísmicas. Devido ao crescimento populacional e à rápida urbanização, muitas cidades estão se estendendo para planícies sujeitas a inundações ou para encostas suscetíveis a deslizamentos de terra e outros perigos. O aumento do número de assentamentos informais, a expansão urbana descontrolada, as práticas inadequadas de construção, a degradação ambiental e a escassa infraestrutura básica exacerbam a vulnerabilidade social e econômica dos países, sobretudo entre os segmentos mais pobres ou vulneráveis. Um estudo do Banco Mundial sobre desastres naturais indica que sete dos quinze principais países do mundo mais expostos a três ou mais ameaças encontram-se na América Latina e no Caribe (Cf. R. Jordán, L. Riffo e A. Prado, *Desarrollo sostenible, urbanización y desigualdad en América Latina y el Caribe*, p. 262).

14. Na vigésima versão da Pesquisa Anual de Qualidade de Vida da Mercer, não havia nenhuma cidade da América Latina e Caribe entre as vinte primeiras. A mais bem posicionada da América do Sul é Montevidéu (77), seguida por Buenos Aires (91) e Santiago (92). Ver Mercer, "Vienna Tops Mercer's 20th Quality of Living Ranking".

15. R. Muggah e K. A. Togón, "Citizen Security in Latin America: Facts and Figures", pp. 5-6.

16. De acordo com dados da Small Arms Survey, no ano de 2016, Brasil, México e Venezuela encontravam-se entre os dez países com maior

número de mortes violentas no mundo (C. Mc Evoy e G. Hideg, *Global Violent Deaths 2017: Time to Decide*, pp. 5-6). O mesmo relatório aponta que, entre 2015 e 2016, as mortes por 100 mil habitantes causadas por armas de fogo aumentaram no Brasil e na Venezuela (Ibid., p. 50) e que houve um aumento de 30% e 29% nos homicídios com armas de fogo no Chile e no Uruguai, respectivamente entre 2005-11 e 2011-16 (Ibid., p. 51).

17. Pnud, *Informe sobre desarrollo humano para Mercosur 2009-2010. Innovar para incluir: Los jóvenes y el desarrollo humano.*

18. Para uma análise do estado da questão nessa atividade, ver D. Escobar, "Banco de datos sobre la economía y dinámica criminal en América Latina".

5. Uma sociedade-rede: individualização, tecnossociabilidade e cultura da diáspora (pp. 120-44)

1. Cepal-Unesco, *Educación y conocimiento: Eje de la transformación productiva con equidad.*

2. F. Calderón e M. R. dos Santos, *Sociedades sin atajos.*

3. A. Rivoir, *Plan Ceibal e inclusión social: Perspectivas interdisciplinarias.*

4. Cepal, *La nueva revolución digital: De la internet del consumo a la internet de la producción*, pp. 11 e 41.

5. Cepal, *Estado de la banda ancha en América Latina y el Caribe 2017*, p. 5.

6. Cepal, *La nueva revolución digital: De la internet del consumo a la internet de la producción*, p. 61.

7. Ibid., p. 50.

8. F. Calderón (Org.), *La protesta social en América Latina*, pp. 68 e 298-305.

9. A. Szmukler, *Bolivianos en la diáspora: Representaciones y prácticas comunicativas en el ciberespacio.*

10. Cepal, *La nueva revolución digital: De la internet del consumo a la internet de la producción.*

11. Esta parte baseia-se em Pnud, *Informe sobre desarrollo humano para Mercosur 2009-2010. Innovar para incluir: Los jóvenes y el desarrollo humano*, e F. Calderón e A. Szmukler, "'Disculpe la molestia, estamos cambiando el país'. Politicidad y protestas: los jóvenes en Chile, México y Brasil".

12. As percepções dos jovens latino-americanos sobre os principais problemas de seus respectivos países mudaram entre 2006 e 2016. Se em

Notas

2006 o problema mais mencionado era desocupação/desemprego, em 2016 a principal preocupação dos jovens entre dezesseis e 25 anos era a delinquência/segurança pública (Corporación Latinobarómetro, *Análisis online*).

13. ONU, *International Migration Report 2017: Highlights*, p. 5.
14. Ibid.
15. Ibid., p. 9.
16. Ibid., p. 7.
17. ONU, *International Migration Report 2017: Highlights*.
18. Ibid. Para uma visão interativa dos fluxos migratórios globais em permanente atualização, ver IOM: <https://www.iom.int/migration>.
19. ONU, *International Migration Report 2017: Highlights*.
20. Ibid.
21. A. Szmukler, *Bolivianos en la diáspora: Representaciones y prácticas comunicativas en el ciberespacio*.

6. O questionamento do patriarcado (pp. 145-57)

1. Cepal, *Estadísticas e indicadores*.
2. Ibid.
3. S. Gammage, "La dimensión de género en la pobreza, la desigualdad y la reforma macroeconómica en América Latina".
4. Cepal, *Estadísticas e indicadores*.
5. W. Cabella, "La evolución del divorcio em Uruguay, 1950-1995".
6. R. Geldstein, *Los roles de género en la crisis: Mujeres como principal sostén económico del hogar*.
7. S. Bott et al., *Violencia contra las mujeres en América Latina y el Caribe: Análisis comparativo de datos poblacionales de 12 países*.

7. A crise da Igreja católica e a nova religiosidade (pp. 158-70)

1. Z. Maoz e E. Henderson, "The World Religion Dataset, 1945-2010: Logic, Estimates, and Trends".
2. Ibid.
3. Para maiores detalhes sobre esse assunto, ver F. Mallimaci (Org.), *Modernidad, religión y memoria*.

4. N. Strotmann, "¿Y, después de Aparecida, qué?".

5. Ibid., p. 3.

6. N. Strotmann, "¿Y, después de Aparecida, qué?".

7. J. Droz, "Les republiques des guaranies: Les utopies socialistes à l'aube des temps modernes"; P. Chinchilla, *Los jesuitas formadores de ciudadanos: La educación dentro y fuera de sus colegios, siglos XVI-XXI*.

8. L. Bertonio, *Vocabulario de la lengua aymara*.

9. X. Albó e F. Layme, "Introducción".

10. Para maiores detalhes, ver G. Morello (sj) e outros em P. Chinchilla, *Los jesuitas formadores de ciudadanos: La educación dentro y fuera de sus colegios, siglos XVI-XXI*.

8. O poder da identidade: multiculturalidade e movimentos sociais (pp. 171-201)

1. W. Denevan (Org.), *The Native Population of the Americas in 1492*; Celade, *Sistema de Indicadores Sociodemográficos de Poblaciones y Pueblos Indígenas (SISPPI)*.

2. A trinta quilômetros de Cuzco, num lugar chamado Paccari Tampu ("morada de procriação"), uma colina chamada Tampu Tocco ("casa das janelas") exibia suas aberturas. Segundo o mito, delas saíram os *ayllus* que formaram o Império Inca. Depois que o deus Viracocha deu ordem ao mundo, dessas fendas surgiram Manco Cápac, que nesse tempo se chamava Ayar Manco, seus irmãos Ayar Auca, Ayar Cachi e Ayar Uchu e as quatro esposas desses homens, Mama Ocllo, Mama Huaco, Mama Cora e Mama Raua. Cf. <https://pueblosoriginarios.com/sur/andina/inca/ayar.html>.

3. J. Murra, *El mundo andino: Población, medio ambiente y economia*.

4. F. Calderón, M. Hopenhayn e E. Ottone, *Esa esquiva modernidade: Desarrollo, ciudadanía y cultura en América Latina y el Caribe*.

5. L. Castedo, "Algunas constantes de la arquitectura barroca andina".

6. A. Touraine, *La parole et le sang: Politique et société en Amérique Latine*; F. Calderón e E. Jelin, "Clases sociales y movimientos sociales en América Latina: Perspectivas y realidades".

7. ONU, *International Migration Report 2017: Highlights*.

8. Os múltiplos estudos de Marcos Yvon Le Bot, José Bengoa e Xavier Albó sobre o tema são textos de referência aqui utilizados para tentar

Notas

entender essas dinâmicas interculturais. Para o caso colombiano, ver D. Escobar, "La modernización conservadora de Colombia: Tensiones y nuevas perspectivas".

9. Cf. o "Pronunciamiento conjunto que el Gobierno Federal y el Ejército Zapatista de Libertación Nacional enviarán a las instancias de debate y decisión nacional", parte dos Acordos de San Andrés Larráinzar, de 16 de fevereiro de 1996. Disponível em: <https://web.archive.org/web/20120406144817>; <http://zedillo.presidencia.gob.mx/pages/chiapas/docs/sanandres/pronuncia.html>.

10. Y. Le Bot, *El sueño zapatista*, p. 13.

11. Ibid., p. 16.

12. M. Castells, *La era de la información*, p. 101.

13. *La Reforma*, 11 dez. 1994, apud M. Castells, *La era de la información*, p. 102.

14. M. Castells, *La era de la información*, p. 103.

15. F. Calderón, "Politischer Wandel und neue soziokulturelle Ordnung".

16. F. Mayorga, "Bolivia: Paradojas y desafíos del neodesarrollismo indígena".

17. F. Calderón (Org.), *La protesta social en América Latina*.

18. W. Cantoni, "Relaciones del mapuche con la sociedad nacional chilena".

19. T. Tricot, "El nuevo movimiento mapuche: Hacia la (re)construcción del mundo y país mapuche", p. 18.

20. Pnud, *Desarrollo humano en Chile 2006. Las nuevas tecnologías. ¿Un salto al futuro?*.

21. J. Bengoa, "¿Una segunda etapa de la emergencia indígena en América Latina?".

22. Segundo o Mapa de Violência de 2014, "enquanto entre os brancos [a taxa de homicídios] caiu 24,8%, [...] entre os negros aumentou 38,7%. Como a taxa nacional de homicídios manteve-se estável no período, [...] é possível dizer que a lógica da violência socialmente produzida teve um grande aumento em seu caráter seletivo. Traduzido em números, no período 2002-12 morreram 72% mais negros que brancos" (J. J. Waiselfisz, *Mapa da violência, 2014: Os jovens do Brasil*).

23. Ver todas essas informações em Ipea, *Políticas sociais: Acompanhamento e análise*.

24. Ibid., p. 446.

25. Para maiores detalhes, ver Ipea, *Políticas sociais: Acompanhamento e*

análise; L. Jaccoud, "Racismo e República: O debate sobre o branqueamento e a discriminação racial no Brasil"; e J. Olbemo, *La discriminación en el mercado laboral en Brasil*.

26. F. Rios, "O protesto negro no Brasil contemporâneo (1978-2010)", p. 44.
27. Ibid., p. 46.
28. Ibid., p. 57.
29. Ibid., pp. 62-4.
30. Cf. "Las madres de mayo brasileñas, independientes", *Diario Alfil*, 16 jun. 2014. Disponível em: <diarioalfil.com.ar/2014/06/16/las-madres--de-mayo-brasileñas-independientes/>.
31. L. Jaccoud, "Racismo e República: O debate sobre o branqueamento e a discriminação racial no Brasil", p. 59.

9. Comunicação digital e novo espaço público (pp. 202-30)

1. M. Castells, *Poder y comunicación*.
2. Para uma análise mais detalhada da estrutura dos grupos multimídia na América Latina, remetemos aos dados apresentados em <https://fondodeculturaeconomica.com/apendices/014607R/>.
3. M. Castells (Org.). *Another Economy is Possible: Culture and Economy in a Time of Crisis*.
4. F. Calderón. (Org.). *Navegar contra el viento. América Latina en la era de la información*.
5. FIP, "Concentración de medios en América Latina: Su impacto en el derecho a la comunicación".
6. A esse respeito, ver o documentário de R. Boynton *Our Brand is Crisis*, sobre a campanha presidencial de Gonzalo Sánchez de Lozada em 2002 na Bolívia.
7. Para maiores detalhes ver M. A. Nogueira, *As ruas e a democracia: Ensaios sobre o Brasil contemporâneo*.
8. M. Castells, *Redes de indignación y esperanza*, p. 472.
9. E. Morales, C. Palmiciano e C. Valera, "Anónimos: ¿un nuevo movimiento social?".
10. A. Araníbar e B. Rodríguez (Orgs.). *América Latina: ¿Del neoliberalismo al neodesarrollismo?*.
11. S. Moscovici, Toward a Social Psychology of Science", p. 373.

Notas 327

12. F. Calderón, *América Latina y el Caribe: Tiempos de cambio. Nuevas consideraciones sociológicas sobre la democracia y el desarrollo.*
13. Ibid., p. 152.
14. Ibid., p. 155.

10. Conflitos e movimentos sociais (pp. 231-58)

1. F. Calderón, *Los movimientos sociales ante la crisis*; Pnud, *Informe sobre Desarrollo Humano para Mercosur 2009-2010. Innovar para incluir: Los jóvenes y el desarrollo humano.*
2. F. Calderón, "La protesta social en América Latina", p. 121.
3. A radicalização político-ideológica amigo/inimigo e a violência afetam muito negativamente a governança e a convivência democrática. Parece fundamental garantir espaços de conflito democrático e de convivência político-ideológica.
4. Ver Pnud, *Informe sobre Desarrollo Humano para Mercosur 2009-2010. Innovar para incluir: Los jóvenes y el desarrollo humano.*
5. Retoma-se texto de F. Calderón e A. Szmukler, "Disculpe la molestia, estamos cambiando el país. Politicidad y protestas: Los jóvenes en Chile, México y Brasil".
6. No período 2002-10, grande parte dos países da região duplicou o nível de uso da internet de 19% para 39% (Corporación Latinobarómetro, *Informe Latinobarómetro 2010*) Dados mais recentes, de 2016, mostram que, em média, 60% dos habitantes dos países selecionados têm acesso à internet, ou seja, 25% a mais que em 2010, e registram cerca de 118 subscrições de telefones celulares a cada cem habitantes (cf. International Communications Union, ITU). Ver também o capítulo 5 deste livro.
7. M. Castells, *Redes de indignación y esperanza.*
8. Para mais detalhes, ver Adimark GFK, *Encuesta: Evaluación de gestión del gobierno. Informe mensual, agosto 2011.*
9. Uma análise do movimento pode ser vista em A. Monteverde, R. Carrillo e M. Esteve del Valle, "#YoSoy132: ¿Un nuevo paradigma en la política mexicana?".
10. C. Vainer et al., *Cidades rebeldes: Passe Livre e as manifestações que tomaram as ruas do Brasil*; M. Castells, *Redes de indignación y esperanza.*
11. M. A. Nogueira, *As ruas e a democracia: Ensaios sobre o Brasil contemporâneo.*

328 A nova América Latina

12. OMS, *Worldwide, an Estimated 25 Million Unsafe Abortions Occur Each Year*.
13. Para mais detalhes, ver OMS: <www.who.int/medicines/news/2017/20th_essencial_med-list/en>.
14. Para um guia detalhado de como esses dois medicamentos devem ser utilizados, ver OMS, *Manual de práctica clínica para un aborto seguro*.
15. Na Argentina, ele é comercializado sob o nome de Oxaprost; no Peru e na Colômbia, Cyotec, entre outros. Embora o aborto não seja legal em nenhum desses países, é possível adquirir misoprostol porque ele foi desenvolvido como protetor gástrico, mas um de seus efeitos colaterais em mulheres é provocar contrações uterinas. Para mais detalhes sobre a disponibilidade de misoprostol, ver Women on Web: <www.womenonwaves.org/en/map/country>.
16. As seguintes indicações exemplificam os distintos momentos da vida desse movimento: M. Ochoa et al., "Ni una menos"; Telam: <www.telam.com.ar/notas/201410/81514-culmino-el-29-encuentro-nacional-de-mujeres-con-fuerte-reclamo-por-la-legalizacion-del-aborto.html>; BBC: <www.bbc.com/mundo/noticias/2011/01/110112_mexico_juarez_susana_chavez_an.shtml>; *La Nación*: <www.lanacion.com.ar/1799162-niunamenos-tras-la-manifestacion-crean-una-unidad-deregistro-de-femicidios>, <www.lanacion.com.ar/1849688-fabiana-tunez-presidira-el-consejo-nacional-de-mujeres>, <www.lanacion.com.ar/1848532-realizan-la-primera-encuesta-sobre-violencia-de-genero-en-capital-federal>, <www.lanacion.com.ar/1945528-multitudinaria-marcha-del-encuentro-nacional-de-mujeres-en-rosario>, <www.lanacion.com.ar/1948651-vestidas-de-negro-las-mujeres-pararon-durante-una-hora>, <www.lanacion.com.ar/1948677-la-protesta-contra-los-femicidios-se-convirtio-en-un-clamor-nacional>, <www.lanacion.com.ar/1948746-highton-de-nolasco-los-jueces-no-pueden-dejar-a-todo-el-mundo-preso-de-por-vida>; Pesquisa de opinião pública, marcha "Ni una menos": <www.sociales.uba.ar/wp-content/blogs.dir/219/files/2010/11/encuesta-ni-una-menos-COPES-INFORME-FINAL-enero-2016.pdf>; Basta de sexismo: <bastadesexismo.blogspot.com.ar/2015/06/niunamenos-la-hipocresia-de-una.html>; *Clarín*: <entremujeres.clarin.com/genero/NiUnaMenos-tuitazo- violencia_0_1582641837.html>; *Página/12*: <www.pagina12.com.ar/diario/elpais/1-300967-2016-06-04.html>, <www.pagina12.com.ar/diario/elpais/subnotas/311435-79335-2016-10-10.html>, <www.pagina12.com.ar/diario/ultimas/20-312165-2016-10-19.html>, <www.pagina12.com.ar/diario/sociedad/3-312291-2016-10-21.html>.

Notas   329

17. Pnud, *Informe sobre Desarrollo Humano para Mercosur 2009-2010. Innovar para incluir: Los jóvenes y el desarrollo humano.*
18. Ibid., p. 33.
19. Pnud, *Informe sobre Desarrollo Humano 2007-2008. La lucha contra el cambio climático: Solidaridad frente a un mundo dividido,* p. 70.
20. Banco Mundial, *DataBank* 2018.
21. Para mais informações sobre protestos e conflitos relacionados ao meio ambiente discriminados por país, ver *Environmental Justice Atlas,* <ejatlas.org/>.
22. A. Aramayo, "Análisis de conflictividad del Tipnis y potencialidades de paz"; Fundación Tierra, *Cuestión agraria 4.*
23. A. Bebbington (Org.), *Industrias extractivas, conflicto social y dinámicas institucionales en la región andina,* p. 121.
24. Ibid., p. 273.
25. Ibid., p. 120.

11. A corrupção do Estado (pp. 259-303)

1. A. Knight, "El Estado en América Latina desde la independência"; F. H. Cardoso e E. Faletto, *Desarrollo y dependencia en América Latina.*
2. F. González, *Poder y violencia en Colombia.*
3. F. Calderón (Org.), *¿Es sostenible la globalización en América Latina?*
4. M. Castells, *Globalización, desarrollo y democracia: Chile en el contexto mundial.*
5. F. H. Cardoso, *Crise e reinvenção da política em Brasil.*
6. E. Ballon, *Perú: En la telaraña de la incertidumbre. Esboço de trabajo.*
7. D. Miguez et al. (Org.), *Estado y crimen organizado en América Latina.*
8. F. Calderón e M. Castells, "Desarrollo, democracia y cambio social en Chile".

12. Na *kamanchaka* (pp. 304-16)

1. A. Touraine, *Qu'est-ce que la démocratie?*; M. Castells, *Ruptura: La crisis dela democracia liberal.*
2. Pnud, *La democracia en América Latina: Hacia una democracia de ciudadanas y ciudadanos.*

Referências bibliográficas

Introdução

CALDERÓN, F. (Org.). *¿Es sostenible la globalización en América Latina? Debates con Manuel Castells.* Santiago: Pnud/Bolívia, Fondo de Cultura Económica, 2003. 2 v.

_____. (Org.). *Navegar contra el viento. América Latina en la era de la información.* San Martín: Unsam, 2018.

1. A globalização da América Latina: da crise do neoliberalismo à crise do neodesenvolvimentismo

ARANÍBAR, A. et al. "Perú: la hora de la inclusión". In ARANÍBAR, A.; RODRÍGUEZ, B. (Orgs.). *América Latina: ¿Del neoliberalismo al neodesarrollismo? Cuaderno de Prospectiva Política,* v. 3. Buenos Aires: Siglo XXI, 2013.

BANCO INTERAMERICANO DE DESENVOLVIMENTO (BID). "Síntese do programa Bolsa Família no Brasil". Banco Interamericano de Desenvolvimento, 2016. Disponível em: <publications.iadb.org/bitstream/handle/11319/7548/Sintesis-del-programa-Bolsa-Familia-en-Brasil.pdf?sequence=1&isAllowed=y>.

BANCO MUNDIAL. *DataBank,* 2018. Disponível em: <databank.worldbank.org/data/home.aspx>.

CALDERÓN, F. (Org.). *Escenarios políticos en América Latina. Cuaderno de gobernabilidad democrática 2.* Buenos Aires, Siglo XXI, 2008.

_____. *La protesta social en América Latina. Cuaderno de prospectiva política 1.* Buenos Aires, Siglo XXI, 2012.

CALDERÓN, F.; MORENO, D. "Carisma, sociedad y política". In CALDERÓN, F. *Antología essencial,* tomo I. Buenos Aires, Clacso, 2013.

CARDOSO, F. H.; FALETTO, E. *Dependencia y desarrollo en América Latina.* Buenos Aires: Siglo XXI, 1969. [Ed. bras.: *Dependência e desenvolvimento na América Latina.* Rio de Janeiro: Civilização Brasileira, 2004 [1969].]

Referências bibliográficas

CASTELLS, M. *Globalización, desarrollo y democracia: Chile en el contexto mundial*. Santiago: Fondo de Cultura Económica, 2005.

CASTELLS, M.; HIMANEN, P. (Orgs.). *Reconceptualización del desarrollo en la era global de la información*. Santiago: Fondo de Cultura Económica, 2016.

CEPAL — COMISSÃO ECONÔMICA PARA A AMÉRICA LATINA E O CARIBE. *Panorama social da América Latina, 2016*. Santiago: Nações Unidas, 2017.

_____. *Estadísticas e indicadores*. Cepalstat, 2018. Disponível em: <estadisticas.cepal.org/cepalstat/WEB_cepalstat/estadisticasIndi cadores.asp?idioma=e>.

_____. *Panorama social da América Latina, 2017*. Santiago: Nações Unidas, 2018b.

CIUDADANÍA, COMUNIDAD DE ESTUDIOS SOCIALES Y ACCIÓN PÚBLICA. *Encuesta Mundial de Valores en Bolivia 2017*. La Paz: Vicepresidencia del Estado Plurinacional, Ciudadanía, Comunidad de Estudios Sociales y Acción Pública, 2018. Disponível em: <www.ciudadaniabolivia. org/es/node/813>.

COHEN, M. et al. (Orgs.). *The Political Culture of Democracy in The Americas 2016-2017: A Comparative Study of Democracy and Governance*. Usaid, Lapop, 2017. Disponível em: <www.vanderbilt.edu/lapop/ab2016/AB2016-17_ Comparative_Report_English_V2_FINAL_090117_W.pdf>.

CORPORACIÓN LATINOBARÓMETRO. *Relatório Latinobarómetro, 2010*, 2010. Disponível em: <www.latinobarometro.org/documentos/LATBD_ INFORME_LATINOBAROMETRO_2010.pdf>.

_____. *Análise online*, 2018. Disponível em: <www.latinobarometro. org/latOnline.jsp>.

El País. "Año 11 de la guerra contra el narco". México, 2016. Disponível em: <elpais.com/especiales/2016/guerra-narcotrafico-mexico/>.

FAJNZYLBER, F. (Org.). *Transformación productiva con equidad: La tarea prioritaria del desarrollo de América Latina y el Caribe en los años noventa*. Santiago: Cepal, 1990.

PNUD — PROGRAMA DAS NAÇÕES UNIDAS PARA O DESENVOLVIMENTO. *La democracia en América Latina: Hacia una democracia de ciudadanas y ciudadanos*. Buenos Aires: Aguilar/Altea/Taurus/Alfaguara, 2004. Disponível em: <https://www2.ohchr.org/spanish/issues/demo cracy/costarica/docs/PNUD-seminario.pdf>.

_____. *Informe sobre desarrollo humano 2016: Desarrollo humano para todas las personas*. Nova York: UNDP, 2016. Disponível em: <https://www.

undp.org/content/dam/undp/library/corporate/HDR/HDR2016/ HDR_2016_report_spanish_web.pdf>.

PNUD CHILE. *Las paradojas de la modernización: Informe de desarrollo humano en Chile, 1998*. Santiago: Pnud, 1998.

2. Um novo sistema produtivo: extrativismo informacional e mundialização dos mercados

ALMARAZ PAZ, S. *El poder y la caída: El estaño en la historia de Bolivia*. La Paz: Los Amigos del Libro, 1967.

CALDERÓN, F. (Org.). *Navegar contra el viento: América Latina en la era de la información*. San Martín: Unsam, 2018.

CRETINI, I. "Extractivismo informacional, territorio y desarrollo: el caso de YPF S.A. en Vaca Muerta". In CALDERÓN, F. (Org.). *Extractivismo informacional y territorialidades en Argentina: Un estudio comparativo sobre el litio en Olaroz, el gas y el petróleo en Vaca Muerta y la soja en Casares*. San Martín: Pidem, Unsam, 2018 (no prelo).

DI TELLA, T. et al. *Huachipato et Lota: Étude sur la conscience ouvrière dans deux entreprises chiliennes*. Paris: CNRS, 1966.

GARCÍA MÁRQUEZ, G. *El otoño del patriarca*. Buenos Aires: Sudamericana, 1975. [Ed. bras.: *O outono do patriarca*. Rio de Janeiro: Record, 1975.]

GIULIANI, A. M. et al."La explotación de Vaca Muerta y el impacto socioeconómico en la provincia de Neuquén:el caso de Añelo. Efectos de la reforma de la Ley Nacional de Hidrocarburos (2014)". *Ciencias Administrativas*, n. 7, 2016. Disponível em: <revistas.unlp.edu.ar/ CADM/article/view/2069>.

GRAS, C.; HERNÁNDEZ, V. (Orgs.). *El agro como negocio: Producción, sociedad y territorios en la globalización*. Buenos Aires: Biblos, 2013.

GUERRIERO, L. "El rey de la soja". *Gatopardo*, 15 out. 2015. Disponível em: <gatopardo.com/reportajes/el-rey-de-la-soja/>.

MURRA, J. V. *El mundo andino: Población, medio ambiente y economía*. Lima: Pontificia Universidad Católica del Perú/Fondo Editorial Instituto de Estudios Peruanos, 2002.

ORTIZ, F. (1978). *Contrapunteo cubano del tabaco y del azúcar*. Caracas: Biblioteca Ayacucho, 1978.

PNUD — PROGRAMA DAS NAÇÕES UNIDAS PARA O DESENVOLVIMENTO. *Human Development Report, 2006. Beyond Scarcity: Power, Poverty and the Global*

Referências bibliográficas

Water Crisis. Nova York: Palgrave Macmillan, 2006. Disponível em: <hdr.undp.org/en/content/human-developmentreport-2006>.

_____. *Human Development Report, 2007/8. Fighting Climate Change: Human Solidarity in a Divided World*. Nova York: Palgrave Macmillan, 2007.

PRAGIER, D.; DELUCA, J. P. "Minería del litio en el Salar de Olaroz". In CALDERÓN, F. (Org.). *Extractivismo informacional y territorialidades en Argentina: Un estudio comparativo sobre el litio en Olaroz, el gas y el petróleo en Vaca Muerta y la soja en Casares*. San Martín: Pidem, Unsam, 2018 (no prelo).

SVAMPA, M.; VIALE, J. *Maldesarrollo: La Argentina del extractivismo y el despojo*. Buenos Aires: Katz, 2014.

UGARTE, M. *La patria grande*. Madri: Editorial Internacional, 1922 (reproduzido por Capital Intelectual S.A., 2010). Disponível em: <www.elforjista.com/Manuel%20Ugarte%20-%20La%20Patria%20Grande.pdf>.

WAHREN, J. "Territorios insurgentes: la dimensión territorial de los movimientos sociales en América Latina". IX Jornadas de Sociología, Facultad de Ciencias Sociales, Universidad de Buenos Aires, 8-12 ago. 2011. Disponível em: <cdsa.aacademica.org/ 000-034/665.pdf>.

_____. "El extractivismo agrícola informacional en la Argentina: el caso de Los Grobo y las disputas territoriales socioambientales en la era de la información". In CALDERÓN, F. (Org.). *Extractivismo informacional y territorialidades en Argentina: Un estudio comparativo sobre el litio en Olaroz, el gas y el petróleo en Vaca Muerta y la soja en Casares*. San Martín: Pidem, Unsam, 2018 (no prelo).

3. A economia criminal "glocal"

BUREAU FOR INTERNATIONAL NARCOTICS AND LAW ENFORCEMENT AFFAIRS. *International Narcotics Control Strategy Report*, v. 1: *Drug and Chemical Control*. Washington, DC, United States Department of State, 2018. Disponível em: <www.state.gov/2018-international-narcotics-control-strategy-report/>.

CORPORAÇÃO LATINOBARÓMETRO. *Análise online*, 2018. Disponível em: <www.latinobarometro.org/latOn line.jsp>.

EL País. "Año 11 de la guerra contra el narco". México, 2016. Disponível em: <https://elpais.com/especiales/2016/guerra-narcotrafico-mexico/>.

ESCOBAR, D. "Una ruta de trabajo para abordar la economía y dinámica criminal en América Latina". XIII Jornadas de Investigación de la Facultad de Ciencias Sociales, Universidad de la República. Montevidéu, 15-17 set. 2014. Disponível em: <https://studylib.es/doc/5239865/una-ruta-de-trabajo-para-abordar-la-econom%C3%A-Da-y-din%C3%A1mica-c...>.

GARCÍA MÁRQUEZ, G. *Noticias de un secuestro.* Cidade do México: Diana, 1997. [Ed. bras.: *Notícias de um sequestro.* Rio de Janeiro: Record, 1996.]

HAKEN, J. *Transnational Crime in the Developing World.* Global Financial Integrity, 2011. Disponível em: <www.gfintegrity.org/wp-content/uploads/2014/05/gfi_transnational_crime_high-res.pdf>.

INEGI — INSTITUTO NACIONAL DE ESTADÍSTICA Y GEOGRAFÍA. "Tasa de defunciones por homicidio por cada 100 mil habitantes", 2018. Disponível em: <www.beta.inegi.org.mx/app/buscador/default.html?q=homicidios#tabMCcollapse-Indicadores>.

INFOBAE. "Con la caída de Los Monos, dos familias narco se disputan el poder en Rosario a sangre y fuego", 9 jan. 2018. Disponível em: <www.infobae.com/sociedad/policiales/2018/01/09/con-la-caida-de-los-monos-dos-familias-narco-se-disputan-el-poderen-rosario-a-san gre-y-fuego/>.

JAITMAN, L. (Org.). *Los costos del crimen y la violencia. Nueva evidencia y hallazgos en América Latina y el Caribe.* Washington, DC: BID, 2017. Disponível em: <publications.iadb.org/bitstream/handle/11319/8133/Loscostos-del-crimen-y-de-la-violencia-nueva-evidencia-yhallazgos-en-America-Latina-y-el-Caribe.pdf>.

NATIONAL CENTER ON DRUG ABUSE. "Overdose death rates", 2018. Disponível em: <www.drugabuse.gov/related-topics/trends-statis tics/overdose-death-rates>.

OEA — ORGANIZAÇÃO DOS ESTADOS AMERICANOS. *El informe de drogas de la OEA: 16 meses de debates y consensos.* Washington, DC: OEA, 2014. Disponível em: <www.oas.org/docs/publications/Layout PubgAGDrogas-ESP-29-9.pdf>.

SHERMAN, M. "How it Hurts: Culture, Markets, and Pain in the U.S. Opioid Epidemic". Tese de doutoramento, University of Southern California, Annenberg School for Communication and Journalism, 2018.

SULLIVAN, J. "Mexico's Drug War: Cartels, Gangs, Sovereignty and the Network State". Tese de doutoramento, Universitat Oberta de Catalunya, 2015.

Referências bibliográficas

UNODC — ESCRITÓRIO DAS NAÇÕES UNIDAS SOBRE DROGAS E CRIME. *Global Study on Homicide: Trends, Context, Data*. Viena, Unodc, 2013. Disponível em: <https://www.unodc.org/documents/gsh/pdfs/2014_GLOBAL_HOMICIDE_BOOK_web.pdf>.

_____. *Unodc Statistics Online*, 2018. Disponível em: <dataunodc.un.org/crime>.

4. Desenvolvimento humano, urbanização e desenvolvimento inumano

BANCO MUNDIAL. *DataBank*, 2018. Disponível em: <databank.worldbank.org/data/home.aspx>.

CEPAL — COMISSÃO ECONÔMICA PARA A AMÉRICA LATINA E O CARIBE. "Horizontes, 2030. La igualdad en el centro del desarrollo sostenible". 36ª sessão. Cidade do México: Cepal, 23-27 maio 2016a. Disponível em: <https://repositorio.cepal.org/handle/11362/40159>.

_____. *La nueva revolución digital. De la internet del consumo a la internet de la producción*. Santiago: Cepal, 2016b. Disponível em: <https://repositorio.cepal.org/handle/11362/38604>.

_____. *Estadísticas e indicadores*. Cepalstat, 2018. Disponível em: <estadisticas.cepal.org/cepalstat/WEB_cepalstat/estadisticasIndicadores.asp?idioma=e>.

CORPORACIÓN LATINOBARÓMETRO. *Análise online*, 2018. Disponível em: <www.latinobarometro.org/latOnline.jsp>.

ESCOBAR DÍAZ, D. "Banco de datos sobre la economía y dinámica criminal en América Latina". In *Programa Innovación, Desarrollo y Multiculturalismo*. San Martín: Unsam, 2014.

GLENNY, M. *McMafia: Crime Without Frontiers*. Londres: The Bodley Head Ltd., 2008.

GUERRERO, I.; WALTON, L. F.; LÓPEZ-CALVA, M. "The Inequality Trap and its Links to Low Growth in Mexico". *Working Paper*, n. 298. Stanford Center for International Development, Stanford University, 2006. Disponível em: <globalpoverty.stanford.edu/sites/default/files/publications/298wp.pdf>.

JORDAN, R.; RIFFO, L.; PRADO, A. (Orgs.). *Desarrollo sostenible, urbanización y desigualdad en América Latina y el Caribe*. Santiago: Cepal, 2017.

MC EVOY, C.; HIDEG, G. *Global Violent Deaths 2017. Time to Decide*. Genebra: Small Arms Survey, Graduate Institute of International and Development Studies, 2017. Disponível em: <www.smallarms-survey.org/fileadmin/docs/U-Reports/SAS-Report-GVD2017.pdf>.

MERCER. "Vienna Tops Mercer's 20th Quality of Living Ranking". Ranking Press Release, 2 mar. 2018. Disponível em: <www.mercer.com/newsroom /2018-quality-of-living-survey.html>.

MUGGAH, R.; AGUIRRE TOBÓN, K. "Citizen Security in Latin America: Facts and Figures". In INSTITUTO IGARAPÉ. *Strategic Paper*, n. 33. Rio de Janeiro: Instituto Igarapé, abr. 2018. Disponível em: <https://iga rape.org.br/wp-content/uploads/2018/04/Citizen-Security-in-Latin-America-Facts-and-Figures.pdf>.

OMS — ORGANIZAÇÃO MUNDIAL DE SAÚDE. "Calidad del aire y salud". Nota de imprensa, OMS, 2 maio 2018. Disponível em: <https://www.who.int/es/news-room/fact-sheets/detail/ambient-(outdoor)-air-quality-and-health >.

PNUD — PROGRAMA DAS NAÇÕES UNIDAS PARA O DESENVOLVIMENTO. *Informe sobre desarrollo humano para Mercosur 2009-2010. Innovar para incluir: Los jóvenes y el desarrollo humano.* Buenos Aires: Libros del Zorzal, 2009. Disponível em: <https://www.latinamerica.undp.org/content/dam/rblac/docs/Research%20and%20Publications/RHDR _Mercosur_2009_ES.pdf>.

SAVIANO, R. *Cero, cero, cero. Cómo la cocaína gobierna el mundo.* Barcelona: Anagrama, 2013.

SVAMPA, M. *Los que ganaron. La vida en los countries y barrios privados.* Buenos Aires: Biblos, 2001.

_____. *La brecha urbana. Countries y barrios privados en Argentina.* Buenos Aires: Capital Intelectual, 2004.

UN HABITAT. *World Cities Report 2016. Urbanization and Development: Emerging Futures.* Nairóbi: United Nations Human Settlements Programme, 2016. Disponível em: <wcr.unhabitat.org/?wcr_pro cess_download=1&download_id=117118>.

5. Uma sociedade-rede: individualização, tecnossociabilidade e cultura da diáspora

CALDERÓN, F. (Org.). *La protesta social en América Latina.* Cuadernos de Prospectiva Política. Buenos Aires: Siglo XXI, 2012.

CALDERÓN, F.; SANTOS, M. R. dos. *Sociedades sin atajos.* Buenos Aires: Paidós, 1995.

Referências bibliográficas

CALDERÓN, F.; SZMUCKLER, A. "'Disculpe la molestia, estamos cambiando el país'. Politicidad y protestas: Los jóvenes en Chile, México y Brasil" (2014). In CALDERÓN, F. *Antología essencial*, tomo 2. Buenos Aires: Clacso, 2017.

CEPAL — COMISSÃO ECONÔMICA PARA A AMÉRICA LATINA E O CARIBE. *La nueva revolución digital: De la internet del consumo a la internet de la producción*. Santiago: Cepal, 2016. Disponível em: <https://repositorio.cepal.org/bitstream/handle/11362/38604/4/S1600780_es.pdf>.

_____. *Estado de la banda ancha en América Latina y el Caribe 2017*. Santiago: Cepal, 2018. Disponível em: <https://repositorio.cepal.org/bitstream/handle/11362/43365/S1800083_es.pdf?sequence=1&isAllowed=y>.

CEPAL/UNESCO. *Educación y conocimiento: Eje de la transformación productiva con equidad*. Santiago: Cepal/Unesco, 1992. Disponível em: <http://publicaciones.anuies.mx/pdfs/revista/Revista94_S6A1ES.pdf>.

CORPORACIÓN LATINOBARÓMETRO. *Análise online*, 2018. Disponível em: <www.latinobarometro.org/latOnline.jsp>.

ITU — INTERNATIONAL TELECOMMUNICATION UNION. *ICT Statistics Home Page-Country ict Data*. International Communications Union, 2018. Disponível em: <www.itu.int/en/ITU-D/Statistics/Pages/stat/default.aspx>.

ONU — ORGANIZAÇÃO DAS NAÇÕES UNIDAS. *International Migration Report 2017: Highlights*. Nova York: Department of Economic and Social Affairs, United Nations Secretariat, 2017. Disponível em: <https://www.un.org/en/development/desa/population/migration/publications/migrationreport/docs/MigrationReport2017_Highlights.pdf>.

PNUD — PROGRAMA DAS NAÇÕES UNIDAS PARA O DESENVOLVIMENTO. *Informe sobre desarrollo humano para Mercosur 2009-2010. Innovar para incluir: Los jóvenes y el desarrollo humano*. Buenos Aires: Libros del Zorzal, 2009. Disponível em: <https://www.latinamerica.undp.org/content/dam/rblac/docs/Research%20and%20Publications/RHDR_Mercosur_2009_ES.pdf>.

RIVOIR, A. *Plan Ceibal e inclusión social: Perspectivas interdisciplinarias*. Montevidéu: Universidad de la República, Plan Ceibal, 2013.

SZMUKLER, A. *Bolivianos en la diáspora. Representaciones y prácticas comunicativas en el ciberespacio*. Buenos Aires: Teseo, 2015.

338　　　　　　　　　　　　　　　　　　　*A nova América Latina*

6. O questionamento do patriarcado

ARRIAGADA, I. "Transformaciones sociales y demográficas de las familias latino-americanas". *Papeles de Población*, v. 10, n. 40, pp. 71-95, Toluca: Uaem, abr.-jun. 2004.

BOTT, S. et al. *Violencia contra las mujeres en América Latina y el Caribe: Análisis comparativo de datos poblacionales de 12 países*. Organização Panamericana da Saúde, 2014. Disponível em: <https://www.paho. org/hq/index.php?option=com_docman&view=download&cate gory_slug=violencia-5197&alias=24353-violencia-contra-mujeres america-latina-caribe-analisis-comparativo-datos-poblacionales-12-paises-353&Itemid=270&lang=en>.

CABELLA, W. "La evolución del divorcio em Uruguay, 1950-1995", *Notas de Población*, xxvi 67/68, pp. 209-45, 1998. Disponível em: <https:// repositorio.cepal.org/bitstream/handle/11362/12681/NP67-68-08_ es.pdf?sequence=1>.

CEPAL — COMISSÃO ECONÔMICA PARA A AMÉRICA LATINA E O CARIBE. *Estadísticas e indicadores*. Cepalstat, 2018. Disponível em: <estadis ticas.cepal.org/cepalstat/WEB_cepalstat/estadisticasIndicadores.asp? idioma=e>.

GAMMAGE, S. "La dimensión de género en la pobreza, la desigualdad y la reforma macroeconómica en América Latina". In GANUZA, E. et al. (Orgs.). *Política macroeconómica y pobreza en América Latina y el Caribe*. Madri: Mundi-Prensa, 1998. Disponível em: <repositorio.cepal.org/ handle/11362/31164>.

GELDSTEIN, R. *Los roles de género en la crisis: Mujeres como principal sostén económico del hogar*. Buenos Aires: Centro de Estudios de Población, 1999.

GUTIÉRREZ, E.; OSORIO, P. "Modernización y transformaciones de las familias como procesos del condicionamiento social de dos gene-raciones". *Última Década*, n. 29, pp. 103-35, 2008. Disponível em: <http://repositorio.uchile.cl/bitstream/handle/2250/121797/Osorio_ RN_005_2008.pdf?sequence=1>.

VALDEZ, T. E. X. (Orgs.). "Familia y vida privada". In _____.*¿Trans-formaciones, tensiones, resistencias y nuevos sentidos?*. Santiago: Flacso, 2005.

Referências bibliográficas

7. A crise da Igreja católica e a nova religiosidade

ALBÓ, X.; LAYME, F.. "Introducción". In BERTONIO, L. *Vocabulario de la lengua aymara.* Cochabamba: Ceres/Lima: Ifea, 1984.

BERTONIO, L. *Vocabulario de la lengua aymara.* Cochabamba: Ceres/Lima: Ifea, 1984 [1612].

CHINCHILLA, P. (Org.). *Los jesuitas formadores de ciudadanos: La educación dentro y fuera de sus colegios, siglos XVI-XXI.* Cidade do México: Universidade Iberoamericana, 2010.

CORPORACIÓN LATINOBARÓMETRO. *El Papa Francisco y la religión en América Latina. Latinobarómetro 1995-2017.* Santiago: Corporación Latinobarómetro, 2018.

DROZ, J. "Les republiques des guaranies: Les utopies socialistes à la aube des temps modernes". In _____ (Org.). *Histoire générale du socialisme,* v. 1. Paris: Presses Universitaires de France, 1971.

INGLEHART, R. et al. (Orgs.). *World Values Survey: Round Five, Country-Pooled Datafile Version.* Madri: JD Systems Institute, 2014. Disponível em: <www.worldvaluessurvey.org/WVSDocumentationWV5.jsp>.

_____. *World Values Survey: Round Six, Country-Pooled Datafile Version.* Madri: JD Systems Institute, 2014. Disponível em: <www.world valuessurvey.org/WVSDocumentationWV6.jsp>.

MALLIMACI, F. (Org.). *Modernidad, religión y memoria.* Buenos Aires: Ediciones Colihue Universidad, 2008.

MAOZ, Z.; HENDERSON, E. A. "The World Religion Dataset, 1945-2010: Logic, Estimates, and Trends". *International Interactions,* n. 39, pp. 265-91, 2013. Disponível em: <www.tandfonline.com/doi/abs/10.10 80/03050629.2013.782306>.

MORELLO, G. SJ. "Ciudadanos católicos en la ciudad postsecular". In CHINCHILLA, P. (Org.). *Los jesuitas formadores de ciudadanos: La educación dentro y fuera de sus colegios, siglos XVI-XXI.* Cidade do México: Universidade Iberoamericana, 2010.

STROTMANN, N. "¿Y, después de Aparecida, qué?", 2007. Disponível em: <https://www.yumpu.com/es/document/read/5503299/-norberto-strotmann-y-despues-de-aparecida-que>.

WIN/GALLUP INTERNATIONAL. *Global Index of Religiosity and Atheism,* 2012. Disponível em: <web.archive.org/web/20131021065544/http://www. wingia.com/web/files/news/14/file/14.pdf>.

_____. "Losing Our Religion? Two Thirds of People Still Claim to Be Religious", 2015. Disponível em: <https://www.gallup-international.

340   *A nova América Latina*

bg/en/33531/losing-our-religion-two-thirds-of-people-still-claim-to-be-religious/>.

_____. "Religion prevails in the world", 2017. Disponível em: <https://www.gallup-international.bg/en/36009/religion-prevails-in-the-world/>.

8. O poder da identidade: multiculturalidade e movimentos sociais

BENGOA, J. "¿Una segunda etapa de la emergencia indígena en América Latina?". *Cuadernos de Antropología Social*, n. 29, 2009. Disponível em: <www.redalyc.org/pdf/1809/180913914001.pdf>.

CALDERÓN, F. (2007), "Politischer Wandel und neue soziokulturelle Ordnung", *Nueva Sociedad*, n. 209, 2007. Disponível em: <https://nuso.org/articulo/politischer-wandel-und-neue-soziokulturelle-ordnung/>.

_____. *América Latina y el Caribe: Tiempos de cambio. Nuevas consideraciones sociológicas sobre la democracia y el desarrollo*. Buenos Aires: Teseo/Flacso, 2012.

inserir nova obra:

_____. (Org.). *La protesta social en América Latina*. Cuadernos de Prospectiva Política. Buenos Aires: Siglo XXI, 2012.

CALDERÓN, F.; HOPENHAYN, M.; OTTONE, E. *Esa esquiva modernidade: Desarrollo, ciudadanía y cultura en América Latina y el Caribe*. Caracas: Nueva Sociedad, 1996.

CALDERÓN, F.; JELIN, E. "Clases sociales y movimientos sociales en América Latina: Perspectivas y realidades". *Proposiciones*, n. 14, Santiago: Ediciones SUR, 1987.

CANTONI, W. "Relaciones del mapuche con la sociedad nacional chilena". In UNESCO (Org.). *Raza y clase en la sociedad postcolonial*. Madri: Unesco, 1978.

CASTEDO, L. "Algunas constantes de la arquitectura barroca andina". *Boletín del Centro de Investigaciones Histórico Estéticas de la Universidad Central de Venezuela*, n. 4. Caracas: Facultad de Arquitectura y Urbanismo, 1966.

CASTELLS, M. *La era de la información*, v. 2: *El poder de la identidad*. Madri: Alianza, 1998. [Ed. bras.: *A era da informação*, v. 2: *O poder da identidade*. São Paulo: Paz e Terra, 1999.]

Referências bibliográficas

CELADE — CENTRO LATINOAMERICANO Y CARIBEÑO DE DEMOGRAFIA. *Sistema de Indicadores Sociodemográficos de Poblaciones y Pueblos Indígenas (SISPPI)*. División de Población, Cepal, 2010. Disponível em: <https://celade.cepal.org/redatam/PRYESP/SISPPI/SISPPI_notas-tecnicas.pdf>.

DEL POPOLO, F. (Org.). *Los pueblos indígenas en América (Abya Yala): Desafíos para la igualdad en la diversidade*. Santiago: Cepal, 2018.

DENEVAN, W. (Org.). *The Native Population of the Americas in 1492*. Madison: University of Wisconsin Press, 1976.

DROZ, J. *Histoire générale du socialisme*, v. 1. Paris: PUF, 1972.

ESCOBAR, D. "La modernización conservadora de Colombia: Tensiones y nuevas perspectivas". In CALDERÓ, F. (Org.). *Navegar contra el viento. América Latina en la era de la información*. San Martín: Unsam, 2018.

FUENTES, C. *El espejo enterrado*. Cidade do México: Fondo de Cultura Económica, 1992.

IBGE — INSTITUTO BRASILEIRO DE GEOGRAFIA E ESTATÍSTICA. *Síntese de indicadores sociais: Uma análise das condições de vida da população brasileira, 2014*. Rio de Janeiro: IBGE, 2014. Disponível em: <biblioteca.ibge.gov.br/visualizacao/livros/liv91983.pdf>.

IPEA — INSTITUTO DE PESQUISA ECONÔMICA E APLICADA. *Políticas sociais: Acompanhamento e análise*. Brasília: Ipea, 2015. Disponível em: <www.ipea.gov.br/portal/images/stories/PDFs/politicas_sociais/bps_23_14072015.pdf>.

JACCOUD, L. "Racismo e República: O debate sobre o branqueamento e a discriminação racial no Brasil". In THEODORO, M. (Org.). *As políticas públicas e a desigualdade racial no Brasil: 120 anos após a abolição*. Brasília: Ipea, 2008.

LE BOT, M. Y. *El sueño zapatista*. Barcelona: Anagrama, 1997.

MAYORGA, F. "Bolivia: Paradojas y desafíos del neodesarrollismo indígena". In CALDERÓN, F. (Org.). *Navegar contra el viento. América Latina en la era de la información*. San Martín: Unsam, 2018.

MURRA, J. *El mundo andino: Población, medio ambiente y economía*. Lima: IEP/Fondo Editorial Pontificia Universidad Católica del Perú, 2002.

OLBEMO, J. *La discriminación en el mercado laboral en Brasil*. Estocolmo: Institutionen för Spanska, Portugisiska och Latinamerikastudier. Stockholms Universitet, 2012. Disponível em: <www.diva-portal.org/smash/get/diva2:533937/FULLTEXT01.pdf>.

ONU — ORGANIZAÇÃO DAS NAÇÕES UNIDAS. *International Migration Report 2017: Highlights*. Nova York: Department of Economic and Social

342   *A nova América Latina*

Affairs, United Nations Secretariat, 2017. Disponível em: <https://www.un.org/en/development/desa/population/migration/publications/migrationreport/docs/MigrationReport2017_Highlights.pdf>.

PNUD — PROGRAMA DAS NAÇÕES UNIDAS PARA O DESENVOLVIMENTO. *Desarrollo humano en Chile 2006. Las nuevas tecnologías. ¿Un salto al futuro?*. Santiago: Pnud, 2006. Disponível em: <https://www.cl.undp.org/content/chile/es/home/library/human_development/las-nuevas-tecnologias-un-salto-al-futuro-.html>.

REED, J. (1959). *Diez días que conmovieron al mundo*. Buenos Aires: Editorial Altatorre, 1959. [Ed. bras.: *Dez dias que abalaram o mundo*. São Paulo: Companhia das Letras, 2010.]

RIOS, F. "O protesto negro no Brasil contemporâneo (1978-2010)". *Lua Nova — Revista de Cultura e Política*, n. 85, 2012. Disponível em: <www.scielo.br/pdf/ln/n85/a03n85.pdf>.

TOURAINE, A. *La parole et le sang: Politique et société en Amérique Latine*. Paris: Odile Jacob, 1988. [Ed. bras.: *Palavra e sangue: Política e sociedade na América Latina*, Campinas: Ed. da Unicamp, 1989.]

TRICOT, T. "El nuevo movimiento mapuche: Hacia la (re)construcción del mundo y país mapuche". *Polis — Revista Latinoamericana*, v. 8, n. 24, 2009. Disponível em: <www.redalyc.org/articulo.oa?id=30512210010>.

WAISELFILZ, J. J. *Mapa da violência, 2014: Os jovens do Brasil*. Rio de Janeiro: Flacso, 2014. Disponível em: <https://www.mapadaviolencia.net.br/mapa2014_jovens.php>.

ZEN, D. "Las madres de mayo brasileñas independientes". *Diario Alfil*, 16 jun. 2014. Disponível em: <https://www.diarioalfil.com.ar/2014/06/16/las-madres-de-mayo-brasilenas-independientes/>.

9. Comunicação digital e novo espaço público

ARANÍBAR, A.; RODRÍGUEZ, B. (Orgs.). *América Latina: ¿Del neoliberalismo al neodesarrollismo? Cuaderno de Prospectiva Política*, v. 3. Buenos Aires: Siglo XXI, 2013.

CALDERÓN, F. (Org.). *¿Es sostenible la globalización en América Latina? Debates con Manuel Castells*, 2 v. Santiago: Pnud/Bolivia, Fondo de Cultura Económica, 2003.

_____. *América Latina y el Caribe: Tiempos de cambio. Nuevas consideraciones sociológicas sobre la democracia y el desarrollo*. Buenos Aires: Teseo/Flacso, 2012.

Referências bibliográficas 343

CALDERÓN, F. (Org.). *Navegar contra el viento. América Latina en la era de la información.* San Martín: Unsam, 2018.

CASTELLS, M. *Poder y comunicación.* Madri: Alianza Editorial, 2009. [Ed. bras.: *O poder da comunicação.* São Paulo: Paz e Terra, 2016.]

_____. *Redes de indignación y esperanza.* Madri: Alianza, 2012. [Ed. bras.: *Redes de indignação e esperança.* Rio de Janeiro: Zahar, 2013.]

_____. "El poder de las redes". *Vanguardia*, Dossier, n. 50, pp. 6-13, jan.--mar. 2014.

_____. *Ruptura: La crisis dela democracia liberal.* Madri: Alianza, 2017. [Ed. bras.: *Ruptura: A crise da democracia liberal.* Rio de Janeiro: Zahar, 2018.]

_____. (Org.). *Another Economy is Possible: Culture and Economy in a Time of Crisis.* Cambdrige: Polity, 2017. [Ed. bras.: *Outra economia é possível: Cultura e economia em tempos de crise.* Rio de Janeiro: Zahar, 2019.]

CEPAL — COMISSÃO ECONÔMICA PARA A AMÉRICA LATINA E O CARIBE. *Educación y conocimiento, eje de la transformación productiva con equidad.* Santiago: Cepal, 1990.

CORPORACIÓN LATINOBARÓMETRO. "La confianza en América Latina: 20 años de opinión pública latino-americana", 2015. Disponível em: <http://www.latinobarometro.org/LATDocs/F00005085-INFORME_LB_LA_CONFIANZA_1995_2015.pdf>.

DOS SANTOS, M. *¿Qué queda de la representación política?.* Buenos Aires: Clacso, 1994.

FIP — FEDERACIÓN INTERNACIONAL DE PERIODISTAS. "Concentración de medios en América Latina: Su impacto en el derecho a la comunicación". Fip, Oficina Regional Latinoamericana y el Caribe, 2017. Disponível em: <https://www.ifj.org/media-centre/news/detail/category/latin-america/article/concentracion-de-medios-en-ameri ca-latina-su-impacto-en-el-derecho-a-la-comunicacion.html>.

MORALES, E.; PALMICIANO, C.; VALERA, C.. *Anónimos: ¿un nuevo movimiento social?* San Martín: Unsam, 2017, dissertação de mestrado em Direitos Humanos e Democracia.

MOSCOVICI, S. "Toward a Social Psychology of Science". *Journal for the Theory of Social Behaviour*, v. 23, n. 4, dez. 1993. Disponível em: <doi.org/10.1111/j.1468-5914.1993.tb00540.x>.

NOGUEIRA, M. A. *As ruas e a democracia: Ensaios sobre o Brasil contemporâneo.* Rio de Janeiro: Contraponto, 2013.

PNUD — PROGRAMA DAS NAÇÕES UNIDAS PARA O DESENVOLVIMENTO. *Informe sobre desarrollo humano, 1993. Los objetivos de desarrollo del mile-*

344 A nova América Latina

nio: *Un pacto entre las naciones para eliminar la pobreza.* Madri: Mundi/
Prensa, 2003.

THOMPSON, J. *Los media y la modernidade: Una teoría de los medios de comunicación.* Barcelona/Buenos Aires: Paidós, 1998. [Ed. bras.: *Mídia
e modernidade.* São Paulo: Vozes, 2013.]

TOURAINE, A. *Qu'est-ce que la démocratie?.* Paris: Fayard, 1994. [Ed. bras.:
O que é a democracia?. Petrópolis: Vozes, 1995.]

10. Conflitos e movimentos sociais

ADIMARK GFK. *Encuesta: Evaluación de gestión del gobierno. Informe mensual,
agosto 2011.* Disponível em: <https://www.cooperativa.cl/noticias/
site/artic/20110905/asocfile/20110905120305/08_ev_gob_agos_2011.
pdf>.

ARAMAYO, A. "Análisis de conflictividad del Tipnis y potencialidades de
paz". *Cuaderno de Investigación,* ano 1, n. 1. La Paz: Unir, 2018.

BEBBINGTON, A. (Org.). *Industrias extractivas, conflicto social y dinámicas institucionales en la región andina.* Lima: Instituto de Estudios
Peruano, 2013.

CALDERÓN, F. (Org.). *Los movimientos sociales ante la crisis.* Buenos Aires:
Clacso, 1985.

_____. "Movimientos socioculturales en América Latina". *Cuaderno
de Gobernabilidad Democrática,* n. 4. Buenos Aires: Siglo XXI, 2009.

_____. "La protesta social en América Latina". *Cuaderno de Prospectiva
Política,* n. 1. Buenos Aires: Siglo XXI, 2012.

CALDERÓN, F.; SZMUCKLER, A. "'Disculpe la molestia, estamos cambiando el país'. Politicidad y protestas: Los jóvenes en Chile, México
y Brasil" (2014). In CALDERÓN, F. *Antología essencial,* tomo 2. Buenos
Aires: Clacso, 2017.

CASTELLS, M. *Redes de indignación y esperanza.* Madri: Alianza Editorial,
2012. [Ed. bras.: *Redes de indignação e esperança.* Rio de Janeiro: Zahar,
2013.]

CORPORACIÓN LATINOBARÓMETRO. *Informe Latinobarómetro 2010.* Santiago:
Corporación Latinobarómetro, 2010. Disponível em: <www.latinoba
rometro.org/documentos/latbd_informe_latinobarometro_2010.pdf>.

_____. *Informe Latinobarómetro 2017.* Santiago: Corporación Latino-
barómetro, 2017. Disponível em: <www.latinobarometro.org/
LATDocs/F00006433-InfLatinobarometro2017.pdf>.

Referências bibliográficas

FUNDACIÓN TIERRA. *Cuestión agraria*, v. 4. *Tema central: Tipnis*, jul. 2018. Disponível em: <ftierra.org/index.php/publicacion/revistas/176-cuestion-agraria-n4-tipnis>.

INTERNATIONAL COMMUNICATIONS UNION (ITU). *Ict Statistics Home Page*, 2018. Disponível em: <www.itu.int/en/ITU-D/Statistics/Pages/default.aspx>.

MONTEVERDE, A.; CARRILLO, R.; ESTEVE DEL VALLE, M.. "#YoSoy132: ¿Un nuevo paradigma en la política mexicana?". Washington, DC: Congreso Lasa, maio 2013.

NOGUEIRA, M. A. *As ruas e a democracia: Ensaios sobre o Brasil contemporâneo*. Brasília: Fundação Astrojildo Pereira, 2013.

OCHOA, M. et al. "Ni una menos". Seminario Movimientos Socioculturales en América Latina. San Martín: Unsam, 2017.

OMS — ORGANIZAÇÃO MUNDIAL DE SAÚDE. *Manual de práctica clínica para un aborto seguro*. Genebra: OMS, 2014. Disponível em: <https://apps.who.int/iris/bitstream/handle/10665/134747/9789243548715_spa.pdf;jsessionid=BA75EA0EA2896A789881435B45A81D32?sequence=1. Palermo>.

_____. *Worldwide, an Estimated 25 Million Unsafe Abortions Occur Each Year. News release*, 2017. Disponível em: <https://www.who.int/news/item/28-09-2017-worldwide-an-estimated-25-million-unsafe-abortions-occur-each-year>.

PALERMO, V. et al. "El gobernador pasó en helicóptero. La Asamblea Ciudadana Ambiental de Gualeguaychú en el conflicto por las papeleras". In CALDERÓN, F. (Org.). *Movimientos socioculturales en América Latina. Cuaderno de gobernabilidad democrática 4*. Buenos Aires: Siglo XXI, 2009.

PNUD — PROGRAMA DAS NAÇÕES UNIDAS PARA O DESENVOLVIMENTO. *Informe sobre desarrollo humano 2007-2008. La lucha contra el cambio climático: Solidaridad frente a un mundo dividido*. 2007. Disponível em: <http://hdr.undp.org/sites/default/files/hdr_20072008_sp_complete_nostats.pdf>.

_____. *Informe sobre desarrollo humano para Mercosur 2009-2010. Innovar para incluir: Los jóvenes y el desarrollo humano*. Buenos Aires: Libros del Zorzal, 2009. Disponível em: <https://www.latinamerica.undp.org/content/dam/rblac/docs/Research%20and%20Publications/RHDR_Mercosur_2009_ES.pdf>.

346 A nova América Latina

UNDP — UNITED NATIONS DEVELOPMENT PROGRAMME. *Human Development Report 2007/8. Fighting Climate Change: Human Solidarity in a Divided World*. Nova York: Palgrave Macmillan, 2007.

VAINER, C. et al. *Cidades rebeldes: Passe Livre e as manifestações que tomaram as ruas do Brasil*. São Paulo: Boitempo/Carta Maior, 2013.

11. A corrupção do Estado

BALLON, E. *Perú: En la telaraña de la incertidumbre. Esboço de trabajo*. Lima: Desco, 2018.

CALDERÓN, F. (Org.). *¿Es sostenible la globalización en América Latina?*. Santiago: Fondo de Cultura Económica, 2003.

CALDERÓN, F.; CASTELLS, M. "Desarrollo, democracia y cambio social en Chile". In CASTELLS, M.; HIMANEN, P. (Orgs.). *Reconceptualización del desarrollo en la era global de la información*. Santiago: Fondo de Cultura Económica, 2016.

CARDENAS, G. et al. *Análisis de la corrupción y la gobernanza en América Latina*. Instituto L. R. Klein, Centro Gauss, Facultad de CC.EE. e EE., Universidade Autônoma de Madri, 2016.

CARDOSO, F. H. *Crise e reinvenção da política no Brasil*. São Paulo: Companhia das Letras, 2018.

CARDOSO, F. H.; FALETTO, E. *Desarrollo y dependencia en América Latina*. México: Siglo XXI, 1969. [Ed. bras.: *Dependência e desenvolvimento na América Latina*. Rio de Janeiro: Civilização Brasileira, 2004 [1969].]

CASTELLS, M. *El poder de la identidad*. Madri: Alianza Editorial, 1997. [Ed. bras.: *O poder da identidade*, São Paulo: Paz e Terra, 2018.]

_____. *Globalización, desarrollo y democracia: Chile en el contexto mundial*. Santiago: Fondo de Cultura Económica, 2005.

_____. *Communication Power*. Oxford: Oxford University Press, 2009.

CORPORACIÓN LATINOBARÓMETRO. *Análise online*, 2018. Disponível em: <www.latinobarometro.org/latOnline.jsp>.

CORREA, S. "Entrevista com Sergio Ramírez". *El Tiempo*, Colômbia, 2 jun. 2018.

GONZÁLEZ, F. *Poder y violencia en Colombia*. Bogotá: Odeacap/Cinep/Cociencias, 2014.

INFOLEG. Ley nº 23 928 de Convertibilidad del Austral. Información Legislativa. Argentina: Ministerio de Justicia y Derechos Humanos,

Referências bibliográficas

2018. Disponível em: <servicios.infoleg.gob.ar/infolegInternet/anexos/0-4999/328/texact.htm>.

KNIGHT, A. "El Estado en América Latina desde la independência". *Economía y Política*, v. 1, n. 1, pp. 7-30, 2017.

La Nación. "Los cuadernos de las coimas: Uno por uno, todos los registros del chofer Oscar Centeno". Reportagem especial, *La Nación*, 5 ago. 2018. Disponível em: <www.lanacion.com.ar/2159363-cuadernos>.

MIGUEZ, D. et al. (Orgs.). *Estado y crimen organizado en América Latina*. Santander: La Vorágine, 2018.

RAVELO, R. *Los Incómodos 2. Los gobernadores que amenazan el futuro político del PRI*. México: Temas de Hoy, 2018.

TRANSPARENCY INTERNATIONAL. *Comparação IPC 2009-2017*, 2018. Disponível em: <https://transparencia.org.es/wp-content/uploads/2018/02/comparacion_ipc-2009-2017.pdf>.

12. Na *kamanchaka*

CASTELLS, M. *Ruptura: La crisis dela democracia liberal*. Madri: Alianza, 2017. [Ed. bras.: *Ruptura: A crise da democracia liberal*. Rio de Janeiro: Zahar, 2018.]

PNUD — PROGRAMA DAS NAÇÕES UNIDAS PARA O DESENVOLVIMENTO. *La democracia en América Latina: Hacia una democracia de ciudadanas y ciudadanos*. Buenos Aires: Aguilar/Altea/Taurus/Alfaguara, 2004. Disponível em: <https://www2.ohchr.org/spanish/issues/democracy/costarica/docs/PNUD-seminario.pdf>.

TOURAINE, A. *Qu'est-ce que la démocratie?*. Paris: Fayard, 1994. [Ed. bras.: *O que é a democracia?*. Petrópolis: Vozes, 1995.]

Agradecimentos

Este livro tem uma trajetória muito peculiar. Nasceu como um projeto intelectual conjunto e foi sendo construído ao longo de sete anos, a partir de uma investigação empírica com um grupo de pesquisadores que trabalhou em onze países da América Latina a respeito da transformação da região nas duas primeiras décadas do século XXI. Mas cada um de nós percorreu também, por rotas separadas, uma série de países, compilando informação e refletindo em conjunto com uma ampla rede de colegas e amigos que nos ajudaram a entender esse complexo continente. Por isso, desejamos agradecer, pela cumplicidade nessa atrevida aventura, a todos que participaram do livro *Navegar contra el viento: América Latina en la era de la información* (2018), organizado por Fernando Calderón: Martin Puchet, Isidora Chacón, Diego Escobar, Isabel Licha, Haydee Ochoa, Miguel Ángel Contreras, Rodrigo Márquez, Fernando Mayorga, Solange Novelle, Juan Pablo Deluca, Ignacio Cretini, Ana Rivoir, Santiago Escuder, Gonzalo Vásquez, Deborah Pragier e Juan Wharen. E com isso agradecemos particularmente à Universidade Nacional de San Martín (Unsam), da Argentina, que patrocinou o projeto.

Os amigos e colegas que encontramos ao longo desses últimos anos são numerosos; a eles, igualmente, muitos e merecidos agradecimentos. Somos gratos também à contribuição intelectual de Fernando Henrique Cardoso, Francisco Delich, Ernesto Ottone, Isidora Chacón, Alejandra Moreno Toscano, Alicia Ziccardi, Manuel Perló, Carmen Rodriguez Armesta, Helena Useche, Fernando Mayorga, Tarso Genro e Marcelo Branco às análises aqui apresentadas. Tivemos igualmente o privilégio de discutir nossos avanços e problemas de pesquisa no âmbito acadêmico. Fernando Calderón beneficiou-se do ano de reflexão de que pôde desfrutar como titular da cátedra Simón Bolívar da Universidade de Cambridge e deseja agradecer especialmente ao Centro de Estudos Latino-Americanos, ao Departamento de Sociologia da Universidade de

Agradecimentos

Cambridge e ao Clare Hall College, assim como aos colegas e amigos de Cambridge: John Thompson, Jeff Milley, Joanna Page e, de maneira singular, a Julie Coimbra.

Queremos ainda ressaltar a contribuição de todos os amigos e cúmplices do Programa de Inovação, Desenvolvimento e Multiculturalismo (Pidem) da Unsam, na Argentina.

Várias instituições acadêmicas apoiaram com organização e/ou financeiramente a pesquisa que serve de apoio a este livro, em particular a Unsam, a Annenberg School of Communication da Universidade do Sul da Califórnia e a Universitat Oberta de Catalunya. Queremos registrar nossa mais sincera gratidão a essas instituições. A elaboração final do livro beneficiou-se da apresentação e discussão de nossas análises em vários ambientes acadêmicos, particularmente na Unsam, no Centro de Estudos Latino-Americanos da Universidade de Cambridge e no Centro de Estudos Latino-Americanos da Universidade da California, Berkeley.

Desejamos expressar muito especialmente a nossa gratidão às pessoas que nos apoiaram tecnicamente na última etapa da produção deste livro: Caterina Colombo, por seu importante trabalho de suporte estatístico e documental; Noelia Díaz López, da Universitat Oberta de Catalunya, por sua excelente preparação e organização do manuscrito; e Pauline Martínez, da Universidade do Sul da Califórnia, pela gestão logística do projeto.

Este livro reflete um percurso maiêutico complexo, mas comprometido com a busca da compreensão das transformações na América Latina. Tivemos a sorte de contar, como sempre, com nossos entes queridos. A eles, muitíssimo obrigado pelo apoio e a paciência: Alicia, Manuel, Coral e Edaniel para Fernando; Nuria, Irene e José para Manuel.

E, como sempre, está presente nesta obra o nosso amigo e mestre Alain Touraine.

Por fim, nosso reconhecimento à editora Fondo de Cultura Económica e, destacadamente, a Julio Sau, nosso editor e amigo, pelo apoio para a publicação deste livro e de outros que ele já fomentou no passado. E nosso agradecimento especial à equipe editorial da Zahar e a Eliana Aguiar.

ESTA OBRA FOI COMPOSTA POR MARI TABOADA EM DANTE PRO E
IMPRESSA EM OFSETE PELA GRÁFICA PAYM SOBRE PAPEL PÓLEN SOFT
DA SUZANO S.A. PARA A EDITORA SCHWARCZ EM ABRIL DE 2021

A marca FSC® é a garantia de que a madeira utilizada na fabricação do papel deste livro provém de florestas que foram gerenciadas de maneira ambientalmente correta, socialmente justa e economicamente viável, além de outras fontes de origem controlada.